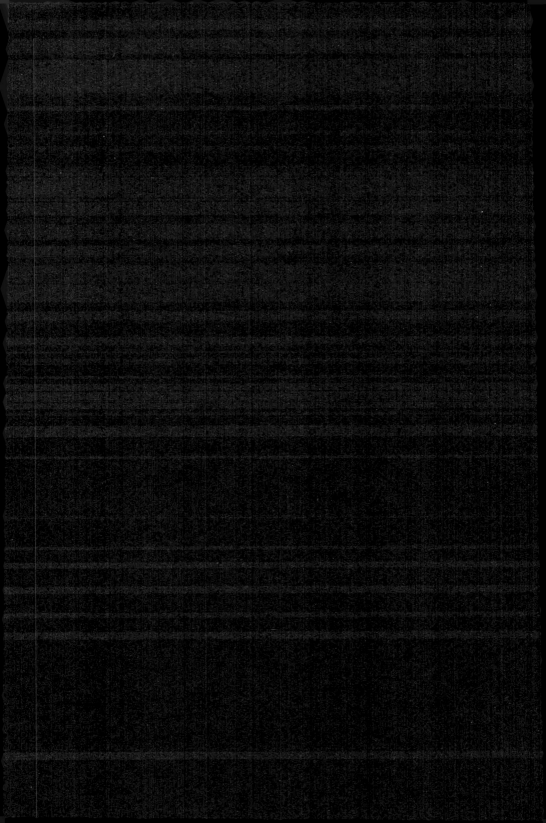

업시프트

업시프트
UPSHIFT

스트레스는 어떻게 삶의 동력이 되는가

벤 라말링검 지음 | 김미정 옮김

흐름출판

이 책에 쏟아진 찬사

라말링검은 개인의 행동, 정부의 정책, 과학을 도덕적 양심과 결합하여 우리 모두가 지향해야 할 미래를 제시한다.

— 피터 도허티, 노벨의학상 수상자

라말링검은 우리가 지닌 사고방식의 기본 가정을 재고하고 복잡한 현실에 더 적합한 사고와 행동을 하도록 돕는다.

— 리처드 졸리, 전 UN 사무부총장

생각하게 하는 책이다. 이를 무시한다면 당신만 손해다.

—『이코노미스트』

인상적인 다학문적 여행으로 독자를 이끌며 새로운 이정표를 세운다.

—『가디언』

라말링검은 21세기 세계가 훨씬 적절한 상식으로 가는 길을 제시한다.

— 제프 멀건, 전 영국 국립과학기술예술재단 이사장

라말링검은 다양한 아이디어와 연구물을 능숙하게 활용하여 중요한
메시지를 전달한다.
— 필립 볼, 어벤티스 상, 왕립학회 올해의 책 수상자

획기적이고 중요하며 의미 있는 책이다.
—『파이낸셜 타임스』

아름답고 명료한 글과 이야기.
— 토머스 호머-딕슨, 『The Upside of Down』 저자

목차

— 2부 —
자신의 한계를 뛰어넘은 업시프터 유형 6가지

1장. 도전자
더 나은 방법을 모색하는 이

2장. 기술자
참신함을 위해 끊임없이 시험하는 이

다운시프트

1. 자동차나 자전거의 기어를 낮은 단으로 바꾸는 것.
2. 실제 또는 상상에서 위협이 인식될 때 뇌에서 '조난' 모드가 작동되는 것. '고도'의 인지 처리 기능에서 투쟁-도피-경직 반응과 관련된 '기저' 영역으로의 변화한다. 흔히 심박수의 증가, 아드레날린 수치 상승, 불안감 증가가 따라온다.

업시프트

1. 성능, 성장, 빈도 같은 변수를 더 높은 수준으로 끌어올리는 것.
2. 어려운 도전 과제도 의식적으로 긍정적으로 받아들이는 마음가짐. 새로운 아이디어, 연관성, 관계, 해결책을 촉진하는 고도 인지 처리 영역으로의 전환과 관련 있다.

1부

스트레스를
삶의 동력으로 바꾸는
업시프트의
원리

직감의 순간

"가자, 아들." 어머니가 재촉했다. "오래 안 걸릴 거야. 안전한 곳으로
가는 거란다."

　　안전. 사람들은 이 말을 온갖 것을 설명할 때 썼다. 집에서 키우
던 개 비라가 따라나서려 할 때는 안 된다고 말해야 했다. 우리가 떠
난다는 사실을 알고는 비라가 말을 듣지 않으려 했다. 마지막으로 바
라본 비라는 꼬리를 내리고 움츠린 채 낑낑거리고 있었다. 내가 차마
닫지 못한 문을 어머니가 닫았다. "비라를 데려가면 우리가 안전하지
못할 거야, 아들." 어머니는 내 눈물을 닦아주며 말했다.

　　할머니를 안아드렸을 때 그녀는 내 귀에 이렇게 속삭였다. "여기
가 내 집이고 내 나라다. 어떤 멍청한 싸움꾼 아들, 조카, 손자들이 와

도 나는 안 간다. 어림없지."

"저는 안 싸워요." 할머니가 '손자'를 포함해서 이야기한 것에 기분이 상해 포옹을 풀며 말했다. "앞으로도 절대 안 싸울 거예요." 할머니가 웃으며 내 뺨을 살짝 꼬집었다. "너는 안전한 곳으로 갈 텐데 싸울 필요가 없지."

안전. 우리는 안전을 위해 어둑한 밤에 집을 떠나야 했다. 냄새 나는 갯벌을 가로질러 좀 더 안전한 집으로 가야 했다. 안전한 곳을 찾아 마을, 어쩌면 나라를 떠나야 했다. 아버지는 안전한 곳인지 확인하려고 먼저 떠나고는 했다. 비라도 안전을 위해 남겨두고 떠나야 했다.

안전에는 온갖 규칙들이 있었고 어른들만 그것들을 알고 있었다. 어른들은 계속 규칙을 바꿨다. 안전은 느리고 지루하고 잦은 기다림을 의미했다. 한참 갑자기 후다닥 움직여야 했고 그러다 보면 고통스럽고 무서웠다. 그리고 다시 느리고 지루한 기다림으로 돌아왔다.

우리 뒤에서 한 청년이 벌떡 일어나 **"카타마랑(배다)!"**이라고 외쳤다. 수십 명이 저 멀리 바지선이 보이는 석호 쪽으로 고개를 돌렸다. 모두가 흥분해서 일어섰다. 바지선이 연기를 뿜으며 우리 쪽으로 다가왔다. 바지선이 부두에 가까워질수록 짙어지는 증기와 휘발유 냄새는 아름답고 자유롭게 느껴졌다. 부두 노동자가 탑승용 널빤지를 꺼내기 시작했다.

"전원 제자리에." 확성기에서 영어로 명령하는 소리가 들려왔다. 군인 네 명이 탄 지프차가 부두 옆에 끽 소리를 내며 멈춰 섰다. 지프에서 소총을 든 군인 둘이 내리더니 군중 사이를 헤집고 다니며 검문을 시작했다. 군인들은 우리 옆을 지나가면서 가방을 들여다보았다. 그들에게서 역한 담배 냄새가 났다. 나는 소리를 지르고, 주먹을 날리고, 벌떡 일어서서 달리고 싶어졌다. 상황이 급박해지고 있었다. 나는 그들을 앞질러 가고 싶었다. 군인들이 우리를 지나쳐 갈 때 어머니는 한 팔로 나를 감싸며 나지막이 말했다. "가만히 있어, 아들. 눈 내리깔고. 여기가 어딘지 기억해. 구실을 주지 마."

학교에서 우리의 상황이 어떤지 들은 적이 있다. 이곳 석호에서 많은 사람이 총에 맞아 죽었다고 했다. 배에는 남녀노소 시신이 가득했고 군인들은 그 시신을 발로 밀어 바다에 빠뜨렸다고 했다. 수면을 내려다보자 그 시신들이 나를 쳐다보는 것만 같았다.

바지선이 석호의 물결을 따라 천천히, 완만하게 오르락내리락했다. 마치 동물이 숨을 쉬듯이. 나는 바지선의 움직임에 맞춰 숨을 쉬었다. 그러자 마음이 진정됐다.

줄을 지어 배에 오르는 우리를 소총을 든 군인들이 지켜보았다. 승선용 널빤지를 건너는 동안 나는 배에 타지 못한 사람들을 돌아보지 않았다. 그들에 대해 생각하지 않으려 했다.

마지막 승객에 이어 군인들도 바지선에 올라탔다. 우리 가족과 승객들은 무기를 든 군인에게서 최대한 멀리 떨어지려 양 떼처럼 한쪽으로 몰렸다. 바지선이 움직이기 시작했을 때 두 군인이 배의 절반을 차지하고 우리는 나머지 절반에 몰려 있었다. 비라처럼 몸을 움츠린 채로.

군인들은 담배를 피우기 시작했다. 그들의 라이터까지 무서워 보였다. 군인들이 라이터로 저지른 만행을 들은 적이 있었다. 그런데 순간 담배 개비가 흔들리는 것을 보았다. 나는 그들이 손을 떨고 있다는 사실을 깨달았다. 그들도 겁에 질려 있었다. 총을 지녔음에도 무서운 것이었다.

그 순간 **직감했다**click. '어머니는 지금 무섭구나. 여기 있는 사람들도 모두 무섭구나. 군인들도 마찬가지다. 그렇다고 해서 나까지 무서워할 필요는 없지. 내가 무섭지 않다면 다른 사람들도 무서울 게 없어. 우리 모두 안전하다고 느낄 수 있어.'

나는 어머니의 팔을 뿌리치고 맞은편에 서 있는 군인들 쪽으로 발을 뗐다. 겁에 질린 어머니가 기이한 소리를 냈다. 다른 사람들도 나를 불렀지만 뒤돌아보지 않았다. 한 발 한 발 앞으로 나아갔다. 담배를 피우며 이야기를 나누다 문득 고개를 든 군인들은 가까이 다가온 나를 보고 깜짝 놀랐다.

그들이 나를 빤히 바라봤다. 나는 총을 가리키며 물었다. 그들은 웃기 시작했다.

"총 좀 봐도 돼요?"

"내 조카 또래로 보이는구나." 군인 하나가 말했다.

"저는 여덟 살이에요."

"내 조카는 이제 아홉 살이야. 걔를 못 본 지가…" 그가 말을 흐리며 미소를 지었다.

"제가 아저씨 조카보다 키가 커요?"

"그래. 너는 키가 아주 크구나."

둘 중 더 젊은 군인이 담배에 불을 붙이려 하자 나와 이야기 중이던 군인이 말했다.

"아이 앞에서는 피우지 말지."

그들은 서로 바라보고는 웃기 시작했다. 한 명이 팔을 뻗어 내 머리를 헝클어뜨렸다. 우리는 계속 이야기를 나눴다. 그러자 내 뒤로 다른 사람들의 이야기 소리와 웃음소리가 들려왔다. 뒤돌아보니 어머니가 미소를 짓는 동시에 우는 모습이 눈에 들어왔다.

내가 군인들과 즐겁게 이야기를 나누는 모습을 보고서 모두가 긴장을 풀 수 있었다. 탑승객들은 서로 이야기를 나누며 돌아다녔다. 바지선 위에는 우호적이고 편안한 분위기가 만들어졌다. 하선할 때가 되자 군인들은 나와 내 가족에게 작별 인사를 건넸고, 우리는 안전한 곳으로 계속 나아갈 수 있었다.

상황이 아주 다르게 흘러갈 수도 있었다는 것을 나는 잘 안다. 스리랑카 내전 당시 그 지역, 우리가 탔던 것과 비슷한 배에서 어떤 잔혹 행위가 있었는지 익히 들었다. 우리는 운이 좋았다. 내 덕에 상황 흐름이 바뀌었다고 말하고 싶은 마음은 추호도 없다. 나중에 분쟁 지역에서 겪었던 경험 덕분에 이런 일이 흔하지 않다는 것을 안다. 폭력에 경도된 전쟁 당사자들의 명령이나 의도가 한순간의 공감으로 바뀌는 일은 거의 없다.

하지만 이 어린 시절의 경험으로 나는 몇 가지 의문을 품게 되었다. 의문들은 내가 평생 탐구해온 질문으로 이어졌다. 왜 나는 어머니의 '안전한' 품에서 벗어났을까? 돌아오라는 어머니의 간청을 왜 무시했을까? 무장한 군인에게 다가가 총을 보여달라고 이야기하게 만든 것은 무엇이었을까?

그 찰나의 순간에 실제로 어떤 일이 일어났던 걸까?

스트레스가 당신의 안녕을 저해한다고?

내가 경험한 것은 클릭 모먼트click moment[1]다. 이는 추락하는 항공기를 착륙시켜야 하는 조종사, 혼란스러운 교통 상황을 헤쳐나가야 하는 통근자 들도 겪는 일이다. 우리는 자신만의 클릭 모먼트를 찾아낼 수 있다.

직장에서 압박감을 느꼈던 순간을 생각해보자. 당신은 고압적인 상사, 까다로운 고객, 비효율적이거나 둔감한 동료, 심드렁한 부하 직원, 불만투성이 파트너, 느려터진 공급 업체 등을 떠올리며 한숨을 쉴 것이다.

반대로 직장에서 압박감이 유용했던 적도 있었을까? 틀림없이 빛나는 순간들이 기억날 것이다. 밤늦게까지 골치 아픈 문제를 붙들고 있다가 갑자기 전체 프로젝트 진행을 수월하게 해줄 획기적인 아이디어가 떠올랐을 수도 있다. 처음에는 동료들과 관점이 달라 좌절하고 분노했는데, 예상치 못한 말 한마디 덕분에 서로 존중하는 협력 관계가 형성되었을 수도 있다. 기억을 더듬어 보면 압박감이 긍정적으로 작용했던 클릭 모먼트를 여럿 찾을 수 있을 것이다.

스트레스와 압박감이 업무 성과를 내는 데 도움이 된다는 연구

---

[1] 『클릭 모먼트』의 저자 프란스 요한슨은 클릭 모먼트를 '뜻밖의 운 좋은 만남, 느닷없는 각성의 순간, 계획하지 않은 사건들이 최고조에 달한 순간'으로 설명한다. 그는 성공을 위해서 이런 클릭 모먼트를 증가시켜야 한다고 주장한다.

는 아주 많다. 중국의 체조 선수, 독일의 인테리어 디자이너, 가나의 공항 직원, 영국 의사들의 사례까지 다양한 환경의 사람들을 대상으로 연구가 수행되었다. 심리학자, 인류학자, 경영학자들이 이끄는 현장 관찰 연구들을 수백 건의 실험실 연구들이 뒷받침한다. "스트레스는 언제 유용한가?"는 최근 몇 년 동안 개인 및 집단 심리학에서 몹시 중요한 질문이었다. 이 질문은 수많은 환경에서 수없이 제기되었다. 덕분에 나는 전 세계 수천 건의 개인과 팀 연구에서 엄격하고 신뢰할 수 있는 증거를 수집했다.

다시 비생산적인 업무 스트레스를 떠올려보자. 위협을 느끼고, 위험을 회피하느라 경직된 사고에 의존하고, 의욕이 떨어지고 목적의식을 잃었던 기억이 떠오를 가능성이 크다. 스트레스가 심할수록 이러한 감정과 행동은 더 심해진다. 최악의 경우 직장에서 성과를 내기는커녕 제 역할을 하기에도 어려움을 느낀다. 코로나19 이전에도 직장 내 스트레스는 거의 전염병 수준이었다. 2018년 스트레스로 인한 근무 시간 손실은 영국에서만 1500만 일^ㅂ이 넘는다.

그러나 이것은 일부분일 뿐이다. 스트레스와 압박감이 **너무 적으면** 몰입하지 못하고 의욕이 저하되며 성취감 또한 떨어진다는 것이 잘 알려졌다. 미국에서 1995년부터 전국적으로 실시하고 있는 중년기 조사는 건강에 미치는 심리적, 사회적 요인을 측정한다. 이 중 직장과 관련된 흥미로운 조사는 자극이 부족한 업무가 장기적으로 직원들의 인지 기능에 영향을 미친다는 것을 알려준다. 이는 직관에 반하는 사실처럼 보일 수 있다. 우리는 나이가 들수록 도전을 줄여야 한다고 생각한다. 많은 사람이 정신적 상태와 전반적인 웰빙을 보호하기 위해 덜 복잡하고 스트레스도 덜한 업무와 직업을 찾는다. 하지만 실제로는 그 반대의 결과가 발생한다. 자극과 생산적인 스트레스의 부족은 오히려 정신적, 생물학적 안녕을 저하하고 성과를 저해한다.

심리학자들은 너무 많거나 적은 스트레스가 미치는 영향을 한 세기 이상 조사해왔다. 1908년 하버드대학교 심리학자 로버트 여키스와 존 도슨은 스트레스가 수행 능력에 미치는 긍정적인 영향과 부정적인 영향을 테스트하는 실험을 설계했다. 이들의 연구 결과를 여키스-도슨 법칙으로 부른다. 이 법칙은 다음 쪽의 역 U자형 곡선으로 요약된다.

미국의 중년기 연구에서는 이런 역 U자형 관계가 모든 참가자에게 적용된다는 사실을 발견했다. 계속해서 새로운 기술을 배우고 새로운 도전을 해야 하는 상황에 놓이면 인지 수행 능력이 향상된다. 이러한 효과는 나이가 들수록 더욱 두드러진다. 자기 나이보다 절반이나 어린 사람들에 못지 않게 정신적, 신체적 능력을 발휘하는 소위 슈퍼 에이저super ager를 다루는 신경과학 연구 수천 건에서도 똑같은 결과가 확인되었다. 신체적, 정신적으로 자신의 안전지대를 넘어서는 도전을 자주 하는 것이 비결이었다.

이는 압박감과 스트레스가 웰빙에 필수임을 분명히 보여준다. 이 현상은 전투기 조종사, 엔지니어, 의료진, 경찰관 등 여러 직업과 스포츠 활동, 대중 연설 등 일상 활동에서도 동일하게 나타난다. 이러한 보편성 덕분에 역 U자 법칙은 신경과학, 심리학, 의학 분야에 알려지고, 발전되고, 여전히 확장되고, 광범위하게 사용된다.

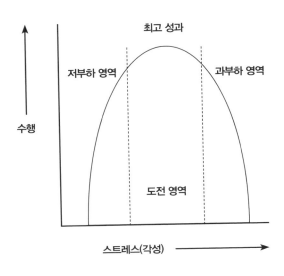

그래프 오른쪽은 스트레스의 부정적인 영향을 나타낸다. 스트레스를 너무 많이 받으면 과부하 상태가 된다. 이때에는 생각을 정리하고 상황을 통제하기 어렵다고 느낀다. 스트레스의 원인을 차단하고 달아나고 싶다는 생각이 들기도 한다. 전적으로 자연스러운 반응이다. 과학자들은 이를 다운시프팅downshifting이라고 부른다. 위협을 방어하기 위해 신경학적 조절이 발생해 인지, 반성, 창의성을 담당하는 뇌 영역에서 생존을 담당하는 원시적 영역으로 사고가 이동하는 것이다.

이와 반대로 그래프 왼쪽에서는 지루함, 무관심, 동기 부족을 경험한다. 여기서는 차단이 아니라 아예 스위치를 꺼버린다. 우리는 배우고 성장하기를 멈춘다. 어렸을 때 저부하 상태를 너무 많이 경험하면 평생 동안 인지 능력에 영향을 받을 수 있다.

두 영역 사이가 심리학자들이 **유스트레스**eustress라고 부르는 좋은 스트레스를 경험하는 최적 영역이다. 스트레스 상황을 위협이 아닌 도전으로 인식할 때, 보통 이하의 성과를 내는 왼쪽 그리고 오른쪽 영역에서 최고 성과를 내는 가운데 영역으로 이동한다. 즉 최고의 기량을 보여주려는 자세로 전환하는 **업시프트**upshift가 일어난다.

업시프트의 3가지 요소

클릭 모먼트를 경험할 때 우리 뇌는 상위 인지 과정으로 이동해 새로운 아이디어, 연상, 관계, 해결책을 떠올릴 수 있다. "필요는 발명의 어머니!"라고 말할지도 모르겠다. 이 격언은 업시프트가 무엇인지 어느 정도 말해주긴 하지만, 불완전하고 오해의 소지가 있다. 증거와 경험에 비춰볼 때 압박은 우리를 대개 발명이 아닌 관습으로 이끈다. 압박을 느낄 때 우리 대부분은 검증된 안전한 방법을 찾게 된다. 그러므로 더 정확하게 표현하자면 "특정 조건에서 필수 요소가 갖춰졌을 때, 필요는 발명으로 이어진다."가 될 것이다.

『업시프트』는 압박을 성과로, 위기를 창의력으로 전환하는 방법에 대한 탐구다. 이 책에서 전 세계 각계각층 사람들이 어떻게 업시프트의 최적점에 도달하고 이를 활용했는지 알아볼 것이다. 그들이 어떻게 필요를 발명으로 전환했는지, 즉 어떻게 압박과 스트레스를 처리하고 활용했는지, 그리고 어떻게 창의력을 활용해 위기에 대응했는지 살펴보면서 그곳에 숨은 기본 패턴을 알아본다.

필요가 클릭 모먼트의 촉매제인 자극을 제공하는 것은 사실이다. 하지만 나는 이를 활용하려면 3가지 요소가 필요하다는 사실을 발견했다. 3가지를 전부 갖출 때 비로소 업시프트가 일어난다.

이 요건은 일주일 예산을 관리하는 부모에게도, 스트레스를 관리하는 직장인에게도, 전쟁터에서 일하는 재난 구조원에게도 똑같이 적용된다. 심지어 여덟 살 소년이었던 내가 그 바지선에서 했던 행동에 이 3가지 요건이 적용된다.

직장에서 생산적인 스트레스를 겪었던 경험을 돌이켜보면 그 스트레스가 위협이 아니라 도전이며 압박감을 활용할 수도 있겠다는 생각이 갑자기 들었던 기억이 날 것이다. 내가 앞서 우리를 통솔하던 무장 군인이 우리처럼 겁먹었다는 사실을 깨닫게 해준 것은 군인들이 들고 있던 담배가 흔들리는 모습이었다.

괴로운 위협을 마주하고 있다는 **사고방식**에서 자극적인 도전과 마주하고 있다는 사고방식으로 전환하게 한 것이 바로 그 흔들리던 담배였다. 앞으로 보게 될 것처럼, 위협을 도전으로 재평가할 때 전체 상황과 한계, 앞으로 펼쳐질 가능성을 재검토할 수 있다.

이처럼 클릭 모먼트는 업시프트로 가는 인지적, 정서적 문을 열어준다. 하지만 여전히 그 문을 지나 걸어가야 한다. 즉, 압박과 스트레스 속에서 떠오른 아이디어와 접근 방식의 **독창성**을 활용해야 한다. 그 군인은 피난민, 그것도 어린아이와 대화를 나누리라 생각하며 바지선에 올라타지 않았을 것이다. 어떤 면에선 그것은 전쟁 전에나 있을 법한 순수한 대화였다. 대화를 나누다 어느 순간 우리는 새로운 관점에서 상황을 보기 시작했고, 그러자 사람들이 함께 안전할 수 있다는 가능성을 보았다. 상황이 전혀 예상하지 못한 방향으로 바뀌었다.

마지막으로 압박감에서 성과로, 위기에서 창의성으로 이동하는 업시프트에는 공유된 **목적의식**이 필요하다. 군인들과 나는 매우 다른 처지에 있었다. 그들은 명령에 따라 내전의 최전선에 배치된, 훈련받고 경험 많은 군인이었다. 나는 민족의 일원인 순진한 어린아이였다. 우리를 이어준 것은 군인의 조카였다. 확인할 길은 없지만 나와 나이도 비슷하고, 키도 비슷하고, 아마 건방진 것도 비슷했을 것이다.

돌이켜보면 그가 내 앞에서 담배를 피우는 동료를 제지했던 순간이 공동의 목적의식, 즉 내 안전이 중요하다는 인식으로 가는 첫걸음이었다. 그 후 이야기를 나누고 함께 웃으며 발전시킨 안전하다는 느낌이 바지선에 탄 모든 사람에게 퍼져나갔다. 이것들이 지금 내가 이해하는 업시프트의 3가지 요소인 **사고방식, 독창성, 목적의식**이다.

어렸을 때 나는 여러 번 업시프트를 했다고 믿는다. 어른이 없어서 혼자 자전거 타는 법을 배웠다거나 학교에서 형들의 매정한 따돌림을 이겨낸 일 등 대부분은 평범한 일들이다. 하지만 바지선에서의 사건은 달랐다. 그때 무슨 생각을 했고 어떤 기분이었는지 정확히 떠올릴 수 있는 몇 안 되는 어린 시절 기억 중 하나다. 모호한 안개에서 보이는 게 아니라 선명하게 포착되고 묘사된 경험이다.

스리랑카 내전을 겪으며 피난을 떠났던 어릴 적 경험은 내가 인생에서 내려야 했던 중요한 결정 몇 가지에 영향을 미쳤다. 20대 초반에 절친한 친구와 함께 인도 전역을 여행하면서 스리랑카 난민들을 만난 적이 있었다. 그들도 우리 가족처럼 20여 년 전에 스리랑카를 떠났지만, 여전히 첸나이 외곽 양철 오두막 빈민가에 살고 있었다. 전쟁을 피해 외국으로 건너온 피난민으로서 온갖 어려움을 겪었지만, 그들을 만나고서 우리 가족이 얼마나 운이 좋았는지 깨달았다.

열대 저기압 전선에 며칠간 갇혔던 나는 우리 가족이 고생하며 가까스로 탈출한 것과 똑같은 상황으로 고통받는 사람들을 도와야 한다는 깨달음을 얻었다. 3년 만에 내 직업은 분쟁과 재난 대처 분야로 방향이 바뀌었다.

나는 20년 동안 적십자사, UN, 국경없는의사회 등 단체와 일하며 자문해왔다. 극한 상황에서 늘 국제 사회가 혁신적이고 창의적으로 대응하게 하려고 노력해왔다. 인도양과 일본의 쓰나미, 파키스탄과 아이티, 네팔의 지진, 방글라데시와 미얀마의 사이클론, 인도네시아의 홍수, 가자 지구와 수단, 콩고민주공화국, 아프가니스탄, 시리아, 우크라이나의 분쟁, 아이티와 서아프리카의 전염병, 코로나바이러스 팬데믹 등 비극이 닥친 세계 곳곳으로 스스로를 이끌고 있다.

위기 대응 분야 종사자들이 흔히 그러듯 나는 극한 상황이 가능성의 경계를 넓힌다는 사실을 배웠다. 물론 극한 상황은 엄청난 손실과 말로 표현할 수 없는 비통함을 낳는다. 하지만 황폐함과 파괴 속에서도 다양한 사람들이 더 많이 일하고, 더 많이 구조하고, 더 많이 복구할 수 있게 하는 정신력과 독창성, 목적의식을 여러 번 목격했다. 나는 이 책을 쓰면서 위기 대응 분야를 넘어 군대, 우주, 스포츠, 예술 등 여러 맥락을 검토했고 인간의 모든 활동 영역에서 같은 구성 요소와 클릭 모먼트가 존재한다는 것을 확인했다. 이제 최근 몇 년 사이 가장 유명한 업시프트 사례 하나를 소개한다.

침착해, 생각해, 그리고 집중해

2009년 1월 15일 미국 동부 시간 15시 24분, 뉴욕 라과디아공항 관제사는 4번 활주로의 US항공 1549편의 이륙을 허가했다. 체슬리 설리설렌버거 기장이 조종하는 이 A320 기종 비행기는 북동쪽으로 이륙했다. 약 2분 후 3,200피트(약 1킬로미터)쯤 올라갔을 때 제프 스카일스 부기장은 오른쪽 상공에 거대한 새 떼가 있음을 알아차렸다.

15시 27분, 기러기로 추정되는 새 떼가 비행기와 충돌한 것이 레이더에 잡혔다. 조종실 앞 유리는 짙은 갈색으로 바뀌고 큰 충돌음이 기내에 울려 퍼졌다.

다음은 새 떼와 충돌한 후 60초 동안 녹음된 조종실 음성 기록 장치 녹취록을 발췌하고 요약한 것이다. 설렌버거 기장의 클릭 모먼트에 대한 내 해석도 포함되어 있다. 비행기의 호출 신호는 캑터스 1549이다(1529, 1539 등은 화자가 혼동한 것이다).

관제사 1 캑터스 1549, 좌 270도로 기수를 돌려라.

설렌버거 아, 여기는, 여기는 캑터스 1539. 새와 충돌했다. 양쪽 엔진의 추진력을 잃었다. 라과디아공항으로 회항하겠다.

관제사 1 알았다. 라과디아공항으로 회항해야 한다고, 좌 220도 방향으로.

설렌버거 좌 220도.

관제사 1 관제탑, 항공기 출발 중지. 비상 회항이다.

관제사 2 어느 비행기인가?

관제사 1 1529, 새 떼와 충돌했다. 모든 엔진이 멈췄다고 한다. 엔진의 추진력을 잃은 상태다. 즉시 회항 중이다.

관제사 2 캑터스 1529. 어느 쪽 엔진인가?

관제사 1 양쪽 엔진의 추진력을 잃었다고 한다.

관제사 2 알겠다.

관제사 1 캑터스 1529, 활주로를 비워주면 13 활주로에 착륙하겠는가?

설렌버거 불가능하다.

관제사 1 알았다, 캑터스 1549, 31 활주로로 좌측에서 접근해야 할 것 같다.

설렌버거 불가능하다.

관제사 1 테터보로공항으로 가보겠는가?

설렌버거 좋다.

관제사 1 캑터스 1529, 우 280도 방향. 테터보로공항 1번 활주로에 착륙할 수 있다.

설렌버거 불가능하다.

관제사 1 그럼, 테터보로의 어느 활주로에 착륙하겠는가?

클릭!

설렌버거 허드슨강으로 가겠다.

관제사 1 다시 말해주겠나, 캑터스…, 캑터스 1549 레이더에 잡히지 않는다….

관제사 3 잘 모르겠는데 허드슨강으로 가겠다고 한 것 같다.

레이더 교신이 끊긴 시점부터 설렌버거와 관제사의 통신은 더 이상 이루어지지 않았다. 15시 30분, 1549편은 허드슨강에 불시착했고, 이는 항공사상 가장 성공적인 수면 비상 착륙으로 일컬어졌다. 설렌버거 기장은 교차 점검을 마치고 승객들을 재빨리 비행기 날개 위로 대피시킨 후에도 기내를 두 번이나 오가며 남은 탑승객이 없는지 확인했다.

그 3분 30초 동안 자신이 했던 행동에 대해 설렌버거가 남긴 이야기는 여러 곳에서 회자되었다. 이후 했던 어느 인터뷰에서 그는 결과에 '크나큰 차이를 가져온' 자신의 3가지 행동을 이렇게 설명했다. "깜짝 놀랐을 당시 제 몸에 일어난 생리적 반응은 엄청났습니다. 혈압과 맥박이 치솟았습니다. 스트레스 때문에 지각할 수 있는 범위도 좁아져서 터널 시야가 됐습니다. 약간 힘이 빠지면서 생각하기가 힘들었습니다."

설렌버거 기장이 즉각적으로 했던 조치는, 마음을 진정하고 도전에 맞설 수 있다는 정신 자세를 갖는 것이었다. 몸은 '위험해!'라고 외치고 있었는데도 말이다. "저는 먼저 억지로 스스로를 진정시켜야 했습니다. 내면 어딘가에서 불러내도록 배운 직업적인 침착함으로요. 그건 단순히 침착성이 아니라 사고를 구획화하고 당면 과제에 분명히 집중하도록 훈련받은 침착함이죠. 힘들고 엄청난 노력이 필요한 일이었어요." 또 다른 인터뷰에서는 이 순간 가졌던 자신감에 대해 말했다. "방법을 찾으리라는 걸 알았습니다. 구체적으로 훈련받은 적 없는 예기치 못한 사고였지만 평생 받아온 훈련과 경험을 신속히 종합하고 적용할 수 있다고 확신했습니다."

다음으로 그는 문제에 대한 **독창적인** 접근법을 찾아냈다. "갑자기 우리는 일생일대의 도전에 직면했습니다. 새 떼에 부딪혀 엔진의 추진력을 잃은 시점부터 착륙하기까지 208초, 3분 30초 남짓한 시간에 한 번도 겪은 적 없는 문제를 해결해야 했습니다. 그간 해온 훈련과 경험을 바탕으로 제가 알고 있는 것들을 재빨리 새로운 방식으로 적용해 문제를 해결해야 했습니다."

그런 다음 그는 **목적**에 오롯이 집중한 상태로 노력해야 했다. "세 번째로, 제가 할 일을 감당할 수 있는 수준으로 한정해야 했습니다. 최우선 순위만 처리하되 그것들을 아주, 아주 잘해야 했습니다. 그리고 자제력을 동원해 처리할 시간도 없고 방해가 될 수도 있는 다른 것들은 무시했습니다."

그는 다른 인터뷰에서 더 자세히 설명했다. "침착하게…, 절대 포기하지 않고, 항상 모든 자원을 동원해 해결하려고 노력하고, 어떻게든 더 나아지게 만들어야 했습니다. 성공 가능성을 조금이라도 높여줄 다른 조치가 항상 하나쯤은 있습니다. 조종석 음성 기록 장치에 녹음됐듯이 착륙 직전에 부기장에게 '좋은 아이디어 있어?'라고 물었습니다. 경솔한 발언이라고 생각하는 분들도 있겠지만, 그렇지 않습니다. 부기장도 맥락상 제가 무엇을 요청하는지 이해했습니다. '내가 생각할 수 있는 조치는 전부 했어. 조금이라도 성공에 더 도움이 될 다른 방법이 혹시 있을까?'라는 뜻이란 걸요. 그리고 그는 없다고 대답했죠. 그가 무심하고 사무적인 투로 그렇게 대답한 이유는 운명에 맡기기로 체념했기 때문이 아니었습니다. 전혀 그렇지 않습니다. 우리는 마지막까지 모든 승객을 구하려고 했습니다. 그 순간 그가 그렇게 대답한 것은 우리가 할 수 있는 모든 조치를 했다는 것을 알았기 때문입니다."

설렌버거는 이 3가지가 결과에 **가장 큰 차이**를 가져왔다고 설명했다. 그의 설명은 업시프트의 필수 요소 3가지 각각을 강력히 입증해준다.

인생의 정점을 찍는 순간

직접적인 경험과 광범위한 연구를 바탕으로 어떻게 업시프트를 인식하고, 이해하고, 무엇보다도 활용할 수 있는지 보여주기 위해 이 책을 썼다. 나는 사람들이 업시프트하는 모습을 지켜봤고, 함께 일하며 그들의 업시프트에 고무되었다. 업시프트한 팀과 그룹의 일원이기도 했고, 사람들이 업시프트하도록 지원하고 독려하는 코치이기도 했다.

앞으로 소개할 많은 사람들이 인생의 정점을 찍는 순간이 바로 업시프트다. 업시프트로 얻은 개인적, 직업적 성공은 그들 자신과 삶, 일에 관한 생각을 바꾸었고, 주변 사람에게도 긍정적인 파급 효과를 가져왔다. 어떤 이들은 그 과정을 기관의 관행으로 만들려고 노력하기도 했다.

우리가 위기의 시대에 살아남는 데 그치지 않고 번성하려면 개인적으로나 집단적으로나 새로운 작업 및 생활 방식으로 업시프트할 필요가 있다. 세상에서 가장 힘든 상황에서 벌어진 놀라운 사람들의 이야기를 공유하고 그들의 경험을 이해하면 업시프트를 향해 가는 데 분명 도움이 될 것이다. 그래서 그들의 업시프트 과정을 알려주려 한다. 이 책에는 업시프트의 비결을 반복하는 데 필요한 내가 배운 모든 교훈이 담겨 있다. 주사위 굴리기처럼 운에 맡기는 게 아니라 우리 모두 배우고 향상할 수 있는 기술과 능력으로 바꾸는 방법이다.

에이브러햄 링컨의 명언이 이를 대변해준다. "평온했던 과거의 도그마들은 폭풍우가 몰아치는 듯한 현시대에 적합하지 않습니다. 온갖 어려움이 쌓여 있는 지금, 우리는 이를 딛고 일어서야 합니다. 현재 상황이 새로운 만큼 새롭게 생각하고 새롭게 행동해야 합니다. 우리는 스스로를 해방해야 합니다." 이것이 업시프트의 핵심 진언에 가장 근접한 말이다.

창의성을 연구해온 학자 미하이 칙센트미하이는 행복 심리학의 고전이 된 저서 『몰입Flow』에서 특유의 날카롭고 정확한 표현으로 의견을 밝혔다. "우리가 배울 수 있는 덕목 가운데 역경을 즐거운 도전으로 바꾸는 능력만큼 유용하고, 생존에 필수적이며, 삶의 질을 높이는 자질은 없다. 이러한 자질을 칭찬한다는 것은 이를 구현하는 사람들에게 주의를 기울이고 필요할 때 그들을 모방할 가능성을 갖는다는 것을 의미한다."

나는 압박감과 성과, 위기와 창의성 간의 관계를 탐색하고 기록하면서 칙센트미하이가 찾아낸 필수 덕목, 특성, 능력들을 구현한 놀라운 사람들에게서 그것들의 정확한 현장 지침을 개발하려고 한다.

지침은 두 부분으로 구성된다. 1부에서는 업시프트의 3가지 요소인 사고방식, 독창성, 목적의식을 좀 더 자세히 설명한다. 2부에서는 내가 발견한 6가지 업시프트 스타일을 기술한다. 2부는 자신뿐 아니라 주변 사람의 업시프트 스타일을 이해하는 데 도움이 될 것이다.

『업시프트』의 근본 목적은 스트레스와 압박감이 성과와 창의성을 죽인다는 가정에 이의를 제기하고, 가장 극단적인 조건에서도 자유로운 기회를 찾을 수 있다는 사실을 보여주는 것이다. 그렇게 해서 2가지 중대한 변화를 가져오고 싶다.

첫째, 우리 모두 압박감 속에서 성과를 낼 수 있고 이 역량을 향상시킬 수 있다는 아이디어가 대중화되도록 돕고 싶다.

둘째, 이런 역량을 적용할 수 있는 상황과 맥락에 대한 이해를 넓히는 데 도움이 되고 싶다.

이를 위해 망가진 피아노 이야기를 시작한다.

1장
업시프트 사고방식

누누이 말하지만
긍정적으로 생각하라

재즈계의 전설을 만든 망가진 피아노

1975년 1월 24일 금요일, 쾰른 오페라하우스 무대의 피아노 앞에 앉은 재즈계 거장 키스 재럿은 객석을 가득 메운 청중들 앞에서 연주를 시작했다. 연주회장에 있었던 청중들은 그 순간을 똑똑히 기억한다. 30여 년 후 한 청중은 이렇게 말했다. "무대에 악기도 하나, 연주자도 한 명이었던 기억이 납니다. 당시에는 흔치 않은 광경이었죠." 연주자들과 가수들로 가득한 전형적인 오페라하우스 콘서트와는 다른 단출한 무대에서 느꼈던 경이로움이 이 신사의 목소리에서 여전히 또렷이 느껴진다.

하지만 음악사에 길이 남을 이 콘서트는 무산될 뻔했었다. 콘서트 준비가 모든 면에서 엉망이었던 탓이다. 그날 이른 오후 재럿은 쾰른에 도착했다. 유럽 순회공연의 첫 구간을 며칠째 동행 중이었던 프로듀서이자 투어 매니저 만프레드 아이허와 함께였다. 재럿은 허리가 아파서 보조기를 착용 중이었고 며칠 동안 잠도 제대로 자지 못했다. 그런데 상황은 점점 더 나빠졌다.

쾰른 오페라하우스에서 재즈 콘서트를 개최하는 것도, 실황 녹음을 진행하는 것도 재럿의 콘서트가 최초였다. 그는 쾰른에 도착하고서야 주 시간대에 전통적인 오페라 공연이 있고 자신의 연주회는 심야에 예정되어 있다는 사실을 알게 되었다. 가장 처참한 것은 계약서에 명시했던 피아노가 공연장에 없다는 사실이었다.

재럿은 다른 연주자 한 명이 최근 독일에서 그랜드피아노로 연주했다는 소식을 듣고 그 피아노를 공연장에 준비해달라고 요청했다. 하지만 콘서트 기획자인 베라 브란데스가 오페라하우스에 요청 사항을 전달했을 때 경영진의 반응은 별로 좋지 않았다. 그들은 해당 피아노를 빌려오는 대신 오페라하우스에 이미 그랜드피아노가 있다고 답했다. 피아노가 있기는 했다. 페달은 고장 나고 조율도 되지 않은 낡은 소형 그랜드피아노가. 나중에 재럿이 말했듯 크기도 작고 전자 하프시코드 같은 소리가 나는 피아노였다. 피아노에 대해 까다롭고 절대음감을 가진 재럿 같은 유명한 완벽주의자에게 혐오스러운 악기였다.

재럿과 아이허는 처음에는 연주를 거부하다가 결국 브란데스의 진심 어린 간청을 뿌리치지 못했다. 음향 엔지니어와 녹음 장비가 이미 준비된 사정도 참작되었다. 이 흉물을 조금이라도 연주할 만한 수준으로 만들기 위해 연주회 직전 현지 피아노 조율사를 불렀다. 조율

덕분에 소리가 약간 나아지기는 했지만, 여전히 좌우 고음과 저음 건반들은 제대로 소리를 내지 못했고 고장 난 페달도 그대로였다. 결국 재럿은 중간 건반들로만 연주해야 했고, 거대한 콘서트홀에 소리가 들리게 하려면 훨씬 더 힘주어 연주해야 했다.

엎친 데 덮친 격으로 저녁 식사를 하러 간 식당에서는 음식이 늦게 나왔다. 이 바람에 재럿은 아무것도 먹지 못한 채 공연을 하러 돌아가야 했다. 늦은 시간임에도 1,400여 명이 전 좌석을 채웠다. 재럿이 무대로 걸어 나와 피아노 앞에 앉더니 잠시 후 연주를 시작했다. 브란데스는 그 순간을 이렇게 묘사했다. "그가 첫 마디를 연주하는 순간 모두 마법에 홀린 듯 빠져들었습니다."

문제 있는 피아노를 재럿이 어떻게 연주했는지는 쾰른 콘서트 앨범에 고스란히 담겨 있다. 아이허는 이렇게 설명한다. "아마 피아노 상태가 좋지 않아서 재럿이 그렇게 연주했을 겁니다. 피아노의 음색이 도무지 마음에 들지 않아서 그걸 최대한 활용할 방법을 찾아낸 거죠." 그날 밤 콘서트에 참석했던 어느 관객은 재럿의 연주를 돌아보며 이렇게 분석했다.

내적으로는 평정심을 유지했겠지만 외적으로는 완전히 열정이 이끄는 대로 흘러가는 연주였습니다. 주저함이라고는 찾아볼 수 없는 그의 연주는 즉시 청중을 사로잡았습니다. 그의 왼손은 거의 명상하듯 움직이며 놀라운 리듬감을 보여주었고 오른손은 아름다운 선율을 확장해나갔죠. 마치 친구가 자신만 아는 여행지로 데려가는 것처럼 그가 우리를 어디로 데려갈지 전혀 알 수 없었죠.

음악에 조예가 깊지 못한 내 귀에도 쾰른 콘서트 연주에는 특별한 무언가가 있는 것처럼 들린다. 여러 록, 팝, 클래식, 재즈 음악처럼 시작, 중간, 끝이 일률적인 순서로 이어지는 대신 다른 멜로디 조각을 중심으로 음악이 펼쳐지고 꽃을 피우는 것처럼 들린다. 내가 생각해낼 수 있는 가장 비슷한 예는 힌두교의 종교 행사에서 연주하는 리드미컬한 라가^{raga}다. 흰자위만 보이도록 위를 바라보며 황홀경에 빠져 연주하는 타블라^2 연주자가 연상되기 때문이다.

재럿의 연주도 비슷한 느낌이 있어 청중이 왜 매료되었는지 쉽게 이해가 된다. 노벨 문학상 수상자이자 재즈 팬인 토니 모리슨은 "기쁨과 만족은 멜로디 자체가 아니라 그것이 표면으로 드러날 때와 숨을 때 그리고 완전히 사라질 때 (…) 그 부분에서 재럿이 어떤 울림과 음영, 전환을 의도했는지 알아차리는 데서 온다."라고 했다. 괜히 이 앨범이 '솔로 즉흥 연주란 무엇인가?'라는 질문에 응하는 대가의 답변으로 일컬어지는 게 아니다.

45년도 더 지난 지금 쾰른 콘서트 앨범은 키스 재럿이 재즈계의 거장으로 발돋움하고 전 세계 청중에게 이름을 알리게 해준 걸작이자 경력의 하이라이트로 꼽힌다. 이 앨범은 단돈 500달러를 들여 84분 분량의 연주를 녹음했고, 마케팅에 힘쓰지도 않았다. 하지만 입소문을 타 역사상 가장 많이 팔린 솔로 재즈 앨범이자 모든 장르를 통

---

2 북인도의 대표적인 타악기로 두 개의 북으로 이루어진 악기다.

틀어 가장 많은 팔린 피아노 연주 앨범이 되었다.

또 쾰른 콘서트는 음악사의 중요한 순간이자 압박감에 맞선 공연의 상징이 되었다. 수많은 평론가가 그날 밤 재럿이 해낸 연주에 대해 저마다의 시각과 관점으로 글을 썼다. 여기서 내가 탐구하고 싶은 것은 재럿이 겪은 과정이다. 지친 음악가가 공연장에 도착했더니 망가진 피아노가 기다리고 있었던 순간부터, 청중과 세계를 열광시킨 공연을 시작한 순간까지 어떤 일이 있었을까?

답은 바로 **사고방식**이다. 나는 그날 밤 재럿의 사고방식을 그의 말을 통해 살펴보고, 그날의 놀라운 공연뿐만 아니라 이후 그의 예술적 발전과 음악 경력에 업시프트가 어떤 영향을 미쳤는지 보여주려한다. 나아가 그의 경험이 압박감 속에서 일하는 우리 모두에게 어떤 중요한 교훈을 전달하는지 알려주겠다. 우선 그 전에 최근 과학계가 스트레스와 압박감을 어떻게 활용하려는지, 그리고 이것이 업시프트의 첫 번째 요소와 어떤 관련이 있는지 소개할 필요가 있다.

변하지 않는 것은, 변치 않는 것은 없다는 사실뿐

스트레스 상황에 직면할 때마다 우리의 자원, 관계, 결과, 평판 등이 위험에 처한다. 중요한 무언가가 위태로워진다. 이러한 위험을 관리하기 위해 우리는 다음과 같은 질문을 스스로 할 수 있다. 심리학자들은 이를 **스트레스 평가**라고 부른다.

- 이 상황은 나와 관련이 있는가?
- 긍정적인 상황인가, 부정적인 상황인가?
- 나에게 피해나 손실을 초래하는가?
- 내가 처리할 수 있는가?

우리는 주어진 상황에서 보고 듣고 느낀 것, 자기 평가 그리고 과거 비슷한 상황에 놓였을 때의 기억을 바탕으로 스트레스 상황을 평가한다. 물론 특정 순간에 겪고 있는 스트레스의 정확한 성격을 열거한 다음 자신의 자원과 능력을 스프레드시트로 작성해 비교하는 사람은 없다. 이것은 대개 매우 주관적이고 무의식적으로 이루어지는 평가다.

하지만 연구에 따르면 연습을 거듭해 더 신중하고 의식적으로 평가할 수는 있다고 한다. 그리고 어떤 식으로 평가가 이루어지든 우리는 직면한 스트레스 상황이 **위협**인지, **도전**인지 결정한다.

위협은 상황의 요구를 충족할 자원이 없다고 생각하기 때문에 우리가 감당할 수 없다고 느끼는 스트레스다. 상황을 위협으로 해석하면 우리는 자기방어에 들어간다. 즉 잘 알려진 투쟁-도피-경직 반응을 준비한다. 일련의 생리적 반응도 시작된다. 심장이 더 빨리 뛰고, 신체적 부상을 예상하고 혈관이 수축하기 시작한다. 이것은 다쳤을 때 출혈로 인한 사망 가능성을 낮추기 위한 진화적 책략이다. 뇌로 가는 혈류도 감소하므로 집중력이 떨어지고 혈압이 상승한다. 스트레스 호르몬인 코르티솔이 뇌에서 혈류로 분비되어 혈당 수치가 올라간다.

이러한 생리적 반응은 예상되는 싸움이나 도주를 대비하는 에너지를 제공하는 동시에 불안감도 높여 두려웠던 기억을 떠올리게 한다. 우리는 자포자기하는 게 아니라 생존을 보장하고 위험을 피하고자 부정적인 요소, 즉 우리의 안녕이나 자존감에 손상을 입힐 수 있는 요소에 초점을 맞추는 경향이 있다. 이것은 순간적인 괴로움을 초래하지만, 만약 교통체증이나 마감 기한 같은 위협적인 스트레스 상황을 반복적으로 경험하면 이런 일시적 신체 변화가 지속된다. 혈압과 심박수가 위험할 정도로 줄곧 높고, 혈관은 영구적으로 수축하며, 코르티솔 수치도 계속 높다면 시간이 지나면서 궤양, 심혈관 질환, 정신 건강을 해칠 수 있는 만성적 문제로 이어진다.

미국에서 진행한 대규모 장기 연구에서는 1998년에 성인 수천 명에게 스트레스 수준(스트레스를 얼마나 많이 경험하는지)과 스트레스에 대한 인식(스트레스가 건강에 얼마나 해로운지)에 대해 질문했다. 2000년대에 와서 참가자들을 다시 평가했을 때 놀라운 결과가 나왔다. 심한 스트레스는 사망 위험을 43퍼센트 높였지만, 이는 오로지 스트레스가 해롭다고 믿는 사람들에게만 국한됐다. 스트레스가 해롭지 않다고 인식하는 사람들은 사망 확률이 더 높지 않았다. 연구가 시작되고 8년 동안 스트레스가 건강에 해롭다는 믿음 때문에 미국인 18만 2천 명이 사망했을 것으로 추정됐다. 연간 사망자 수로 환산하면 2만 명 이상이다. 스트레스에 대한 부정적 인식은 사망 원인 15위로 HIV/AIDS, 살인, 피부암을 앞질렀다.

그러나 현재 분명해진 사실은 위협 상태가 스트레스 상황에 우리가 보이는 반응 스펙트럼의 한 지점에 지나지 않는다는 것이다. 스펙트럼의 반대편에는 심리학자들이 **도전** 상태라고 부르는 반응이 있다. 이는 스트레스를 받을 수도 있는 상황에서도 자신이 상황의 요구에 상응하거나 초과하는 자원을 보유하고 있다고 평가하므로 감당 가능하거나 **거의** 감당할 수 있다고 느낄 때 촉발되는 반응이다.

어떤 상황을 도전으로 생각할 때는 성공했을 때 얻을 수 있는 보상이나 개인적 성장 같은 긍정적인 면에 집중하게 된다. 이는 집중력, 정확성, 조정력 향상을 가져오는 긍정적인 스트레스 자극으로, 심리학자들은 이를 **유스트레스**라고 부른다.

도전 상태와 위협 상태는 비교적 최근에야 구분되기 시작했다. 이들이 드러내는 생리적 현상이 비슷하기 때문이다. 두 상태 모두 심박수를 높이고 둘 다 코르티솔 분비를 유발한다. 하지만 도전 상태에서는 심장이 더 강하고 더 빠르게 뛴다. 도전 상태는 성공을 예상하는 상태이며, 결과적으로 혈류량은 증가하는 반면에 혈압은 사실상 감소한다. 심장은 더 많은 혈액을 뿜어내 우리 몸에 더 많은 산소와 에너지를 공급한다. 그러나 위협 상태와 달리 뇌로 보내는 혈액량이 많아 각성과 의식 수준을 낮추는 게 아니라 높인다. 도전 상태에서는 코르티솔이 과도하게 분비되지도 않는다. 위협 상태에 비해 낮은 수준의 코르티솔이 분비된다. 마치 큰 컵 한 잔이 아니라 작은 컵 한 잔처럼 에너지가 폭발적으로 솟구칠 정도의 양으로만 말이다. 표면적으로는 위협 상태의 생리 반응과 유사하지만, 사실 도전 상태에서 우리 몸은 완전히 다른 방식으로 작동한다. 즐거운 유산소 운동을 할 때의 신체 반응과 유사하다.

도전 상태가 장기화될 경우 심신에 미치는 영향도 위협 상태의 영향과는 근본적으로 다르다. 스트레스에 도전 반응을 보일 가능성이 큰 사람들을 분석한 수많은 장기 심층 연구들은 면역계 기능, 심혈관 건강, 노화, 심지어 뇌의 성장과 크기와 강한 긍정적 상관관계가 있음을 보여준다. 예를 들어 미국에서 가장 오랜 기간 진행한 역학 연구 중 하나인 프레이밍엄 심장 연구에 따르면 스트레스에 도전 반응을 보인 사람들은 평생 뇌의 부피가 더 크고 나이가 들어도 덜 줄어든다고 한다.

우리가 직면한 상황은 절대적인 위협과 절대적인 도전 사이 어디쯤에 놓인다. 대개 상황은 위협과 도전의 조합으로 다가오며, 두 상태의 비율과 균형이 중요하다. 우리가 처한 상황은 고정되어 있지도 않다. 매우 역동적일 때가 많고, 우리의 인식, 태도, 학습 내용에 따라 바뀔 수 있다. 다시 말해 우리는 모든 상황을 도전 상태로 받아들이도록 적응할 수 있다.

같은 스트레스여도 도전 또는 위협으로 다르게 반응할 수 있다는 개념은 압박감 속에서 성과를 낼 수 있다는 것을 이해하는 데 매우 중요한 요소다. 여러 중대 상황에서 도전 상태 반응을 살펴본 내 연구에 따르면 도전 상태에 있는지 또는 위협 상태에 있는지는 성과 예측을 높이는 변수 중 하나다.

한 외상 의학 연구는 이를 잘 보여준다. 여기에서는 응급실 내과의와 외과의 동질 집단에 위급 정도가 다른 소생술이 필요한 시나리오를 주고 역량을 시험했다. 연구자들은 실습 전후로 참가자들의 심리 상태에 관한 정보를 수집했고 실습 내내 그들의 코르티솔과 스트레스 수준을 관찰했다. 결과는 놀라웠다. 소생술 과업을 위협으로 인식한 참가자들은 코르티솔 수치가 더 높았고 스트레스를 더 많이 받았다. 반면에 이를 도전으로 인식한 참가자들은 그렇지 않았다. 스트레스 반응은 자연히 수행 능력에 영향을 미치므로 이 연구 결과는 외상 전문가를 교육하고 지원하는 데 매우 중요한 의미가 있다. 외상 의학은 스트레스를 받는 상황에서의 수행과 대단히 큰 관련이 있으므로 나중 장에서 다시 살펴볼 것이다.

의사들의 경험이 증명하듯 도전 상태는 생리와 심리 모두에 바탕을 두고 있다. 스트레스 평가 과정과 도전 또는 위협 반응 모델에서 얻은 중요한 통찰 하나는 스트레스 반응에서 심리적 부분과 생리적 부분의 순서를 이해하게 되었다는 것이다. 구체적으로 말하자면 무엇이 위협인지 또는 도전인지 평가하는 주관적인 평가가 우리 몸에 생리적 변화를 초래한다.

이것은 직관에 반하는 사실이다. 일반적으로 뇌라는 하드웨어가 마음이라는 소프트웨어에 영향을 미친다고 생각한다. 다시 말해 신체가 마음을 움직일 거라고 예상한다. 하지만 실제로는 스트레스를 인식하는 방식이 신체 기능을 바꿀 수 있다. 화학 작용이 인식을 바꾸는 게 아니라 인식이 화학 작용을 바꿀 수 있다.

신경과학자에서 심리학자가 된 이안 로버트슨은 스트레스가 심한 상황을 실시간으로 **재평가**하는 것이 우리 뇌의 화학적 구성에 상당한 영향을 미칠 수 있음을 보여주었다. 그는 도전 상태와 위협 상태 개념, 역 U자형 법칙을 들어 다음과 같이 설명한다.

적당한 스트레스를 포함한 모든 형태의 정신적 도전은 뇌의 노르아드레날린 수치를 증가시킨다. 최적 수준에 근접한 노르아드레날린이 제공되면 인지 기능이 향상되고 뇌에 새로운 연결이 생겨나고 새로운 뇌세포 형성에도 도움이 된다. (…) 적당한 수준의 스트레스는 정서적, 인지적, 신체적으로 긍정적인 결과를 가져올 수 있지만, 이는 적절한 인지 평가와 그에 따른 최적의 각성 수준 여부에 달려 있다. 개인이 스트레스를 관리하는 습관을 배우기 위해서도, 적절히 평가된 '도전'에 따른 뇌의 노르아드레날린 수치의 최적화를 경험하기 위해서도 약간의 역경은 삶에 꼭 필요해 보인다. 너무 많거나 적은 스트레스는 좋지 않을 수 있다는 역 U자형 스트레스 함수는 노르아드레날린 같은 주요 뇌 신경전달물질의 역 U자형 함수와 관련이 있다. 노르아드레날린이 '투쟁 또는 도피' 스트레스 반응의 핵심 요소라는 점을 고려하면 이는 그리 놀라울 게 없다.

하버드 경영대학원 연구팀에 따르면 이 모든 '전환' 접근법의 공통 요소는 불안과 디스트레스를 긍정적이고 흥미로운 유스트레스로 재구성하고, 일이 잘못될 가능성에 덜 집중하는 것이다. 이는 스트레스가 인지, 기억, 자신감, 전반적 수행에 미치는 일반적인 영향을 겪지 않고 계속 나아갈 수 있게 해준다.

스트레스를 위협이 아닌 도전으로 받아들이는 인식의 전환은 압박감 속에서 놀라운 일을 해내는 다양한 사람들의 공통점이다. 전환 과정은 모든 업시프트의 중심에 있으며, 클릭 모먼트를 과학적으로 설명해준다.

설렌버거처럼 조종사들은 전환을 거쳤을 때 비행 데이터를 더 잘 활용하고 더 안전하게 착륙한다는 연구 결과가 있다. 외과 의사들은 인식의 전환을 통해 수술할 때 더 높은 집중력과 정교한 기술을 발휘한다. 사업가들은 서로 경쟁하고 더 나은 거래를 하기로 인식을 전환할 때 더 나은 성과를 낸다. 인식을 전환함으로써 골퍼들은 퍼팅을 더 잘하고, 농구 선수들은 패스를 더 잘하며, 학생들은 시험과 테스트에서 더 나은 점수를 받고, 음악가들도 연주를 더 잘한다.

퀸른 콘서트가 있었던 1975년 1월 그날 밤 배고프고 지친 키스 재럿의 이야기로 다시 돌아간다.

기운 내라. 그리고 계속해라

퀼른 오페라하우스에 도착했을 때 재럿과 아이허 두 사람의 즉각적인 반응은 재럿이 연주해서는 안 된다고 생각한 것이었다(아마 연주할 수 없다고 했을 것이다). 그들은 재럿이 직면한 상황을 저울질해 연주가 불가능하다는 아주 이성적인 결론을 내렸다. 긍정적인 면은 전혀 찾을 수 없었다. 재럿은 배가 고팠고 허리도 아팠으며 연주가 불가능한 상태의 악기를 마주했다.

스트레스 평가 결과, 얻을 것은 없고 잃을 것은 많은 위협 상태로 판정되었다. 그런데 잠시 후 중요한 일이 일어났다. 재럿이 물러서지 않고 연주하겠다고 결심한 바로 그 순간이다.

식당에서 낭패를 당한 뒤 기억나는 거라곤 장비를 놓고 앉아서 기다리던 음향 엔지니어들의 모습뿐이었어요. 그들은 모든 준비를 마치고 있었습니다. 그걸 보니 '해야겠다.'라는 생각이 들더군요. 무대로 걸어 나오는 동안 주먹을 들고 흔들었던 기억이 납니다. 아이허를 바라보며 "힘내자!"라고 외쳤죠.

장비를 두고 기다리는 엔지니어를 보고서 '해야겠다.'라고 결심했던 이 순간이 재럿의 클릭 모먼트였다. 그 순간 그는 도전 상태로 업시프트했다. 허공에 대고 주먹을 흔든 제스처도 역경에 맞선 저항과 강인함을 상징적으로 말해준다.

심리학자 에일리아 크럼에 따르면 "스트레스를 느낄 때 의도적으로 사고방식을 전환하는 것은 의도하지 않고 생긴 긍정적인 관점보다 훨씬 더 큰 힘을 실어준다." 무대 위 강연을 앞둔 상황을 상상해보자. 계단을 올라가다 넘어지거나, 말문이 막히거나, 회심의 농담을 던졌는데 청중이 웃지 않을지 모른다고 생각하는 대신 자신의 장점, 즉 주목받게 되어 얼마나 신나는지, 강연 준비를 얼마나 많이 하고 왔는지 등에 집중할 수 있다. 그러한 스트레스 재평가 메커니즘은 스포츠 심리학자들이 잘 알고 있다. 이들은 최고의 선수들이 가슴을 울렁거리게 하는 '나비'와 싸우기를 멈추고 **대형을 이루어 날아가게 만들도록** 도와준다.

곧이어 재럿이 무대에서 느낀 것은 바로 힘찬 연대의 물결이었다. "그때 흥미로운 일이 일어났습니다. 청중 모두 굉장한 연주를 들으러 그 자리에 왔다는 생각이 들었고 덕분에 연주하기가 쉬워졌습니다." 특정 순간에 새롭고 색다른 무언가를 경험하기 위해 함께 있다는 공동체 감정에 고무되는 것은 라이브 공연자들 사이에서 드문 경험이 아니다. 재럿 자신도 이 무언의 청중 참여가 "내가 생각하는 교감의 모습에 가깝다."라고 말한다. 게다가 '굉장한 연주'를 기다리는 청중들의 기대가 연주하기 쉽게 만들어준다며 긍정적으로 생각했다는 건 재럿이 위협 상태에서 도전 상태로 전환했다는 또 다른 표시였다.

사고방식의 전환이 있었지만, 그것으로 충분하지는 않았다. 그는 여전히 망가진 악기를 연주해야 했다. "피아노 상태 때문에 **당시로서는 새로운 방식으로 연주해야만 했습니다.** 어떻게든 이 악기가 가진 특성을 끌어내야 한다고 생각했어요. '이 연주를 해야 해. 난 할 거야. 피아노 소리가 어떻든 상관없어. 난 할 거야.'라는 생각이었죠. 그리고 해냈죠." 도전에 맞서 일어선 게 다시 한번 느껴진다.

이후 그는 쾰른 콘서트 음반을 평가절하하며 음반 350만 장을 전부 땅에 던져 밟아버렸으면 좋겠다고 말한 적도 있지만, 그 경험 자체는 그의 즉흥 콘서트 경력에 선례가 된 게 분명하다. 40여 년이 지난 2017년, 재럿은 한 인터뷰에서 청중 앞에 앉아 의도하지 않은 음계로 손을 움직이는 습관이 어떻게 생겼는지 이렇게 설명했다.

그러니까 '불완전한' 특성을 가진 피아노를 발견하면 사실 '완벽한' 피아노보다 다뤄야 할 게 훨씬 더 많습니다. 좋은 의미에서요. 여러분은 제가 어떤 건반이 어떤 소리를 내는지 발견해가는 것을 듣는 거죠. (…) 건반의 어떤 부분이 특정 방식으로 작동하는지 배워가는 과정을요.

쾰른에서 재럿은 피아노 중앙의 건반들만 쓰고, 페달로 음조와 음색에 변화를 주거나 음을 지속할 수 없어 이를 보완하도록 왼손과 오른손을 써야 했다. 재럿이 망가진 피아노의 중앙 건반들로만 연주한 것은 여키스-도슨의 역 U자형 그래프의 최고 성과 영역에 도달한 것과 유사하다고 생각한다. 그 영역에 도달한 후 그 안에 머물기 위해 할 수 있는 것을 모두 해야 했다. 다시 그의 말을 빌려보자. "그러려면 온전히 집중해야 합니다. 편집 없는 실시간 연주이니 신경계가 모든 가능성에 경계를 늦추지 않아야 합니다."

이것은 재럿이 숙달하게 된 영역이다. 한 음악 평론가는 이렇게 말했다. "복제의 가능성 없이 그 순간 만들어내는 절대적으로 명료한 사운드는 그의 트레이드마크가 되었다." 재럿은 이 클릭 모먼트 이후 스트레스와 압박감을 재구성하는 습관을 갖게 되었다. "저는 그때 배운 덕에 도움이 되지 않는 생각들, 예를 들어 삶에서 스트레스를 제거하는 것이 바람직하다는 생각을 뒤집는 데 성공했습니다. 삶에서 스트레스를 없앤다면 삶 자체를 없애는 거죠."

키스 재럿의 쾰른 공연은 '해내자.'는 마음가짐의 훌륭한 예다. 영국 어디서나 볼 수 있었던 '차분히 하던 일을 계속하라keep calm and carry on.'[3]가 아니라 '기운을 내서 예상치 못한 일을 해내라. 계속 그렇게 하라.'가 재럿의 진언이었을 것이다.

---

3 2차 세계대전 중 영국 정부가 국민의 사기를 돋우기 위해 제작한 포스터 문구다.

208초 안에 불시착에 성공한 설렌버거 이야기처럼 후세에 길이 남을 음반이 나온 66분 동안의 경이로웠던 퀼른 콘서트 이야기는 업시프트의 핵심 요소인 사고방식, 독창성, 목적의식의 융합을 간결하게 보여준다. 여러분도 그 음반을 들어보라. 재럿은 어떻게 업시프트를 계속하는 법을 배웠을까? 어떻게 하면 우리도 그럴 수 있을까?

엘리트와 '슈퍼' 엘리트를 나누는 한 가지

그날 밤 키스 재럿이 퀼른에서 했던 경험은 도전 상태와 스트레스 재평가라는 아이디어와 함께 업시프트의 첫 번째 중요한 단계인 위협 상태에서 도전 상태로의 전환을 설명해준다. 그것은 스리랑카 바지선에서 내가 겪은 것을 포함해 생생한 업시프트 사례들을 이해하게 해줄 새롭고 강력한 방식이기도 하다.

허드슨강으로 향한 설렌버거, 망가진 피아노 앞에 앉은 재럿의 사례는 돌발상황에 대한 대응이며 계획에 없던 일이었다. 하지만 이런 순간들은 행동에 지속적인 영향을 미칠 수 있다. 재럿이 어떻게 우연적 순간을 반복적인 습관으로 바꿨는지 생각해보라.

재럿이 피아노의 불완전함을 감지하는 능력을 계발하고 이를 더 나은 연주의 촉매제로 활용했듯이 누구나 우연한 업시프트를 더 의식적이고 신중한 연습의 출발점으로 삼을 수 있다. 우리는 일회성 업시프트에서 벗어나 업시프트의 가능성을 키우는 **마인드셋**을 확립하는 쪽으로 나아갈 수 있다.

스탠퍼드대학교의 캐럴 드웩 교수는 같은 제목의 인기 저서『마인드셋』에서 이것을 설명한다. 그녀는 일부 사람들이 자신이 해결하기 어려운 문제에 특정한 사고방식으로 임한다는 사실을 발견했다. 그것은 바로 '아직 해결하지 못했을 뿐'이라고 스스로에게 말하며 안전지대를 깨고 나오는 성장 마인드셋이었다. 드웩은 성장 마인드셋이 어려운 시기에 성공하게 하는 열쇠이며, 나아가 모든 종류의 의도적 연습의 핵심이라고 주장한다.

스트레스 전문 심리학자들은 캐럴 드웩의 아이디어를 가지고 **스트레스 마인드셋**이라는 이론을 개발했다. 스트레스 평가는 특정 상황의 요구에 대처할 자원이 있는지 즉각적인 평가를 제공한다면 스트레스 마인드셋은 스트레스 본질에 대한 자신의 믿음과 과거 스트레스를 받았을 때 이룬 성과에 비추어 상황을 단기적으로 그리고 장기적으로 평가한다.

어떤 사람들은 '스트레스가 성과, 생산성, 학습, 성장을 **향상시킨다.**'라는 마인드셋으로 기운다. 이런 마인드셋을 갖고 있으면 스트레스에 더 온건한 생리적 반응을 보일 가능성이 크고 코르티솔 분비량도 적어진다. 이는 심리적으로도 영향을 미친다. 예를 들어 사회적인 방식으로 스트레스를 처리하고, 지원과 피드백을 기꺼이 추구할 가능성도 높다. (청중의 엄청난 기대감에 고양된 기분을 느꼈던 재럿을 다시 떠올려보라.)

'스트레스=향상' 마인드셋을 가지고 있지만, 그와 동시에 세간의 주목을 받는 대중 강연에 강한 불안을 자주 느낄 수도 있다. 그런 불안감은 강연 연습과 시연을 더 하고, 동료와 친구에게 도움을 청하도록 동기 부여를 해준다. 그런 노력이 효과를 본다면 다음 대중 강연을 더 긍정적으로 평가하게 될 것이다.

다른 몇몇 사람들은 '스트레스가 성과, 발달, 건강을 **해치는** 결과를 가져온다.'라는 마인드셋에 더 가까울 수 있다. 이들은 강연을 앞뒀지만 마지막까지 아무런 준비도 하지 않고 지나치게 불안해하며 자신의 두려움을 아무에게도 알리지 않다가 결국 예기치 못한 건강상의 이유를 들어 당일에 강연을 취소하기도 한다.

공교롭게도 나는 대중 강연을 앞두고 2가지를 모두 해봤다. 일을 처음 시작했을 때 회의에서 발표하는 게 너무 긴장되어 '쿵쿵' 심장 뛰는 소리가 내 귀에 들리는 것 같았다. 여덟 명 정도가 비공식적으로 아이디어를 공유하는 회의였는데도 말이다. 수줍음이 많고 자신에 대한 믿음이 부족해서 나는 종종 얼어붙곤 했다. 때로는 그게 너무 심해서 상사에게 발표를 부탁한 적도 있다. 어느 때는 프레젠테이션을 앞두고 너무 긴장해서 목이 심하게 쉰 척했다. 20대 초반에는 그랬다. 하지만 열심히 노력하고 연습한 덕분에 30대가 되어서는 수백 명이 모인 콘퍼런스에서 자주 기조연설을 하게 되었다.

이는 스트레스 마인드셋이 고정된 것이 아니며 우리의 성향이 곧 운명이 되지도 않음을 보여준다. 스트레스 마인드셋이 여러 상황에 대처하는 방식을 결정하는 데 중요한 역할을 한다는 것은 놀랍지 않다. 마인드셋은 신념에 기반을 두고 있기 때문에 상황마다 달라지지 않고 현재의 철학과 삶에서 체득한 경험을 더 반영한다. 그 2가지는 이 장에서 앞서 설명한 스트레스 평가 과정을 형성하기도 하고 그것에 의해 형성되기도 한다.

스트레스 마인드셋을 연구한 자료를 살펴보면 업시프트를 습관화한 사람들에게 주는 중요한 메시지가 3가지 있다.

첫째, 성별, 나이, 인종적 배경과 상관없이 '스트레스=심신 쇠약' 마인드셋이 훨씬 더 일반적이다. 대부분은 스트레스가 무조건 나쁘다고 믿는다.

둘째, 그렇지만 우리는 스트레스에 대한 태도와 사고방식을 바꿀 수 있다. 사람들은 다양한 문제와 쟁점에서 '스트레스=향상'이라는 관점으로 전환 가능하다. 이를 위해 다양한 방법을 쓸 수 있는데, 직면하는 스트레스를 더 잘 알기 위해 노력할 수도 있고 스트레스에 어떻게 대처하고 있는지 피드백을 받을 수도 있으며 마인드셋을 전환해본 적이 있는 멘토를 찾을 수도 있다. 이 모든 방법이 잠재적인 위협을 보는 방식을 재구성하는 데 도움이 된다. 내 대중 강연 경험이 그 증거다.

셋째, '스트레스=향상'이라는 사고방식을 채택한다면 다양한 상황에서 더 나은 성과를 낼 가능성이 커진다. 이는 긍정심리학뿐 아니라 생화학과 생리학에서도 입증된 사실이다. 실험에 따르면 면접부터 집단 문제 해결에 이르기까지 최고의 성과는 너무 높지도 낮지도 않은 업시프트 곡선의 최적점 수준의 코르티솔 수치와 관련 있다. 그리고 성과를 높이는 데서 그치지 않는다. 스트레스가 향상을 가져온다고 생각한다면 스트레스를 위협으로만 인식할 때보다 오래 살 가능성마저 크다. "삶에서 스트레스를 제거한다면 삶 자체를 없애는 것이다."라는 키스 재럿의 말은 '스트레스=향상' 마인드셋의 과학적 근거를 아름답고 간결하게 요약해준다.

나는 이 3가지 통찰의 근거를 대학생과 올림픽 출전 선수라는 매우 다른 집단을 연구한 결과에서 가져오려 한다. 서로 다르긴 해도 어려운 상황에서 노력 중이기는 마찬가지인 이 두 집단에 스트레스 마인드셋이 어떻게 작용하는지 살펴본 연구는 이 개념의 영향력을 잘 보여준다.

대학에서 공부하는 것은 명백한 특권이기도 하지만 대학생은 사회에서 스트레스를 몹시 많이 받는 집단 중 하나다. 정신 건강 문제, 신경쇠약, 자살률 등 여러 지표에서 대학생은 선진국의 18~25세 연령대에서 가장 취약한 집단에 속한다.

한 연구에서는 호주 주요 국립대학 재학생을 대상으로 교육과 학습으로 높은 스트레스 수준을 낮출 수 있는지 평가해보고자 했다. 연구진은 학생 수백 명의 기존 스트레스 마인드셋을 파악한 다음 '스트레스=향상'이라는 사고방식을 장려하는 명상과 시각화 훈련을 시행했다. 시험 치르기와 동료들 앞에서 발표하기처럼 학생의 경험과 직접적으로 연관된 것도 있었고 더 일반적인 것도 있었다. 학생들에게는 위협을 극복하고 성공하면 어떤 느낌일지 머릿속으로 시연하는 등 최고의 성과를 낼 때를 상상하도록 요청했다.

그 이론적 배경에는 심상mental imagery이 심리 상태를 시연하고 주입하는 효과적인 수단이며, 결과적으로 이는 행동에 영향을 준다는 사실이 있었다. 연구진은 관찰이나 시뮬레이션을 통한 학습과 마찬가지로 시각적인 심적 시연visual mental rehearsal은 상상하는 내용과 관련된 신경망을 자극하여 실생활에서 비슷한 상황에 놓였을 때 그 신경망에 접근할 수 있게 한다고 보았다.

훈련 과정이 끝난 후 있었던 평가에서 2가지 중요한 변화가 발견됐다. 첫째, 상당수의 학생이 '스트레스=향상' 사고방식으로 전환했다. 둘째, 학생들의 전반적인 디스트레스와 불안 수준이 낮아졌으며, 그 결과 연구 기간의 학업 성적과 전반적인 웰빙에 긍정적인 영향을 미쳤다. 그리고 이러한 긍정적인 효과는 '스트레스=심신 쇠약'이라는 사고방식을 갖고 훈련 과정을 시작한 학생들에게서 가장 두드러졌다.

영국의 우수 선수를 지원하는 영국체육회 덕분에 스트레스를 인식하는 사고방식에 따른 효과를 더 장기적으로 살펴볼 수 있었다. 영국체육회는 역경을 극복해본 경험이 최우수 선수와 나머지 선수들로 나뉘는 데 어떤 역할을 하는지 조사했다. 그들은 국제무대에서 활약한 영국 대표선수 32명을 선정했는데 그 절반은 올림픽이나 세계대회에서 메달을 여러 번 획득한 선수들이었다. 영국체육회에서는 각 선수에 대한 방대한 데이터를 캐냈다. 어린 시절부터 훈련에 쏟은 시간, 다른 종목 운동을 한 시간, 심지어 고향 마을의 크기까지 알아보았다. 모든 데이터와 더불어 선수들과 그들의 가족, 코치, 동료들을 심층 인터뷰했다.

데이터 양이 어마어마했다. 인터뷰 녹취록만 거의 1만 페이지, 240만 단어가 넘었다. 이는 셰익스피어 전 작품의 거의 3배에 달하는 분량이다. 방대한 양 때문에 패턴 인식 훈련으로 다양한 변수 간의 상관관계와 그 강도를 식별할 수 있는 인공지능 도구가 데이터 분석에 동원되었다. 이 연구는 수행, 스포츠, 심리에 관심이 있는 사람 누구에게나 보물창고지만, 우리에게 가장 흥미로운 부분은 슈퍼 엘리트 선수와 엘리트 선수를 구별해주는 요소들이다. 분석 결과 가장 강력한 증거를 기반으로 한 7가지 요소가 확인되었다. 그중 거의 절반은 슈퍼 엘리트 선수들이 역경, 스트레스, 압박감에 대처하는 방식과 직접적으로 관련이 있었다.

슈퍼 엘리트 선수들은 모두 어린 시절 트라우마나 역경을 경험했다. 이는 긍정적인 스포츠 경험과 밀접한 관련이 있었다. 이는 이후 전문 선수로 성장하게 하는 '외상 후 성장'을 위한 틀이 되었다. 그들은 전년 대비 상당한 성적 하락을 경험한 총횟수가 그렇지 않은 때보다 더 많았다. 특히 '개인 최고 기록에 가까운' 성적을 낸 후에 상당한 성적 부진을 경험했던 것으로 나타났다.

마지막으로 슈퍼 엘리트 선수들은 상위 수준의 선수권 대회에서 높은 수준의 압박감과 불안을 경험했지만, 연구자들이 역공포라고 일컫는 사고방식도 가지고 있었다. 역공포는 스트레스의 원인을 피하는 대신 스트레스를 극복하기 위해 그 원인을 적극적으로 추구하는 스트레스 반응으로 정의된다. 앞에서 설명했던 **도전 마인드셋**을 말한다. 슈퍼 엘리트 선수들은 모두 압박감이 높은 상황, 즉 치열한 경쟁 속에서 자신이 잘 해냈던 바로 그 상황에 끌리고, 의도적으로 '도전'하고, 어떤 면으로는 즐기기까지 했다. 슈퍼 엘리트 선수들은 압박감이나 불안을 피하지 않았다. 그들은 이를 향해 달려가는 방법을 개발했다.

결론은 놀라웠다. 다른 모든 조건이 같다고 할 때, 성장 과정에서 역경을 경험하고 좌절과 스트레스를 극복했던 선수들은 역경을 경험하지 않은 선수보다 경쟁 우위를 제공하는 스트레스 마인드셋을 발전시켰다. 슈퍼 엘리트 선수들이 스트레스와 역경에 대처하는 방식은 그들의 성공에 가장 크게 기여했다.

그렇다고 역경을 무조건 좋은 것으로 봐야 한다거나 일부러 극도의 스트레스와 긴장을 경험시켜 더 높은 수준의 기량에 도달하게 해야 한다는 말은 아니다. 그러한 결론은 비윤리적이고 학대와 피해를 낳을 수 있다.

하지만 운동선수들의 발전에 다음과 같은 시사점을 주며, 이는 폭넓은 선수층에 해당된다. "경기력 수준을 높일 수 있는 도전 상황에 선수들이 적극적으로 참여하도록 격려하는 것이 중요하다." 이는 '선수들이 적절하고 점진적으로 까다로운 스트레스를 경험하게 하는 것'을 의미한다. 키스 재럿이 피아노의 결함을 알면서도 연주법을 찾을 수 있다고 믿었던 것처럼 우리는 스트레스 마인드셋으로 어떻게 압박감에 대응하는지, 스트레스가 향상을 가져온다는 관점으로 어떻게 전환할 수 있는지 배워야 한다.

스트레스 예방 접종

숨을 얼마나 오래 참을 수 있을까? 기껏해야 몇 분 정도다. 숨을 참으면 산소가 부족해서라기보다 몸에서 배출하지 못한 이산화탄소 수치가 높아져서 숨을 들이마시고 싶은 강한 본능을 느낀다. 하지만 어떤 사람들은 이런 본능을 극복하도록 특화되어 있다. 숨 참기 세계 기록은 무려 24분 37초다. 호흡 장비 없이 한 번 들이쉰 공기만으로 놀라운 깊이까지 잠수하는 극한 스포츠인 프리다이빙 선수가 2021년 세운 기록이다. 드라마 「프렌즈」한 편을 다 보고 나서 2분 더 숨을 참는다고 상상해보라.

어느 공공 수영장에서 프리다이빙을 처음 접했을 때 나는 횡경막이 수축하도록 숨을 참았다가 과학자들이 '투쟁 단계'라고 부르는 순간에 도달한 뒤 크게 내쉬며 안도한 적이 있다. 처음에는 25초를 버텼지만 점점 아주 조금씩 시간이 늘어났다. 무엇이 이런 차이를 만드는 걸까?

프리다이빙에 관한 여러 연구는 주로 다이버의 생리를 다룬다. 이들은 '생명의 마스터 스위치'라고도 알려진 포유류의 잠수 반사를 활용해 놀라운 성과를 낸다. 이는 물에 들어갈 때마다 작동하는 일련의 반사 반응으로, 뇌와 폐의 기능을 변화시키고 수압으로부터 우리를 보호한다. 마스터 스위치 덕분에 다이버들은 땅에서는 위험할 수 있는 수압을 견딜 수 있다. 프리다이버들은 이 스위치를 활용해 더 깊은 수심에 도달하려고 한다.

1970년대 프리다이빙 기록은 100미터 정도였지만 현재는 214미터다. 아마추어 프리다이빙을 배우는 동안 전문 프리다이버들과 이야기를 나눠보니 그들은 이 스포츠의 가장 큰 도전과 놀라운 발전의 주된 이유가 신체적 기량이 아닌 '정신력'이라고 주장했다.

프리다이빙 선수들을 연구해보니 신체 특성보다 심리적 요인이 이들의 성공을 결정짓는 데 더 중요했다. 성공한 다이버들은 특히 '투쟁 단계'에 능숙하게 대처한다. 이 단계에서 그들이 사용하는 기법에는 앞에서 살펴본 연구에서 스트레스가 심한 학생들에게 쓴 것과 유사한 시각화, 올림픽 출전 선수들이 사용한 역공포 기법 등과 같은 다양한 스트레스 재평가 기법들이 포함된다.

이 모든 상황의 핵심은 다이빙할 때마다 필연적으로 경험하게 될 스트레스를 예상하고 재구성하는 것이다. 크로아티아 다이빙 선수인 카타리나 린체니오바는 자신의 기술을 다음과 같이 설명한다. "시각화하는 동안 다이빙의 매 순간, 모든 단계를 떠올립니다. 현실에서는 수심 90미터까지 다이빙하는 데 3분 정도 걸립니다. 시각화할 때는 1시간이 걸릴 수 있습니다. 머릿속으로 100번은 다이빙하면서 다양한 시나리오에 대비할 수 있습니다. 이를 통해 무엇이 제게 스트레스를 주는지, 그 감정을 어떻게 처리할지 알아낼 수 있습니다."

프리다이버의 이런 경험에 동조하는 연구와 훈련이 점점 늘어나고 있으며, 이는 '스트레스 예방 접종'이라는 멋진 이름으로 불린다. 스트레스 예방 접종은 역경에 적당히 노출될수록 앞으로 있을 압박 상황에 대처하기 적합한 마인드셋을 개발할 수 있다는 원칙에 뿌리를 둔다. 스트레스 예방 접종 기법은 다음 요소들을 포함한다.

- 개별 혹은 집단 단위의 스트레스 훈련과 테스트
- 시뮬레이션과 시나리오를 구상함으로써 중대 사고에 체계적으로 노출되는 경험
- 통제되고 안전한 환경에서 평가와 판단 내려 보기
- 좌절과 실패를 학습과 집단 성찰의 주안점으로 활용

인간 진화생물학의 최신 연구에 따르면 우리는 어릴 때부터 싸움 놀이를 하면서 '스트레스 예방 접종'을 받을 준비가 된다고 한다. 일반적

으로 싸움 놀이는 좀 더 심각한 경쟁 행동의 모방도 포함하지만, 그것 또한 상호작용을 좀 더 안전하고 즐겁게 만드는 협력의 형태로 진행된다. 여러 문화권 어린이를 대상으로 한 연구에 따르면, 싸움 놀이가 참여자들이 자신과 상대방의 행동을 주의 깊게 관찰하도록 하고, 어느 정도 호혜성을 보장하도록 이끈다. 이는 개인과 사회의 발달에 큰 기여를 하는 셈이다.

불편, 고통, 사회적 규범 등의 경계를 함께 만들고 시험하는 경험은 향후 스트레스에 긍정적으로 접근하는 방식을 개발하는 데 필수다. 싸움 놀이는 단순한 유희 그 이상이다. 그것은 예상하지 못한 상황에 대비하는 훈련으로, 청소년과 성인이 됐을 때 '스트레스=향상' 마인드셋을 발달시키는 데 도움을 준다. 어릴 때 하는 놀이는 나이가 들었을 때 예상하지 못한 상황에 대비하는 훈련이나 마찬가지다.

이것은 도입부에서 이야기했던 나의 경험과 내전 중 최악의 상황이 닥쳤을 때 내가 어떻게 헤쳐나갔었는지 되돌아보게 한다. 전국에서 벌어지던 내전 사태를 보도하는 라디오 방송을 친척 어른들과 함께 들었던 기억이 난다. 중고차 타이어에 두세 명을 끼워 넣고 산채로 불태웠다는 보도가 나왔다. 그때 나는 라디오가 놓인 테이블 아래에서 작은 조개껍데기들을 갖고 놀고 있었다. 내가 아는 사람 가운데 키가 제일 크고 힘도 제일 셌던 삼촌이 울음을 터뜨렸다. 그러자 할머니가 라디오를 끄고 다른 어른들에게 나와 동생을 방에서 내보내라고 했다. 방에서 나온 후에도 계속 조개껍데기를 가지고 놀았던 기억이 난다. 조개껍데기를 가지고 노는 동안은 괜찮을 거라고 생각했던 기억이 생생하다.

우리 가족이 운 좋게 전쟁에서 벗어날 때까지 몇 주, 몇 달, 몇 년 동안 내게 놀이는 보호막과도 같았다. 놀이는 현실에서 벗어날 수 있는 환상적인 도피처였다. 열심히 노력만 하면 모든 것이 게임으로 바뀔 수 있었다. 악당들이 마을에 불을 지르러 오기 전 한밤중에 집에서 빠져나가는 것은 '조용히 하기' 게임이었다. 발자국이 남지 않도록 악취 나는 갯벌을 몇 시간 동안 걷는 일은 '신발은 벗겨지지 않고 얼만큼의 진흙을 버틸지 맞추기' 게임이었다. 겁에 질려 외치는 어른들을 뒤로하고 무장한 군인들과 친해지기로 결심한 것은 '얼마 동안 내가 총을 들고 있게 군인이 허락해줄지 맞춰보기' 게임이었다. 나는 말 그대로 놀이를 하며 끔찍한 상황과 싸웠다. 게임을 하면서 모든 상황을 이해하고 질서를 잡을 수 있었다. 이 대처법이 모든 사람의 외상 경험에 도움이 되고, 도움이 되어야 한다고 주장할 생각은 조금도 없다. 다만 나는 전쟁 트라우마를 내 상상력의 촉매제로 삼았고 놀이로 잠시라도 현실에서 벗어나 안전하다고 느낄 수 있는 공간으로 탈출했다는 것이다. 그리고 이런 대처가 나에게는 올림픽 출전 선수들의 '외상 후 성장'과 같은 것이었다.

이 장에서 반복하는 가장 중요한 메시지는 스트레스 평가와 재평가, 스트레스는 향상을 가져온다는 마인드셋, 스트레스 예방 접종 접근법은 유전되는 것도 아니고 고정된 것도 아니라는 것이다. 스트레스를 긍정적인 사고방식으로 받아들이는 것은 배우고, 연습하고, 개선해야 할 부분이다. 쾰른 콘서트 이전 키스 재럿은 모든 순회공연에서 즉흥 연주를 했다. 매 연주회가 특별했다. 여러 면에서 그는 예상치 못한 상황에 대비해 훈련하고 있었다. 단지 쾰른의 상황이 보기

드물게 탁월한 연주의 계기가 되었을 뿐이다. 이런 관점에서 보면 재럿의 이야기는 단순히 압박감에 직면한 공연자의 이야기가 아니다. '행운은 준비된 자에게 온다.'라는 오래된 격언을 상기시키는 이야기이기도 하다. 이러한 준비는 오페라하우스에서 망가진 피아노를 연주하거나, 올림픽에서 메달을 따거나, 장비 없이 다이빙 기록을 세우는 것과 같은 대단한 도전을 위해서만 하는 게 아니다. 내과와 외과의사들도, 조종사들도, 사업가들도, 회사원들도, 스트레스가 심한 학생들도, 심지어 싸움 놀이를 하는 아이들도 이런 준비를 한다.

슈퍼볼에서 두 번이나 우승한 쿼터백 일라이 매닝은 압박감을 잘 처리하는 유전자를 타고났느냐는 질문을 받은 적이 있다. 그의 대답은 모범적인 업시프트 사고방식을 보여준다. "아니요, 모든 경기 시나리오를 수천 번씩 연습한 덕택이죠. 저는 압박감을 느끼더라도 실패를 생각조차 하지 않습니다. 과거에 성공했던 때만 생각하죠."

2장

압박감 속의 독창성

하지 말아야 할 일을 알았다면
공상에 고삐를 조여라

당신에게 닥칠 결정적 순간

라스베이거스에서 가장 큰 판돈이 걸린 게임은 1년에 몇 번 열리지 않는다. 비용이 수십억 달러나 드는데도 딜러나 카드, 주사위는 없다. 하지만 조명은 화려하다. 게임이 열리는 밤에 멀리서 하늘을 보면 마치 도시가 유성우 발사대인 듯 별들이 밤하늘을 가로질러 기괴한 선을 그리며 떨어지는 광경을 볼 수 있다. 계속 지켜보면 별들이 하나씩 돌아오고, 월급을 탕진하는 도시 라스베이거스의 불빛이 다시 스카이라인을 지배하는 것을 볼 수 있다.

　물론 이것들은 별똥별이 아니며, 적어도 공식적으로는 이 게임에 도박꾼은 없다. 이곳은 라스베이거스 북동쪽 외곽에 있는 넬리스 공군 기지다. 우리가 목격한 것은 어쩌면 세계에서 가장 진지한 게임이라고도 할 수 있는 미 공군 레드 플래그 공대공 전투 훈련 프로그램이다. 각각의 대공 작전은 진격해오는 가상의 '적군赤軍'과 미국과 북대서양조약기구NATO 동맹국으로 구성된 '청군靑軍' 간의 장시간 공중 교전이다. 시뮬레이션에는 공격과 공습, 정찰 활동, 공수 작전, 재급유가 포함된다.

그 규모는 가히 경이롭다. 레드 플래그 훈련에는 연간 5천 대의 항공기가 2만 회 이상 출격하고, 5천 명의 전투병과 1만 4천 명의 지원 및 유지보수 인력이 참여한다. 모든 훈련이 스위스 크기의 절반에 해당하는 네바다 사막의 통제 지역에서 이루어진다.

이 훈련은 준비 기간만 1년이 필요하고 주야간으로 몇 주 동안 진행된다. 한 영국군 고위 간부는 "실제 전쟁이 아닌 최고의 실전 훈련"이라고 묘사했다. 그 중심에는 디지털 표적과 센서로 구성된 컴퓨터 시스템이 있다. 실제 무기는 단 한 발도 발사되지 않는다는 뜻이다. 이제껏 본 적 없는 레이저 술래잡기다.

내가 레드 플래그 훈련을 소개하는 이유는 아주 유명한 전 참가자의 뒷이야기 때문이다. 허드슨강에 여객기를 불시착시킨 공로로 국민적 영웅이 되기 30여 년 전, 체슬리 설리 설렌버거 대위는 넬리스 레드 플래그 작전의 리더였다.

앞에서 살펴본 것처럼 설렌버거의 경험은 **업시프트**의 3가지 원칙 모두와 일치한다. 이 장에서는 특히 압박감 속에서 발휘한 독창적 사고에 초점을 둔다. 설렌버거 기장과 승무원들이 그 찰나의 순간에 직면했던 상황은 외과 의사들이 말하는 '결정적 순간'이었다. 수술 도중 동맥류가 파열되거나 뇌가 부어오르거나 종양에서 대량의 출혈이 발생하여 '삶과 죽음을 가르는 것은 외과의의 경험, 지식, 의사 결정 능력뿐인 참사 직전의 순간' 말이다. 급박한 수술 상황에서 극심한 압박감에 직면한 외과 의사는 대개 기존에 알려진 방식을 고수한다. 하지만 일부는 그러지 않는다. 설렌버거는 분명히 후자에 속한다. 긴박한 상황에서 한 번도 본 적 없는 문제를 어떻게 해결하는 걸까? 이 장에서는 설렌버거가 왜, 어떻게 긴박한 상황에서 문제를 해결할 수 있었고, 어떻게 하면 우리도 그럴 수 있는지 탐구한다.

뉴욕에서 그 운명적인 아침을 맞기 전, 체슬리 설렌버거의 비행 기록은 모범적이었다. 16세에 비행을 배운 그는 미 공군사관학교에 재학하는 동안 기록적인 비행시간을 달성했고, 20세에 비행 훈련 조교로 활동했으며, 임관 시 비행 부문 우수상을 받았다. 전역 후에는 민간 조종사가 되어 교관, 미국 항공 조종사 협회 안전위원장, 미국 연방교통안전위원회와 공군의 사고 조사관으로 여러 해 활동했다.

설렌버거는 고고도 공기역학과 생리학에서부터 비행기역학과 내비게이션 기능에 이르기까지 전부 확실하게 이해하고 있었다. 또 주요 비행 사고가 발생한 장소, 사고의 원인과 교훈, 그러한 지식이 비행기 설계, 정책, 절차, 훈련 등에 미친 영향까지 자세히 알았다. 강에 착륙하기로 했을 때 설렌버거는 해야 할 일과 하지 말아야 할 일을 정확히 구분한 상태였다. 군대에서 글라이더를 조종해봤던 그는 엔진이 꺼진 비행기를 조종하는 데 필요한 조작 기술을 익힌 상태였다. 승무원을 관리하는 논문을 발표하기도 했기에 팀 전체가 협동하게 하는 방법도 알고 있었다. 또 인도양에 추락한 비행기가 산산조각 나면서 탑승자 전원이 사망한 사고에 대해서도 알았으며 이것이 그가 써야 할 착륙 방식에 무엇을 의미하는지 정확히 이해하고 있었다. 추웠던 1월 그날 아침 직면했던 선택들은 그의 전문성을 극한까지 시험하는 것이었다. 키스 재럿처럼 설렌버거는 이전에 본 적 없는 문제를 해결하기 위해 관례에서 벗어나 가능한 모든 선택지를 고려했다. 그리고 단번에 제대로 해냈다.

설렌버거는 수년간 넬리스 기지에서 레드 플래그 훈련의 작전을 이끌었다. 그는 시뮬레이션 작전을 수행할 때마다 무엇이 효과가 있었고 무엇이 효과가 없었는지, 그리고 어떻게 개선할 수 있는지에 대해 잔인하리만치 솔직하게 토론했다. 그 작전들은 시뮬레이션이었고 전쟁 게임이었다. 하지만 핵심은 '게임을 하면서 배우는 것'이었다. 그는 이런 엄격함을 수년간 유지했다. "군 조종사였던 사람이라면 누구나 일정 수준의 규율과 근면성이 몸에 배어 있습니다. 그것은 우리가 일을 대하는 자세이자 직업이며 소명입니다. 그 소명에 응답하면 그런 규율과 근면성으로 평생 계속 학습하면서 언제나 이전 비행보다 나은 비행을 하기 위해 끊임없이 탁월성을 추구하게 됩니다."

레드 플래그 시뮬레이션과 군사 훈련 덕분에 설렌버거는 '결정적 순간'에 대처할 준비가 된 상태였다. 미 해군의 유명한 탑건 TOPGUN 훈련 프로그램처럼 레드 플래그는 베트남 전쟁 당시 미군의 공중전 실패에 기원을 두고 있다. 서류상으로는 훨씬 전투력이 약하고 장비도 부족했던 베트콩에게 미군은 공중전에서 끔찍한 타격을 입었다. 전투기 조종사의 성공은 미군 전투기 대비 격추된 적국 전투기의 '교환 비율'로 측정된다. 이 수치가 위험할 정도로 낮았고 어떤 시점에서는 1 아래로 떨어지기도 했다. 베트콩이, 미군보다 더 많은 전투기를 격추했다는 뜻이다. 군 내부에서도 여러 진단이 나왔지만 한 가지 결론은 분명하고 일관되었다. 미군 전투기 조종사들에게는 더 나은 전투 훈련이 필요하다는 것이었다.

탑건 프로그램과 레드 플래그 프로그램 둘 다 베트남전의 대실패 이후 공중전 기동의 기본을 다지기 위해 설계되었다. 탑건 프로그램은 분대원들에게 전투 전술을 가르칠 수 있는 교관 훈련에 기초했다(그것이 1986년 영화 「탑건」에 나온 기본 전제였다).

레드 플래그 훈련은 조종사가 현실적이면서도 통제된 환경에서 첫 '전투'를 접하도록 설계되었다. 조종사들이 격추될 가능성이 가장 큰 처음 10번의 전투 임무에서 배우는 것이 가장 많다는 사실에 주목한 미 공군은 정기적인 시뮬레이션으로 가장 위험한 비행을 대규모로 반복 훈련하기로 했다. 이 훈련의 요점은 「탑건」의 주인공 매버릭처럼 단독 공격하고 격추하는 게 아니라 연습하고 협력하고 학습하는 것이었다.

설렌버거는 허드슨강에 불시착하기 10년 전에 NASA의 과학자들과 함께 쓴 주요 항공기 사고 분석 논문에서 자신의 놀라운 업적을 간접적으로 예견했다. 그 논문에서 설렌버거와 공동 저자들은 참사의 가장 흔한 원인 중 하나가 '계획 지속 오류'라는 것을 알아냈다. 전체 참사의 75퍼센트 이상에서 조종사들은 새로운 도전 상황임에도 가능한 모든 선택지를 고려하지 못하고 협소하게 규정된 방법을 고수하는 경우가 많았다. 계획 지속 오류는 조직적, 사회적 요인에서 비롯했고, 이는 조종사와 주변인의 갈등을 일으켰다. 1549편의 녹취록을 다시 살펴보면 "허드슨강으로 가겠다."라는 설렌버거의 말에 관제사들은 분명 혼란스러워했다.

설렌버거 기장의 업시프트는 압박감 속에서 발휘한 독창적 사고를 보여준 훌륭한 예다. 이 장에서는 압박감 속의 독창적 사고란 무엇인지, 어떻게 이루어지는지, 어떻게 하면 우리 모두 그런 사고를 더 잘할 수 있는지 자세히 파헤쳐 보려 한다. 제일 먼저 전하고 싶은 메시지는, 많은 신화와 오해가 존재함에도 우리 모두는 연습과 훈련으로 독창적 사고를 배울 수 있다는 것이다. 내 말이 믿기지 않는가? 종이 클립으로 증명해 보이겠다.

왜 위기 상황일수록 모범답안을 따를까?

클립(앞으로 언급되는 것은 모두 종이 클립이다.)을 사용할 수 있는 방법은 몇 가지가 있을까? 몇 분 동안 생각해보라. 원한다면 종이에 적어보라. 몇 가지는 상당히 뻔할 것이다. 클립의 본래 기능과 디자인대로 물건을 '끼워두는' 데 쓸 수 있다. 지폐, 꽃줄기, 또는 다른 물건들을 고정하고, 식품 봉지를 단단히 밀폐하고, 저렴한 책갈피로 쓰고, 크리스마스트리에 장식품을 걸 수도 있다. 클립의 기본 기능이 확실히 자리 잡혀서 전 세계적으로 이메일 첨부 파일을 상징하는 기호로 쓰이고 있다.

클립의 용도를 바꾼 답변도 있을 것이다. 클립을 펴서 손톱 밑이나 소금 통의 막힌 구멍, 배수구에 쓸 수 있는 편리한 청소 도구를 만들거나, 자물쇠를 따거나, 현미경 아래의 물체를 옮기는 도구로 쓸 수도 있다. 팔다리에 한 깁스 아래 가려운 데를 긁어줄 도구로 쓰거나 파티 후 풍선을 터뜨리거나 물감 튜브를 열 때 쓸 수도 있다.

좀 더 독창적으로는 잉크를 찍어 필기도구로 쓰거나 깡통에 클립을 잔뜩 넣어 타악기를 만들거나 심지어 전시 비밀 작전 중 암호화된 통신 도구로 사용될 수도 있다(믿기지 않으면 '페이퍼클립 작전'[4]을 찾아보라).

이러한 목록 작성은 독창적 사고를 평가하는 방법 중 가장 널리 인정받는 '대체 용도 테스트'다. 사람들은 대부분 이 테스트에서 클립의 기존 용도와 유사한 아이디어로 대답하기 시작한다. 다소 틀에 박힌 아이디어를 몇 가지 내놓은 후에는 더 독창적이고 관례에서 벗어난 아이디어가 나오기 시작할 것이다.

대체 용도 테스트와 유사 테스트 덕분에 얻은 몇 가지 통찰은 이 장의 뒷부분에서 다시 다루겠다. 지금은 이 테스트의 기원부터 설명하려 한다. 이야기는 다시 전투기 조종사로 돌아간다.

창의성이 비교적 최근에야 과학 연구의 주제가 되었다는 사실은 놀랍다. 1950년 이전에는 창의성이 모호하고 주관적인 것으로 간주되어 체계적 연구가 잘 이루어지지 않았다. 극소수의 연구들조차 모차르트, 제인 오스틴, 마리 퀴리 등 유명한 천재 예술가나 과학자에게 초점을 맞추고 그들의 창의성을 뒷받침하는 내재적 특성들을 살

---

4   2차 세계대전 이후 미국 전략사무국이 패전한 나치 독일의 주요 인사를 포섭하려 했던 작전.

퍼보는 경향이 강했다. 창의성 같은 부정확한 주제에 관한 연구는 당시 지배적이었던 파블로프 이론처럼 자극과 반응에 입각한 행동 이해와 IQ에 기반한 지능 평가와 융화되기 어렵다고 인식됐다.

1950년 이후 연구 프로그램, 기업 연구소, 교수직의 수가 폭발적으로 증가했다. 점차 창의성은 내재적 특성이 아니라 **독창적 사고의 과정**으로 여겨졌다. 또 창의성은 소수의 특별한 개인에게 국한되지 않고 일반 대중, 매우 광범위한 문제나 과제에서 발견될 수 있고, 따라서 배울 수 있는 것으로 여겨졌다. 창의성은 누구나 파악할 수 있는 것으로 여겨지면서 주제와 행동 모두에서 대중화되었다.

이런 변화는 주로 심리학 분야 거장인 조이 폴 길퍼드가 2차 세계대전 전후에 내놓은 업적에 바탕을 둔다. 길퍼드는 미 공군의 수석 심리학자로 조종사들의 선발, 훈련, 발전 방식의 변화를 감독했고, 이는 설렌버거 기장의 경력, 특히 1549편의 조종에도 도움이 되었다.

2차 세계대전 이전에는 신체검사와 IQ 검사를 토대로 조종사를 선발했다. 하지만 전쟁이 격화되는 동안 비행 기술이 발전하고 전투는 더욱 복잡해졌다. 공군 고위 간부들은 IQ가 조종사들의 생존 여부를 가름하는 지표가 아닌 것으로 보이자 의아했다. 알고 보니 IQ가 높은 총명한 조종사들이 교본에 나와 있지 않은 비상 상황에도 '교본'을 따르려 했다.

반면에 덜 똑똑한 조종사들은 대담하지만 위험한 기동으로 생존할 수 있었다. 당시 최고의 학자였던 길퍼드는 공군의 심리 연구 책임자가 되어 조종사, 폭격수, 항공사의 선발에 사용할 창의력 테스트를 개발하는 임무를 맡았다. 미 공군은 그에게 똑똑하고 유능한 조종사들이 전투기가 포격을 받거나 손상되었을 때 불의의 사태에 대처하는 능력을 갖추지 못한 이유를 밝혀달라고 요청했다.

처음 그 역할을 맡았을 때 길퍼드는 테스트, 채점 체계, 개별 인터뷰가 포함된 선발 시스템을 개발했다. 학문적 훈련을 받지 않은 퇴역 비행 장교 한 명도 선발 과정에 배정되었다. 길퍼드는 그 장교의 경험을 크게 신뢰하지 않았다. 길퍼드와 퇴역 장교는 서로 다른 후보를 선택한 것으로 밝혀졌다. 얼마 후 그들의 선발 업무를 평가한 결과 놀랍게도 길퍼드가 선택한 조종사들이 퇴역 장교가 선택한 조종사들보다 많이 격추되어 사망한 것으로 나타났다.

길퍼드는 훗날 너무 많은 조종사를 죽음으로 내몰았다는 생각에 자살까지 고려했다고 고백했다. 하지만 그는 자살 대신 왜 퇴역 장교가 선택한 조종사 후보들이 자신이 선택한 후보들보다 많이 살아남았는지 알아내기로 결심했다.

그 퇴역 장교는 모든 조종사 지망생에게 "독일 상공을 날다가 대공포에 맞으면 어떻게 하겠는가?"라는 질문을 던졌다고 했다. 그는 "비행 고도를 높이겠습니다."라고 대답한 사람들을 모두 탈락시켰다. "글쎄요…, 고도를 확 낮추겠습니다."라거나 "지그재그로 비행하겠습니다."라거나 "기체를 기울여 총격을 피할 겁니다."라는 대답은 교본에 따르면 모두 오답이었다. 하지만 퇴역 장교는 오답을 제시한 이들 중에서 후보자를 선택했다. 교본대로 하는 군인들은 예측 가능한 대응을 했다. 문제는 총격을 받으면 비행 고도를 높일 거라는 사실을 독일군 전투기 조종사도 안다는 것이다. 그들은 미군 조종사를 격추할 준비를 하고 구름 위에서 기다리고 있을 것이었다. 다시 말해서 지능이 더 높을지 몰라도 규칙을 고수하는 조종사들보다 창의적인 조종사들이 살아남는 경우가 더 많았다.

길퍼드는 이 경험을 활용하여 예상하지 못한 해결책을 즉흥적으로 생각해낼 가능성이 가장 높은 조종사를 선발하기로 했다. 그래서 압박감 속에서 예상치 못한 창의적 사고 능력을 평가하는 테스트를 개발했다. 나중에 그는 성공한 전투기 조종사들의 접근 방식을 '확산적 사고'라고 부르며 실패한 조종사들의 '수렴적 사고'와 대비시켰다.

수렴적 사고는 어떤 문제의 가장 효과적인 답을 찾아내는 과정이다. 일반적으로 이전에 확인된 기법을 사용해 새로운 문제에 적용하는 것이다. 객관식 시험, 표준화 시험, 쪽지 시험, 맞춤법 시험 등 다양한 시험에는 단 하나의 정답만 있을 수 있으므로 수렴적 사고가 필요하다. 길퍼드 이전에 조종사 평가를 지배했던 IQ 검사는 이제는 거의 전적으로 수렴적 사고에 초점을 맞춘 검사라고 비판받는다. 이것은 계획 지속 오류가 그렇게 만연한 이유를 설명해준다.

반대로 **확산적 사고**는 창의적인 아이디어를 창출하기 위해 여러 가지 해결책을 탐색하는 사고 과정이다. 일반적으로 기존 해결책이 있어도 문제를 해결해줄 새로운 절차를 찾아내는 것을 말한다.

길퍼드는 수렴적 사고의 측정을 위해 체계화된 테스트와 평가지들을 여럿 개발했다. 하지만 그가 개발한 테스트 중 가장 유명하고 여전히 널리 사용되는 것은 확산적 사고 테스트다. 좀 전 클립을 가지고 소개한 대체 용도 테스트다. 이 테스트는 길퍼드가 전투기 조종사에게 도움을 주지 못했다고 느꼈던, 정답이냐 아니냐만 검사하는 테스트의 단점을 극복하기 위해 특별히 고안한 것이다.

앞서 당신이 작성한 목록을 떠올려보라. 판단을 내리고 싶은 강박과 싸워라. 이 목록은 당신이 맞았는지 틀렸는지가 아니라 당신이 문제를 어떻게 생각했는지 말해준다. 올바르게 사용한다면 이 테스트는 창의력을 증명하는 것이 아니라 창의력을 향상시키는 도구가 될 것이다. 당신의 창의적 사고를 평가하고 싶다면 길퍼드와 그의 동료들이 개발한 다음 기준을 참고하라.

> **유창성:** 생각해낼 수 있는 클립 용도의 총 가짓수. 많을수록 독창적이고 유용한 아이디어가 떠오를 가능성이 더 크다.
>
> **유연성:** 생성한 아이디어의 범주가 다양한 정도. 다양한 관점에서 상황을 얼마나 잘 볼 수 있는지, 해결하려는 문제를 얼마나 잘 재구성할 수 있는지 평가한다.
>
> **독창성:** 아이디어가 '표준'에서 떨어져 있는 정도. 여기서 '표준'이란 클립의 경우 클립을 활용해 물건을 함께 고정하는 것이다. 낯설거나 특이하거나 참신한 용도의 수가 많을수록 독창적인 아이디어를 볼 가능성이 커진다.
>
> **정교성:** 아이디어 뒤의 세부적인 수준. 더 많이 생각하고 고려한 아이디어일수록 '현실에 부닥쳤을 때' 살아남을 가능성이 높다.
>
> **'성급한 종결'에 대한 저항:** 열린 마음으로 가능한 선택지를 더 늘리고 성급히 종결하지 않는 것. 그로써 정신적 도약을 할 수 있는 능력을 말한다.

이 기준들 각각이 전투기 조종사들이 일상적으로 직면하는 생사를 좌우하는 결정과 특히 관련 있는 것으로 입증되었다.

길퍼드의 동료들이 대체 용도 테스트를 변형하여 진행한 연구에 따르면 '에이스' 전투기 조종사들은 더 많은 수의 답변을 했고(유창성), 답변에 특이한 범주의 내용도 더 많았고(유연성), 더 상상력이 풍부한 생각을 했다(독창성). 또 그들의 확산적 사고는 '목적의 단일성과 노력의 강도(정교성과 성급한 종결에 대한 저항)'로 특징지어졌다. 다시 말해 그들은 독창적으로 사고했을 뿐 아니라 철저히 수행했다. 설렌버거 기장에게 (그리고 그의 승무원과 승객들에게) 큰 도움이 되었던 비행 기술의 기원을 여기서 찾을 수 있을 듯하다.

그렇다면 우리는 결정적 순간에 확산적으로 사고하는 법을 어떻게 연습할 수 있을까? 직면한 문제를 우리가 어떻게 평가하는지가 매우 중요하다. 앞 장에서 배운 것처럼 직면한 스트레스 상황을 위협이 아니라 도전으로 평가하면 효과적으로 업무를 수행할 가능성이 커진다. 연구에 따르면 스트레스 상황을 도전으로 평가할 때 확산적 사고가 이루어질 가능성도 더 크다고 한다. 도전 상태에서는 기꺼이 가능성을 더 탐색하기 때문이다. 스트레스와 압박을 긍정적인 틀로 바라보면 사고의 레퍼토리를 넓히거나 향상하고, 참신한 아이디어를 계속 떠올리고, 독창적인 행동의 범위를 영구적으로 확장할 수 있다.

설렌버거 기장이 처한 상황에서 명백한 답은 대체 활주로 가운데 하나에 착륙하는 것이었다. 더구나 당국의 지시가 있었으니 우리 대부분은 기존의 수렴적 해결책으로 선택 폭을 좁혔을 것이다. 하지만 설렌버거는 그렇게 하지 않았다. 새 떼와 충돌한 것은 사고였지만 설렌버거의 결정은 결코 우연이 아니었다. 그는 스스로 말했듯 비행과 시뮬레이션, 주요 사고를 분석하며 평생 훈련을 받았고 그날 그것들을 모두 쏟아낼 수 있었다.

설렌버거가 어떻게 극심한 스트레스를 극복하고 애써 위협 상태에서 벗어나 도전 상태로 전환했다고 기술했는지 다시 생각해보라. 도전 상태로 전환하자마자 그는 자신에게 열려 있는 다양한 가능성을 재빨리 탐색하고 그렇지 않은 안을 기각했다. 그런 탐색 과정에서 개인적 선호와 배경은 중요한 역할을 한다. 몇몇 사람들은 특정 스트레스 상황을 종결하고 싶은 욕구가 강해서 대안 탐색을 멈추고 '정답'으로 보이는 방향으로 나아간다. 하지만 일부는 선천적으로든 후천적으로든 종결 욕구가 약해서 확실성에 대한 욕구를 잠시 멈추고 대안이 되는 참신한 선택지를 살피는 데 능하다.

다시 말하지만, 설렌버거는 1990년대에 NASA와 공동 연구를 한 덕분에 이런 사실을 아주 잘 알고 있었을 것이다. 확산적 사고의 성급한 종결과 계획 지속 오류는 결국 동일한 의사 결정 편향을 다른 방식으로 설명한 것이다.

확산적 사고를 뒷받침하는 이 2가지 연관 능력, 즉 탐구 의지와 낮은 종결 욕구는 여러 분야에서 거듭 확인되었다. 2차 세계대전 이후 수행된 유명한 창의성 연구를 살펴보자. 당대 주요 건축가들을 대상으로 무엇이 가장 독창적인 건축가와 가장 독창적이지 못한 건축가를 구분 짓는지 이해하고자 했다. 그 결과 2가지 요인이 확연히 드러났다. 그 두 요인 역시 설렌버거 기장의 행동을 상기시킨다.

매우 창의적인 건축가들은 설렌버거 기장처럼 더 능숙하게 지식을 다루었다. 이들은 "박식한 사람들로서 단순히 사실들을 쌓아두고 있는 게 아니라 자신이 아는 것들을 가지고 놀면서 자신의 공상에 창의적 고삐를 조일 수 있는 능력을 지닌 사람들"이었다. 또 그들은 새로운 아이디어들을 선입견을 품고 바라보지 않고 '결정 미루기'를 적극적으로 실천했다.

대체 용도 테스트 및 유사한 확산적 사고 측정법들은 과학적 관점에서 매우 탄탄하다. 그것들은 결정적 순간의 창의성을 설명하고 예측하는 데 놀라운 성공을 거뒀다. 이 테스트들은 전쟁 중에 길퍼드를 몹시 괴롭혔던 IQ 검사만큼 엄격하며, 시간이 지나면서 거의 모든 행동주의 심리학 테스트보다 신뢰도와 타당도가 더 높은 것으로 입증됐다. 이 간단한 평가는 추운 1월 그날 아침 설렌버거가 입증해낸 "상상력이 지식보다 더 중요하다."라는 알베르트 아인슈타인의 명언이 진실임을 보여준다.

아마 아인슈타인도 지적하려고 애썼겠지만, 상상력은 고정된 것이 아니다. IQ 검사와 달리 확산적 사고 테스트의 결과는 경직성을 띠지 않는다. 그 결과들은 우리의 잠재된 창의력 추정치를 제공하며, 그 잠재력은 고정되어 있지 않고 연습을 통해 시간이 지나면서 발전한다. 처음부터 확산적 사고에 얼마나 능숙했든 상관없이 더 나아질 수 있다.

여기서 잠시 멈추고 점검해보자. 설렌버거 기장보다 앞서 공중전이라는 심한 스트레스 상황에서 업시프터들이 채택한 확산적 접근법, 즉 압박감 속에서 독창적 사고를 다룬 길퍼드의 직접적 분석은 창의성이란 무엇이며 어떻게 강화될 수 있는지 이해하는 데 근본적인 변화를 가져왔다. 이 책에서 발견할 수 있는 가장 놀라운 점이 아마 이 부분일 것이다.

전쟁이 끝난 후 길퍼드는 미국심리학회 회장이 되어 1950년 '창의성'이라는 제목으로 취임 연설을 하면서 미 공군에서 얻은 교훈을 제시했다. 그는 자신이 확산적 사고 능력으로 정의한 창의성이 냉전 대결이 임박한 전후 시대 상황에서 국가와 세계 발전의 근간이 될 것이며 더 많은 연구가 필요하다고 주장했다. 이 연설 이후로 창의성을 주제로 한 연구와 실험실이 폭발적으로 늘어났던 까닭에 오늘날 길퍼드는 '현대 창의성 연구의 아버지'로 널리 인정받고 있다. 그의 연구가 주는 가장 중요한 메시지는 우리 모두가 창의성을 발휘할 잠재력을 지니고 있고 창의성의 향상을 위해 노력할 수 있다는 것이다.

자신이 창의적이라고 생각하지 않는 사람들에게는 이 이야기가 놀라울 수도 있다. 최근 몇 년 사이 있었던 과학적 오해와 잘못된 해석에 영향을 받았기 때문이다. 이를 이해하려면 심리학에서 신경과학으로, 즉 마음에서 뇌로 옮겨가야 한다.

좌뇌형? 우뇌형? 터무니없는 소리!

전쟁은 많은 사람의 삶에 긴 그림자를 드리우지만, 어둠 속에서도 긍정적 측면은 있다. 1962년, 2차 세계대전 당시 낙하산병이었던 윌리엄 젠킨스가 거의 20년간 시달려온 심한 발작이 더욱 악화되고 있다며 캘리포니아의 한 병원을 찾았다. 젠킨스는 프랑스에서 낙하산으로 적진에 침투하여 독일군과 백병전을 벌이다가 소총 개머리판에 머리를 맞았다. 전쟁이 끝난 후 치료를 받았지만 어떤 것도 효과가 없었는데, 한 젊은 신경외과 의사를 만났을 때 극단적인 새로운 시술을 제안받았다. 젠킨스는 시술에 동의했고 그 과정에서 자신도 모르게 신경과학의 슈퍼스타이자, 노벨상 수상 연구의 주요 피험자, 현대 과학에서 가장 만연하고 근거 없는 믿음의 제공자가 되었다.

독창성은 우리 뇌의 어디에서 나오고 어디에 존재할까? 틀림없이 모두가 1980년대에 대중화된 '좌뇌-우뇌' 공식을 떠올릴 것이다. 한쪽 뇌가 한 사람의 사고방식을 지배하고 기술, 선호도, 심지어 성격까지 결정한다는 믿음이 수년 동안 널리 퍼져 있었다. 신경과학자들이 '반구 모델'이라고 부르는 이 개념은 우뇌가 창의성과 감정을 담당하고 좌뇌가 이성과 논리를 담당한다고 본다.

많은 사람이 좌뇌형 또는 우뇌형이므로 "이 일이 정말 적성에 안 맞는다."라는 말을 들어보거나 스스로 해본 적이 있을 것이다. "당신은 우뇌형인데 연간 회계를 처리하려고 한다고요? 다시 생각해봐요." 또는 "당신은 좌뇌형인데 괜찮은 마케팅 디자인을 생각해내려 한다고요? 미안하지만 망했어요." 같은 식이다.

거의 전적으로 터무니없는 이야기다. 틀린 아이디어임이 밝혀졌고 과학적 근거가 제대로 뒷받침된 적이 없는데도 여전히 널리 퍼져 있다. 하지만 거짓의 뿌리를 조사해보면 중요한 진실이 드러난다.

길퍼드의 연구는 심리학, 행동과학, 그리고 당시 부상하던 신경과학 분야에 혁명을 일으켰다. 신경과학자들은 수렴적 사고와 확산적 사고가 뇌의 어디에서 이루어지는지 이해하고자 했다. 그중에서도 유명한 것은 1960년대 캘리포니아공과대학교의 로저 스페리와 마이클 가자니가가 진행한 실험들이다. 문제는 스페리와 가자니가가 실제로 이러한 패턴을 확인했지만, 그들의 연구 대상이 일반적인 사람들이 아니었다는 것이다. 그들은 모두 뇌를 두 부분으로 나누는 급진적 수술을 받은 뇌전증 환자, 소위 분할 뇌 환자들이었다.

좌뇌와 우뇌를 연결하는 신경 다발을 절단하는 것은 극단적이고 잔인한 조치였다. 1940년대 뉴욕에서 중증 뇌전증을 치료하는 방법으로 처음 시도된 이 수술은 뇌량을 절단함으로써 일종의 신경 방화대를 만들어 발작이 뇌 전체로 퍼지는 것을 막는다는 아이디어에서 시작되었다.

하지만 결과는 그리 희망적이지 않았다. 일부 환자가 약간 호전되긴 했지만 이 치료법이 널리 보급될 정도로 효과가 확실하지는 않았다. 1962년 윌리엄 젠킨스의 발작을 완화하기 위해 이 수술이 다시 시행됐다. 수술 후 젠킨스는 발작의 빈도, 강도, 지속 시간 면에서 현저한 개선을 보였다. 그러나 수술은 그의 사고와 행동에도 몇 가지 흥미로운 영향을 미쳤고, 스페리와 당시 대학원생이었던 가자니가는 관찰과 실험을 통해 이를 기록했다.

그들의 유명한 실험 한 가지는 언어적 추론과 시각적 추론에 관한 것이다. 젠킨스는 이미지를 볼 때마다 버튼을 누르라고 요청받았다. 연구자들은 그의 양쪽 눈에 서로 다른 자극을 비추었고, 이는 반대쪽 뇌 반구로(왼쪽 눈의 정보는 오른쪽 뇌로, 오른쪽 눈의 정보는 왼쪽 뇌로) 전달되어 처리되었다. 뇌의 좌반구를 겨냥하여 오른쪽 눈으로 자극을 보낼 때마다 젠킨스는 버튼을 누르고 화면에서 본 것을 명확하게 설명했다. 그러나 뇌의 우반구를 겨냥하여 왼쪽 눈으로 자극을 보내면 젠킨스는 아무것도 보지 못했다고 말하고는 했다. 하지만 그와 동시에 왼손으로 버튼을 눌러 무언가를 보았음을 표시했다. 왼손에 펜을 쥐어주고 왼쪽 눈에 이미지를 비추면 젠킨스는 아무것도 보지 못했다고 말하곤 했다. 하지만 왼손으로 자신이 본 물체를 그렸다. 그의 좌우 반구는 말 그대로 반대쪽에서 무엇을 경험하거나 하고 있는지 알지 못했다.

스페리와 가자니가, 동료들은 1960년대부터 1970년대까지 젠킨스를 비롯한 분할 뇌 환자들을 조사하고 실험하면서 특정한 인지 기능이 뇌의 특정 반구에서 이루어지는 '편측화' 현상이 있음을 알아냈다. 분할 뇌 환자의 좌우 반구는 뚜렷한 특징을 보였다. 예를 들어 좌뇌는 언어와 숫자의 처리 및 논리적 추론에 더 강력한 역할을 했다. 반면에 우뇌는 시각적이고 직관적인 의사 결정에 더 큰 역할을 했다. 또 그들은 1940년대 환자 집단은 뇌가 완전히 분할되지 않았다고 결론지었다. 그래서 발작이 완화되지 않았고 수술 후 인지능력에도 변화가 없었다고 설명했다.

그들의 연구 결과는 일반 대중과 창의적 산업을 사로잡았다. 이른바 뇌의 '창의적 측면'을 활용하는 데 초점을 맞춘 수많은 책과 강좌, 코칭 활동에 영감을 불어넣었다. 1979년에 출간된 베티 에드워즈의 『오른쪽 두뇌로 그림 그리기』는 지금까지도 가장 많이 팔린 미술 교재로 젠킨스의 실험 덕을 직접적으로 봤다. 그녀는 이렇게 말했다. "역설적이게도 그림 배우기는 좌뇌 모드에서 우뇌 모드로 전환하는 법을 배우는 것을 의미한다. 그림 그리기 훈련을 받은 사람은 그렇게 한다. 사고 모드를 마음대로 전환하는 이 능력은 사고 전반, 특히 창의적 문제 해결에 큰 영향을 미친다." 10여 년 후 출간된 줄리아 캐머런의 창의성 자기계발서이자 베스트셀러 『아티스트 웨이』는 생생한 의인화와 함께 이 주장을 더욱 발전시켰다. "우리는 좌뇌에 존재하는 내면된 완벽주의자, 내외부의 고약한 비평가, 검열관의 희생자이다. 그 검열관을 사악한 말을 뱉어내는 만화 속 뱀으로 생각하라. 논리 담당 뇌는 우리의 검열관이다. 예술가 뇌는 발명가이고 어린아이다. 창의적이고 총체적인 뇌는 논리적 뇌가 옆으로 물러서게 가르치고 예술가 뇌가 놀게 한다."

　　분할 뇌 환자를 대상으로 한 스페리와 가자니가의 연구는 사실 미묘한 차이가 있는 그림을 제시했으며, 분할 뇌 환자가 아닌 건강한 사람의 뇌까지 포괄하는 주장도 분명히 하지 않았다. 그들은 **뇌가 하드웨어마다 특정 작업이 정해져 있는 컴퓨터 같은 게 아니라는 사실**을 발견했다. 오히려 뇌는 여러 케이블로 연결된 컴퓨터 네트워크처럼 작동한다. 활성화된 뇌 영역 간의 연결은 개별 영역의 작동보다 더 중요하지는 않더라도 그 정도로 중요한 것으로 밝혀졌다. 분할 뇌 환자 연구에서 실제로 증명된 사실은 특정 구성 요소들의 손상 없이 네트워크의 상당 부분을 분리했을 때의 영향이었다.

　　그리고 이렇게 네트워크가 분리됐을 때는 실제로 뇌의 좌우 반구에 다른 기능이 위치하는 강력한 편측화가 나타난다. 운 좋게 네트워크가 온전한 사람들에게 편측화는 뚜렷하지 않을 뿐만 아니라 완전히 불필요하다. 스페리는 이 연구로 1981년 노벨의학상을 공동 수상했다.

애석하게도 좌뇌-우뇌라는 신경학의 근거 없는 믿음은 여전히 탄력을 받고 있으며 매우 해로운 영향을 가져온다. 나는 파리에 본부를 둔 경제협력개발기구OECD에서 혁신과 창의성 문제에 대한 자문을 맡고 있다. 그런데 뇌와 학습을 살펴본 한 주요 프로젝트에서 교육 전문가들 사이에 뇌에 관한 많은 오해가 존재한다는 사실을 발견했다. '신경학의 근거 없는 믿음'은 과학적으로 부정확한 사실에 기반을 두고 있고, 교육 현장에 부정적인 영향을 미친다. 그리고 그런 믿음 가운데 가장 널리 퍼져 있는 것이 좌뇌-우뇌 개념이다.

2012년 영국과 네덜란드에서 실시한 설문 조사 연구를 보면 영국 교사 91퍼센트와 네덜란드 교사 86퍼센트가 좌뇌와 우뇌 사고 차이가 학습자들 간 개인차를 설명한다고 믿었다. 학습을 장려하고 지원하는 교사의 역할을 고려할 때 이런 믿음은 학생의 발달과 학습 방식, 학생이 기울이는 노력, 그리고 새로운 과목을 접할 때의 자기 신념 수준에 엄청난 영향을 미친다. 이런 견해를 가진 것이 교사들만은 아니다. 전문 분야에서도 자신을 창의적이지 않은 사람으로 분류하고, 창의성을 시각 예술과 연관 짓는 사람들이 많다. 이것은 대단히 애석한 일이며, 길퍼드가 확산적 사고와 창의성에 관한 연구에서 의도하고 발견했던 것과 정반대인 일이다.

다행히 2010년대 이후 과학이 다시 돌아오기 시작한 듯하다. 길퍼드의 아이디어는 21세기에도 여전히 유효한 것으로 입증되고 있다. 오늘날에는 기능적 자기공명영상fMRI과 같은 기술의 발달로 다양한 상황과 맥락에서 뇌가 어떻게 작동하는지 실시간으로 직접 분석할 수 있게 되었다. 원래 뇌 영상 도구와 기술은 엄격히 의료 분야에만 쓰였지만, 디지털 혁명 덕분에 비용이 급격히 감소하고 휴대성이 개선되면서 투자은행 트레이더부터 응급 상황에 처한 환자를 앞에 둔 외과 의사까지 온갖 맥락과 상황에서 쓰이고 있다. 최근 이런 발전 덕분에 이제 우리는 다양한 과업을 수행하는 뇌의 작동에 대해 이전보다 훨씬 더 많이 이해하게 되었다.

중요한 것은 좌뇌-우뇌 논쟁을 21세기에 되풀이하지 않기 위해 뇌 영상에서 특정 수행을 단순하게 추론하지 않으려고 여러모로 노력하고 있다는 점이다. 탄탄한 과학적 근거를 바탕으로 결론을 내리기 위해 세심한 노력을 쏟고 있다. 커넥톰[5] 기반 예측 모델링 덕분에 뇌 네트워크의 실행과 고차적 행동 간의 연관성을 체계적으로 추적하고 있다. 이것은 먼저 개인의 행동 특성을 독립적으로 분석한 다음, 다양한 종류의 과업을 수행하거나 다양한 문제를 해결하는 동안 실시간으로 뇌 활동을 모니터하는 데이터 집약적 접근 방식이다. 그러고는 뇌 네트워크 활동과 연관된 행동과 의사 결정 패턴을 찾기 위해 분석에 들어간다.

우리에게 특히 중요한 사실은 독창적이고 참신한 사고를 할 때, 구체적으로는 길퍼드의 대체 용도 테스트나 유사한 테스트를 받는 동안 피험자의 뇌 활동을 이해하려는 노력이 늘어나고 있다는 것이다. 하버드대학교 연구자들은 대체 용도 테스트를 받는 동안의 뇌 활

---

5   한 개체의 신경계 안에 존재하는 모든 신경 세포들의 연결망에 대한 총체적 정보.

동을 분석했다. 그 결과 독창적인 사고에 가장 중요한 3가지 시스템이 존재하는 것으로 나타났다. 바로 **상상 시스템**, **현저성 시스템**, **집행 시스템**이다.

상상 시스템은 브레인스토밍이나 공상 같은 창의적 활동에 필수적이다. 이것은 심적 시뮬레이션을 제어한다. 다른 사람들이 느끼는 감정이나 특정 사회적 상황에 반응하는 법을 이해하는 능력 같은 사회적 인지도 담당한다. 이 시스템은 새로운 아이디어, 사물, 시나리오에 대한 탐색 및 참여로 연결된다.

현저성 시스템은 내부 및 외부 자극의 모니터링을 담당한다. 내적 의식의 흐름뿐 아니라 주변에서 일어나는 일을 지각하면서 촉발되는 외부 정보의 흐름도 추적한다. 끊임없이 쏟아지는 엄청난 양의 감각 정보를 받아들이면서 어떤 정보에 주의를 기울여야 하고 어떤 정보를 무시해야 하는지 선택한다. 당면한 문제를 해결하는 데 어떤 내적 또는 외적 정보가 가장 중요한지 결정하는 데도 관여한다. 또 다양한 신경 시스템 간의 전환에도 중요한 역할을 하며 지속적인 집중력과 의지력을 발휘하는 데도 필수인 것으로 밝혀졌다.

집행 시스템은 주의 집중, 정보의 해석, 의사 결정에 관여하는 뇌 영역 간 소통을 담당한다. 이 시스템은 아이디어를 현실화하고 유지할 수 있는 능력과 연관이 있으며, 정확성, 비판적 감수성, 다양한 관점과 청중에 대한 인식과도 관련이 있다.

이 시스템 각각은 우리 사고 과정에 독특한 역할을 한다. 그렇다면 확산적 사고 과업을 수행하는 사람들의 뇌에서는 어떤 일이 일어날까? 상상 시스템이 가장 중요하다고 생각할 수도 있다. 하지만 이는 분할 뇌 연구에서 했던 것처럼 지나치게 단순화된 해석이다. 증거에 따르면 시스템 간 상호작용의 질과 성격이 더 중요하다. 대체 용도 테스트를 받는 피험자들의 뇌 기능을 검토한 연구자들은 이 시스템 가운데 어느 하나가 확산적 사고를 결정짓지 않는다는 사실을 알아냈다.

당신이 떠올린 클립의 대체 용도를 다시 생각해보라. 처음에는 기존 용도를 생각했을 것이고, 몇 가지를 떠올린 뒤에는 더 급진적인 아이디어를 떠올렸을 것이다. 이것은 실제로 뇌 스캔을 통해 입증됐다. 처음에는 상상 네트워크와 현저성 네트워크가 연결되는 게 보이지만 그게 끝이 아니다. 그다음에는 상상 네트워크와 집행 네트워크가 연결되고, 다시 상상 네트워크와 현저성 네트워크가 연결된다. 뇌는 아이디어의 생성과 그것의 평가 사이를 역동적으로 오간다.

키스 재럿의 경험을 다시 떠올리면 음악가들이 새로운 곡을 만들 때 3가지 네트워크가 이런 방식으로 상호작용하는 것으로 보인다. 새로운 악상을 얻는 데 필요한 감정 반응과 감각 처리를 불러일으키기 위해 처음에는 상상 네트워크의 활동을 늘린다. 하지만 일단 창의적 선율의 도입부가 머릿속에 떠오르면 현저성 네트워크를 집행 네트워크로 전환하여 순간적인 멜로디의 작업 기억을 생성함으로써 기억에 남을 카덴차[6]로 만드는 데 집중할 수 있게 한다.

---

6 곡의 엔딩 부분에 연주자의 기교를 최대한 발휘할 수 있도록 구성된 화려하고 자유로운 무반주 부분을 말한다.

만약 '전력을 다하는' 느낌을 경험해본 적 있다면 그에 대한 생물학적 설명이 이제 가능해진다. 3가지 주요 시스템이 작동하면서 말 그대로 머릿속이 에너지와 흥분으로 가득한 느낌이 드는 것이다. 이 3가지 시스템을 합치면 뇌 활동의 80퍼센트 정도를 차지한다(우리가 뇌의 10퍼센트만 사용한다는 것도 또 다른 근거 없는 믿음이다). 확산적 사고에서 높은 점수를 받은 사람들은 뇌의 한쪽 반구만 사용하지 않고 뇌 전체를 활발하게, 다양한 방식으로 사용하는 것으로 밝혀졌다.

많은 상황에서 그리고 여러 사람에게 이 시스템은 종종 상반되게 작동한다. 또 상당수 사람들은 의사 결정을 할 때 게으름을 피우거나 습관적으로 특정 네트워크의 상호작용에 더 의존하도록 학습한 것으로 드러났다. 시간이 지남에 따라 특정 시스템을 강력히 선호하게 되고, 심지어 고착될 수도 있다.

확산적 사고 과업을 수행할 때 세 시스템 내의 영역들은 네트워크로 연결된다. 브레인스토밍이 가능한 상상 시스템, 내·외부 모니터링과 학습을 하는 현저성 시스템, 의사결정과 세부 사항 중심의 집행 시스템 간의 끊임없는 전환에 의존한다. 실은 이 3가지 네트워크 간 연결과 상호작용 속도는 어떤 사람이 확산적 사고를 얼마나 잘할 수 있는지 알려주는 가장 강력하고 훌륭한 예측변수다. 이 네트워크 사이의 연결이 많은 사람은 틀에 박힌 사고에서 벗어나 새로운 해결책과 여지를 생각할 가능성이 크다. 또한 네트워크를 어떻게, 어떤 순서로 활용할지 체계적으로 생각할 가능성도 크다.

가장 효과적으로 확산적 사고를 하는 사람들은 3가지 네트워크 모두를 동시에 동원하고 다른 사람보다 더 효율적으로 이용하는 능력이 두드러진다. 테스트에서 독창적인 답변을 많이 내놓은 참가자들은 네트워크 효율성도 높다. 즉, 그들의 뇌는 독창적인 사고 능력이 부족한 사람들보다 더 적은 단계를 거쳐 네트워크를 오가는 능력을 보여준다.

커넥톰 기반 예측 모델링 접근법은 이러한 신경 연결이 의사 결정 기술과 스타일의 다양성의 토대를 이룰 수 있음을 보여주기 시작했다. 2부에서 살펴볼 것처럼 업시프터의 기술은 이 시스템과 잘 들어맞는다.

좌뇌-우뇌에 대한 근거 없는 믿음의 종결을 멋지게 장식하듯, 확산적 사고 네트워크를 신경과학적으로 규명한 하버드대학교의 연구가 2018년 권위 있는 미국 국립과학원 회보에 게재 승인을 받았을 때, 이를 승인한 편집위원은 다름 아닌 로저 스페리와 함께 윌리엄 젠킨스를 대상으로 첫 실험을 했던 마이클 가자니가였다.

우리의 선호도와 습관이 고정되지 않은 것처럼 이를 뒷받침하는 신경망도 고정된 상태가 아니다. 길퍼드는 창의적 역량이 시간이 지나면서 발달할 수 있다고 항상 단호히 주장했다. 이 주장은 행동 수준뿐만 아니라 신경 구조에서도 사실로 밝혀졌다. 이러한 연구 결과에서 길퍼드의 아이디어와 기법은 또다시 중심적인 역할을 했다.

중국에서 수행된 종단연구[7]에서는 독창적 사고의 기반이 되는

---

7   어느 한 시점에 머무르지 않고 상당 기간에 걸쳐 연구하는 것을 말한다.

뇌 기능과 구조가 시간이 지나면서 어떻게 변화할 수 있는지 조사했다. 연구자들은 실험을 시작할 때 대체 용도 테스트를 통해 확산적 사고 능력과 신경 패턴이 매우 유사한 사람들로 모든 실험 참가자를 선정했다. 그런 다음 연구 참가자들을 두 집단으로 나누어 한 집단은 한 달 동안 확산적 사고 훈련을 20회 받게 했다. 30분 동안 진행한 세션에서는 참가자들에게 대체 용도 테스트뿐만 아니라 특정 제품군의 개선, 다양한 사회적 상황의 의미 탐색 등 여러 가지 인지 훈련 시뮬레이션을 수행하도록 요청했다. 그리고 과제 수행 도중과 종료 후 참가자들의 뇌 활동을 분석했다. 통제집단에 속한 나머지 절반은 실험 기간이 끝날 때만 뇌 활동을 분석했다.

단 한 달 동안 간단한 확산적 사고 기법의 사용만으로도 실험집단은 사고의 유창성과 독창성 둘 다 현저히 향상했다. 그들은 통제집단보다 더 많은 아이디어, 독창적인 아이디어를 내놓았다. 더 놀라운 점은 실험집단이 신경 수준에서 상당한 구조적, 기능적 변화를 보였다는 사실이다. 숙련된 택시 기사들의 공간 인식을 담당하는 뇌 영역이 커졌다는 유명 연구가 있듯이 훈련이 신경가소성에 기여할 수 있다는 사실은 새롭지 않다. 하지만 이 실험은 창의성을 가르칠 수 있을 뿐만 아니라 그 결과를 회백질에서 확인할 수 있음을 보여주는 몇 안 되는 사례다. 실험집단의 변화는 위에서 설명한 3가지 신경 시스템 각각의 기능적 측면, 그리고 더 중요하게는 서로 통합되는 측면에서 관찰할 수 있었다.

앞 장에서 우리는 스트레스에 대한 인식이 어떻게 생체 반응을 유발하는지 배웠다. 독창적 사고도 마찬가지다. 우리의 사고방식은 뇌의 생리를 변화시킬 수 있다. 단순히 뇌의 화학 반응을 바꾸는 것보다 더 근본적으로 신경 구조와 기능에 직접적인 영향을 미친다. 중국의 종단연구 연구진은 참가자들의 스트레스 평가와 그들의 뇌가 전체 네트워크로서 잘 작동하는 정도 사이에 연관성이 있다는 사실도 발견했다. 역 U자형 곡선 그래프에서 최적의 '각성' 상태, 즉 저부하나 과부하가 아니라 도전 상태인 참가자들은 뇌 전체를 사용하고, 독창적인 아이디어를 더 많이 떠올릴 가능성이 더 컸다.

그렇다면 이러한 연구 결과가 우리 사회 전반에 정착되고 활용되지 않는 이유는 무엇일까? 좌뇌-우뇌 같은 근거 없는 믿음이 여전히 널리 퍼져 있고, 진정한 과학적 결론은 학계에만 알려진 이유가 무엇일까?

내 개인적, 직업적 인도주의 활동 경험에 따르면 기관 대부분에서 확산적 사고를 보였을 때 보상을 해주지 않고 심지어 적극적으로 벌을 주는 경향이 있다. 이 문제점을 잘 드러내는 것 가운데 하나는 아이러니하게도 현대 교육 시스템이다.

압박만 한다고 되는 것은 아니다

초등학생인 내 아들 코비는 늘 학교에 대해 애매한 감정을 느꼈다. 코비는 사려 깊고 공부도 열심히 하고 선생님들의 사랑도 많이 받았다. 배우는 것도 좋아하고 또래들과 어울리는 것도 즐거워했다. 하지만 때때로 근본적인 불만도 표현했다. 한 번은 내게 이렇게 물었다. "학교는 사람들이 이미 할 줄 아는 것들만 가르쳐요. 아무도 할 줄 모르는 것들은 어디서 배워요?"

체슬리 설렌버거 같은 업시프터들을 미소 짓게 할 질문이다. 저명한 창의성 강연자이자 옹호자인 고故 켄 로빈슨 경을 비롯한 전 세계 교육자를 사로잡은 질문이기도 하다. 로빈슨은 세계적으로 유명한 TED 강연 「학교는 창의성을 죽이는가?」에서 창의성에 필수인 능력으로 확산적 사고를 강조했다. 그는 길퍼드의 클립 대체 용도 테스트를 언급하며 한 코호트[8]의 확산적 사고 수준이 유치원 시절부터 고등학교 시절까지 어떻게 변했는지 묘사했다.

5살일 때는 어린이 98퍼센트가 '다른 용도 생각해내기'에서 '천재 수준'이었습니다. 5년 후 10살이 되었을 때 천재 수준 아이들은 30퍼센트로 감소했습니다. 다시 5년이 지난 후 확산적 사고의 천재의 수는 12퍼센트로 또 감소했습니다. 이들과 무관한 훨씬 더 광범위한 성인 코호트 28만 명을 대상으로 동일한 테스트를 해본 결과 확산적 사고가 천재 수준인 사람은 단 2퍼센트에 불과했습니다.

나 같은 사람이라면 "왜?"라고 탄식할 것이다. 로빈슨은 이런 놀라운 감소의 주된 이유가 교육에 있다고 주장했다. 학교가 아이들이 창의

---

[8]　특정 경험(특히 연령)을 공유하는 사람들의 집체.

성을 발휘하도록 교육하지 않는다는 것이다. 학교는 '맨 뒤에 있는 정답을 먼저 보지는 말 것'이라는 원칙에 바탕을 둔 컨베이어 벨트 스타일의 시스템을 고수한다. 복잡하고 창의적인 문제 해결을 장려하기보다는 단계별 절차를 따르는 것이 문제라는 지적이었다.

내 아들 코비가 보여주듯 교수 활동은 일상적인 과제를 가르치는 쪽으로 치우치는 경향이 있다. 그 결과 우리는 교육 과정을 통해 그리고 교육 과정을 위해 '창의성을 포기하고' 만다.

몇몇 사람들, 특히 교사들은 이 말에 약간 모욕감을 느낄지도 모른다. 물론 아이들은 교실에서 개방적이고 창의적으로 생각하도록 권장되고, 교사들은 자연스럽게 다양한 접근법과 기법을 활용한다는 것은 의심의 여지가 없다. 문제는 확산적 사고에 노출되지 않는다는 게 아니다. 로빈슨이 인용한 창의성 연구를 이끈 조지 랜드의 주장처럼 접근법들이 '서로 뒤섞여 있는' 것이 더 문제다.

우리는 좌뇌-우뇌에 대한 근거 없는 믿음에 따라 수학, 문법, 언어에서는 수렴적 사고를, 미술, 디자인, 연극에서는 확산적 사고를 하도록 배운다. 그 결과 "뇌에서 뉴런들이 서로 경쟁하며 다투는 바람에 마치 정신 자체가 소리 지르며 싸우는 것" 같다고 할 정도로 우리 뇌는 확산적 사고 능력을 최대한 발휘할 수 없게 된다.

그렇다고 낙담해서는 안 된다. 앞서 살펴보았듯 확산적 사고는 학습될 수 있고, **다시** 학습될 수도 있다. 수많은 연구가 아동과 성인 모두 다양한 기법을 활용해 확산적 사고를 발전시킬 수 있음을 보여준다.

학교에서 할 만한 매우 간단하면서도 강력한 방법이 있다. 한 연구에서 초등학교 교사들에게 매일 확산적 사고 과제를 내주라고 요청했다. 정답이 정해져 있지 않은 개방형 질문, 즉 다양한 시나리오에서 일어날 수 있는 일에 대해 더 열린 마음으로 생각하도록 유도하는 과제들이었다. 또 두 달에 걸친 실험 전과 후에 대체 용도 테스트를 시행하여 그 기간 모든 학급의 확산적 사고 사례들을 확인했다.

확산적 사고 과제를 수행했던 학급은 두 달 동안 창의적 아이디어를 10배 더 생각해냈다. 또 유연성, 독창성 등 대체 용도 테스트의 모든 척도에서 통제 학급보다 좋은 결과를 보였다. 따라서 "아동은 확산적 사고 상황에 반복적으로 노출될 때 혁신적 사고가 극적으로 증가한다."라는 결론이 내려졌다.

성인의 경우 인지 시뮬레이션이 독창적 사고 능력의 개발을 도울 수 있으며, 중국의 종단연구에서처럼 한 달짜리 훈련으로도 행동 및 신경 수준에 변화를 이끈다는 사실을 이미 확인했다.

이 모든 연구 결과들이 아주 좋아 보일 것이다. 하지만 업시프터들이 직면한 것과 같은 '결정적 순간'에 그것들이 실제로 어떤 도움이 될까? 사실 지금까지 해온 확산적 사고 실험 대부분은 사람들에게 다양한 제약을 가하여 압박감 속의 수행을 평가했다. 예를 들어 호주에서는 소방관과 기타 긴급 구조 전문가들에게 백지 한 장만 주고 재난 대응의 새로운 접근법을 생각해보라고 요청했다. 그런 다음 자원과 상황 측면에서 실제적 제약 조건을 제시했더니 창의적 결과물이 10배나 증가했다.

이와는 매우 다른 직업인 시리얼 제조 기업 직원들을 대상으로 다양한 수준의 시간 압박을 제시하고 창의적인 수행을 평가한 연구도 있었다. 200명 가까운 직원들을 조사한 결과 독창적 아이디어의 양과 질로 평가한 성과는 어느 정도까지 압박감이 높아질수록 증가하는 것으로 나타났다.

앞 장에서 살펴본 스트레스와 성과의 상충 관계와 마찬가지로 이 연구에서도 역 U자형 패턴이 확인되었다. 아래 2가지 조건을 갖춘 한 직원들은 중간 정도의 시간 압박을 경험할 때 상대적으로 높은 창의성을 보였다.

첫째, 스트레스 상황에서 새로운 경험에 개방적이어야 했다. 즉 높은 수준의 새로움을 요구하는 낯선 상황을 끊임없이 추구하는 사람이어야 했다. 스트레스가 성과 창출의 촉매제가 될 수 있다고 본 참가자들은 스트레스를 유도했을 때 독창적인 해결책을 내놓을 가능성이 더 컸고, 그 수도 훨씬 많았다. 매번 '이전 비행보다 더 나은' 비행을 하려고 노력했던 설렌버거와 그의 동료들처럼 말이다.

둘째, 독창적 사고를 했을 때 동료나 관리자 등 사회적 지지가 있는 곳에서 특히 역 U자형 패턴이 분명하게 나타났다. 압박감 속에서 독창적일 수 있는지 없는지를 결정하는 것은 개인적 특성만이 아니다. 사회적 환경도 작용한다. 구체적으로는 주변 사람들이 독창성을 '성과를 낼 것이라 기대되며 가치 있는 측면'으로 보는 정도가 중요하다. 퀼른에서 청중의 기대에 고무되었던 재럿을 기억하라. 당신이 배우고 탐구하도록 영감을 주었던 선생님들을 생각해보라. 그런 주변 사람들은 독창성을 발휘할 공간을 지원함으로써 클릭 모먼트를 맞이할 가능성을 높여준다.

사회적 지지는 우리가 압박감에 직면했을 때 더 독창적일 수 있게 해주고 압박감에 더 효과적으로 대처하도록 도와준다. 볼티모어의 존스홉킨스병원 레지던트들을 대상으로 한 연구를 보면 팀의 학습 행동, 즉 동료 의료진이 정보를 수집하고, 경험을 성찰하고, 지식을 공유하고, 새로운 아이디어를 창출하는 방법은 압박감이 심한 상황에서 팀의 성과를 좌우할 뿐만 아니라 팀원들의 번아웃 수준도 상당히 감소시키는 것으로 나타났다.

나는 미래가 아닌 우리 인류의 먼 과거로 눈을 돌려 '정확히 이 재능들'이 우리의 생존과 존속에 필수적인 것으로 판명되었음을 보여주려 한다.

지상의 에덴에도 스트레스가 존재했다

역사적으로 남아프리카공화국 케이프 지역은 인간의 상상력을 자극해왔다. 그곳은 많은 탐험가의 마지막 꿈, 신기루, 횡단할 수 없는 곳을 상징했으며, 결국 근대성으로의 항해, 그 일부분이 되었다.

그곳은 선사 시대 인류에게도 매우 중요한 역할을 했다. 수백만 종의 생물이 인간 때문에 멸종 위기에 처한 오늘날 세상을 보면 우리 자신도 한때 멸종 위기에 처했던 종이었다는 사실이 이상하게 느껴질지 모른다. 하지만 그것은 우리가 지닌 유전자 지문이 알려준 사실이다. 엄청난 수의 인간이 지구 전역에 살고 있지만 인간의 유전적 다양성은 아주 낮다. 인간보다 수가 적고 좁은 지역에 사는 종보다도 훨씬 낮다. 놀랍게도 인간종 전체의 유전적 다양성은 중앙아프리카의 어느 강을 사이에 두고 사는 침팬지 집단들의 유전적 다양성보다 낮다.

고고학자들은 이러한 유전적 병목 현상을 약 20만 년 전부터 12만 5천 년 전까지 지속된 빙하기와 연관 짓는다. 이 기후 재앙은 우리 유전자에 새겨져 있다. 이 기간 인간의 수는 만 명 이상에서 수백 명으로 급격히 감소했다. 현대 인류의 제한적인 유전적 다양성을 고려할 때 인류의 주요 조상 집단은 아프리카의 한 지역에서 살아남은 단일 집단이 다른 지역으로 퍼져나가면서 다른 집단과 섞였을 가능성이 크다.

이런 추정은 우리를 아프리카 대륙 최남단에 있는 케이프 식물 보호 지구로 데려간다. 이곳은 아름다우면서도 험준하다. 바위와 초목이 엎치락뒤치락 계속 싸움을 벌이는 양 어떤 곳은 바위투성이이고, 어떤 곳은 초목이 무성하다. 휘몰아치는 인도양이 내려다보이는 절벽에는 다양한 식물이 자라고 있다. 이 좁은 땅에 면적 대비 세계에서 가장 다양한 식물이 자생한다. 아프리카 대륙 면적의 1퍼센트도 안 되는 이곳에 아프리카 전체 식물 종의 무려 20퍼센트가 자라고 있다. 절벽에는 마치 마맛자국처럼 대형 동굴이 곳곳에 뚫려 있는데, 그 가운데 블롬보스 동굴이 있다. 이 소박한 쉼터에서 고고학자들이 발견한 2가지 덕분에 남아프리카 남단은 인류 역사를 이해하는 데 너무나도 중요해졌다. 이곳은 초기 인류 공통 조상의 집이었을 가능성이 가장 큰 곳이자 새로운 지상의 에덴, 말 그대로 독창적 사고의 진정한 발상지로 여겨진다.

해부학적으로 볼 때 현생 인류는 일찍이 20만 년 전부터 아프리카에 살았다. 하지만 현생 인류의 정신 능력이 발달한 시기에 관한 질문은 최근까지 격렬한 논쟁거리였다. 블롬보스 동굴과 케이프 식물 보호 지구에서 발견한 초기 인류의 흔적은 이 논쟁을 뒤엎으며 종결지었다.

많은 사람이 초기 인류의 동굴 벽화가 주로 유럽에서 발견되었고, 제작 시기가 약 4만 년 전으로 거슬러 올라간다는 것을 안다. 같은 시기에 만들어졌을 것으로 추정되는 수많은 동굴 벽화가 모두 유럽에서 발견되었고, 오랫동안 고고학자들은 이를 현생 인류 최초의 인지 활동의 표식으로 여겨왔다. 여기에는 가공물의 일반화, 칼날 기술, 가공된 뼈, 장식품, 구조화된 생활 공간, 예술과 상징적인 이미지의 출현이 포함된다.

선사 시대 블롬보스 동굴의 주민들은 유럽 중심 고고학의 기를 꺾었다. 그들은 기존에 알려진 것보다 3만 년이나 빠른 7만 년 전부터 돌과 나무, 조개껍데기로 복합 무기를 만들었다. 10만 년 전 이 동굴 거주민들은 이미 불을 사용해 가열하고 모서리를 깨뜨려 더 날카로운 도구를 만들고 있었다. 유럽에 남은 증거보다 6만 년이나 앞선 것이었다. 불에 탄 식물의 흔적은 이 고대 수렵채집인이 농경 혁명이 일어나기 8만 년 전에 땅을 개간하면 식용 뿌리와 덩이뿌리의 성장을 촉진할 수 있다는 사실을 알아냈음을 보여준다. 조개류를 채집하고 낚시를 했다는 강력한 증거도 있다.

블롬보스 동굴과 주변 지역 거주민들은 초기 인류의 상징적 사고와 학습에 대한 아주 명확한 증거를 제공한다. 2018년 고고학자 크리스토퍼 헨실우드가 이끄는 블롬보스 동굴 발굴 조사에서 바위에 붉은 황토색으로 새겨진 그림이 발견됐는데, 이는 유럽 동굴 벽화보다 최소 4만 년 이상 앞선 것이었다. 여기서 발견한 구멍 뚫린 타조알 껍데기는 인류 최초의 장신구로 밝혀졌다. 이 거주민들은 동굴 벽을 붉은색으로 칠하기도 했다. 이러한 문화적 유물들과 시간의 경과에 따른 변화를 조사한 가장 최근 연구에서는 조개껍데기에 새긴 조각이든, 바위에 새긴 무늬든, 그림이든 시간이 지나면서 상징이 더 정교해져서 '더 두드러지고, 기억에 남고, 재현 가능하며, 스타일과 인간의 의도를 표현하고' 있음을 보여준다.

그들이 사용했던 도구는 그들이 재료의 특성과 이를 결합하는 방법을 이해했음을 보여주고 그들의 솜씨는 그들에게 계획 능력이 있었음을 보여준다. 식량 확보를 위한 천연자원 활용은 더욱더 인상적이다. 낚시질과 해안 채집을 하려면 밀물과 썰물 패턴에 대한 지적 이해가 필요했을 것이며, 위험한 연안 바다로 생명을 건 탐험을 계획하고 조정하기 위해서는 달의 주기를 활용해야 했을 것이다.

예술품과 장식을 사용하고 동굴 벽을 붉은 황토로 칠한 것은 그들의 상징적 추론을 보여준다. 그들에게는 집단의 정체성이 중요했다. **그들의 활동과 그들의 정체성**은 서로 얽혀 있었다. 그들은 온갖 참신한 방식으로 자신들이 누구인지 표현했다. 생활 방식만이 아니라 집단적 의미를 만들어냈다. 그들의 지적 능력 발달과 집단적 정체성은 종의 생존에 크게 기여했다.

블롬보스 동굴 주민에 관한 발견은 인류가 복잡한 인지를 발전시킨 시기를 '최소 2만 또는 3만 년 더 앞으로 거슬러 올라가게 해주는' 증거로 인간 정신 발달에 대한 이해를 사실상 확장시켰다.

어떻게 이런 일이 일어났고 그 이유는 무엇일까? 증거는 식습관이 중요한 촉매제였음을 보여준다. 케이프 식물 보호 지구에 서식하는 식물의 다양성이 단서 하나를 제공한다. 이곳에는 땅속줄기나 덩이뿌리 같은 땅속 기관에 에너지를 저장하는 식물인 지중 식물이 지구상 어느 곳보다 많다. 블롬보스 주민들은 우연히도 세계에서 가장 넓은 뿌리채소 저장고에 살고 있었다.

에너지가 풍부하고 혹독한 환경 조건에서도 살아남는 지중 식물은 섬유질이 적어 아이들도 쉽게 소화한다. 해산물 또한 사고의 촉진에 필요한 지방산을 공급하는 영양학적 촉발제 구실을 했다. 헨실우드의 동료 한 명은 이렇게 말했다. "영양은 진화의 원동력이다. 영양은 사람들이 지적으로 더 자각하고, 더 빠르게 신경망이 연결되고, 더 빠르게 두뇌가 발달하고, 더 똑똑해지게 한다."

이러한 식습관과 신경 발달을 외부 압력이 촉진했다. 인구 병목 현상을 초래한 환경 변화 역시 적응과 변화의 기회를 만들어냈다. 남아프리카 해안 지역 인구를 연구한 연구자들은 블롬보스 주민들과 그들과 유사한 사람들 사이에 유사한 패턴 하나를 발견했다. 그들은 새롭게 변화하는 생태적 틈새를 활용하도록 문화적으로 적응해왔다. 블롬보스 주민들이 활용한 복잡한 기술과 상징들은 그들이 직면한 환경 조건에 적응하는 데 필요한 것이었다.

직면한 환경적 압력이 변함에 따라 그들이 어떻게 대응했는지가 특히 흥미롭다. 구체적으로 말하면, 건조화가 확연했던 시기에 그들은 다수의 복잡한 기술을 더 유연한 방식으로 대체하여 더 넓은 생태적 틈새를 활용했다. 새로운 틈새가 나타났을 때 케이프 식물 보호 지구의 사람들은 완전히 새로운 접근법을 생각해내는 대신 환경적 압박에 확산적 사고로 대응했다. 이로써 고고학자들이 '기존 기술, 기법, 아이디어를 새로운 방식으로 사용하는 것'으로 정의하는 '문화의 선택적 진화'의 초기 사례가 되었다. 이것은 선사 시대판 대체 용도 테스트였고 블롬보스 주민들은 최초의 업시프터였다.

추측과 우연을 일치시키기 어려운 다른 선사 시대 고고학 유적지와는 달리 블롬보스 동굴에는 이러한 연구 결과들을 뒷받침하는 더 확실한 증거가 있다. 고고학자들은 이러한 관습이 블롬보스 원시인들에게 어떤 영향을 미쳤는지 정확히 이해하고자 기존의 물리적 증거에서 신경과학적 가르침을 추론하려 했다. 주목할 만한 어느 실험에서 피험자에게 블롬보스 원시인들의 시각적, 상징적 산물인 그림, 도구, 가공물을 보여주면서 fMRI 스캐너로 뇌 활동을 측정했다. 블롬보스 동굴에서 나온 인공물과 가공물을 본 피험자들은 확산적 사고 테스트에서 활성화되는 뇌 영역을 사용했다.

연구자들은 블롬보스가 "혁신적인 사고를 포괄하고, 복잡한 목표 지향적 행동, 유연한 문제 해결, 과제 전환, 반응 억제, 장거리 또는 장시간에 걸친 계획 능력을 암시하는 뇌의 집행 기능 향상"을 보여주는 최초의 증거라고 결론지었다. 크리스토퍼 헨실우드는 이 모든 증거가 인류의 조상인 이들이 단순한 생존자가 아니라 "역동적인 혁신의 시기"를 살아냈음을 알려준다고 주장했다.

블롬보스는 고대 메소포타미아, 9세기 바그다드, 15세기 피렌체, 19세기 영국, 20세기 캘리포니아만큼이나 인류 혁신의 중요한 현장으로 여겨져야 한다. 이곳은 인지 혁명의 현장이었으며 이후의 농업 혁명이나 산업 혁명, 디지털 혁명보다도 인류 미래에 더 큰 영향을 미쳤다.

하지만 상징적 행동, 복잡한 기술, 확산적 사고로 입증된 바와 같이 이것이 인지적 측면에서 현생 인류의 최초 증거라면 왜 우리는 여전히 동아프리카를 인류의 요람으로 볼까?

최근 이루어진 대륙 간 인류 유골 유전자 분석에 따르면 블롬보스의 '빙하기 피난처'는 실제로 이러한 독특한 특징을 꽃피운 곳이었지만, 고고학적 기록으로 볼 때 7만 년 전 직후에 남아프리카에서 동아프리카로의 이동이 있었고, 그 직후에 인류의 첫 번째 인구학적 확장이 일어나며 우리 종이 세계 다른 지역에 거주하게 된 것으로 보인다. 또 그 증거들은 남아프리카의 피난처에서 일어난 문화적 혁신이 사실상 이러한 확장의 계기였다고 시사한다. 동아프리카가 인류의 요람일지 몰라도 남아프리카는 인류가 잉태된 곳이었다.

블롬보스 원시인들의 창의적 잠재력은 오늘날을 살아가는 모든 인류에게 전해졌다. 우리 모두는 압박감과 스트레스를 창의적 변화를 위한 촉매제로 활용할 수 있는 능력을 지녔다. 압박, 심지어 재난도 창의력의 원동력으로 삼을 수 있다. 그 덕에 인류는 빙하기에 살아남아 현대 인류로 진화했다. 수만 년이 지난 지금, 전 세계 업시프터들은 엄청나고 이례적인 스트레스와 압박에 직면했을 때만이 아니라 일상에서도 동일한 기술로 압박과 스트레스를 다양한 방식으로 헤쳐나가고 있다.

길퍼드의 말로 이 장을 마무리한다. "산다는 것은 문제를 안고 있는 것이며, 문제를 해결하는 것은 창의적으로 성장하는 것이다."

3장
목적의 힘

온갖 위기에도
뿌리 깊은 나무로 만드는 것

피의 금요일에 분투하던 병원 하나

1972년 7월 21일, 북아일랜드 벨파스트의 오후는 기분 좋게 따뜻했다. 로열빅토리아병원 건너편 미용실에서 응급실 수간호사인 케이트 오핸런 수녀와 동료 한 명이 파마를 말고 있었다.

오후 2시 10분, 첫 번째 폭탄이 스미스필드 버스 정류장에서 터졌다. 그때부터 90분도 채 안 되는 동안 도시 전역에서 폭탄 19개가 연이어 터졌다. 폭발 피해가 누적되면서 도심은 연기와 비명으로 가득했다. 주차된 자동차, 택시 회사, 기차역, 버스 차고지, 호텔 로비, 상점가, 은행, 다리, 주유소 등 공격 대상은 무작위였다.

첫 번째 폭발음을 듣자마자 오핸런 수녀와 동료는 젖은 머리에 파마 롤을 매단 채 병원으로 달려갔다. 몇 분 지나지 않아 첫 번째 시신과 부상자들이 실려 들어왔다. 여러 해 동안 일선에서 일했는데도 오핸런 수녀는 그런 수준의 부상과 트라우마에 대비되어 있지 않았다. 거리에서 벌어진 대학살은 너무나 끔찍했다. 유해와 신체 부위를 수습해 비닐봉지에 담아 병원으로 옮겨온 후 카트에 쌓아 복도에 두어야 했을 정도였다. '피의 금요일'이었다.

그해 북아일랜드 최악의 종파 분쟁인 '트러블'로 500명이 사망하고 2만 명 이상이 부상을 입었다. 사상자 대부분이 벨파스트에서 가장 큰 병원인 로열빅토리아병원 1마일 이내에서 발생했다. 그 암울했던 날 130명이 중상을 입었고 9명이 사망했다. 폭탄 테러를 당한 사상자 절반 이상이 오핸런 수녀의 간호를 받았다.

아일랜드 공화국군IRA에 동조하는 사람들이 늘어가던 상황이었지만 IRA가 대놓고 무고한 민간인을 표적으로 공격했다고 여겨지자 피의 금요일을 계기로 여론이 급격히 돌아섰다. 6개월 전 영국군 낙하산 부대원들이 저지른 잔인한 '피의 일요일' 학살로 벨파스트는 여전히 애도 분위기였고 영국군에 대한 신뢰는 사상 최저치를 기록하고 있었다. 거기다 IRA의 피의 금요일 공격까지 발생하자 벨파스트 시민들 편에는 아무도 없는 듯했다.

피의 금요일 공격 후 벨파스트의 유명 일간지는 로열빅토리아병원을 "평범하지 않은 (…) 전투 한가운데 있는 병원"으로 묘사했다. 이곳은 통제 불능인 분쟁의 모든 당사자로부터 신뢰받는 몇 안 되는 기관 가운데 하나였다. 오핸런 수녀의 자서전에서 그 이유의 단서를 찾을 수 있다.

어느 날 총상을 입은 사람이 들어왔는데 그를 쏜 사람 역시 우리 병원에 있었다. (…) 병원 문을 들어서는 순간 모두가 환자이므로 그런 사실은 상관없었다. (…) 우리가 알고 싶은 것은 부상과 관련된 일들뿐이었다. 우리는 정치에는 관심 없었다.

격렬한 분쟁 속에서도 인간성, 가치, 도덕성을 유지하고 모든 사람을 동등하게 대한다는 인도주의적 목적을 달성하려는 로열빅토리아병원 직원들의 결의는 확고했다.

그러나 로열빅토리아병원은 인도주의 이상의 업적을 달성했다. 이 병원은 환자 분류 방법, 폭탄 폭발 피해자의 폐허탈[9]을 방지하는 도구, 새로운 종류의 부목, 심지어 치과 기술과 위급한 두개골 수술의 융합 등 외상 의학 혁신의 중심지가 되었다. 이러한 접근법들은 지금도 아프가니스탄, 이라크, 시리아를 비롯한 전 세계 전쟁 지역과 응급실에서 사용된다.

이런 놀라운 업적을 분쟁의 와중에 이뤘을 뿐만 아니라 분쟁 때문에 창의성을 더 발휘했던 것으로 보인다. BBC 보도에 따르면 로열빅토리아병원의 의료진 다수는 "피의 금요일 같은 **극심한 압박 속에서 개발한** 기술과 처치 절차로 세계적으로 유명해졌다."

하지만 불과 3년 전인 1969년만 해도 로열빅토리아병원의 의료

9　폐 일부가 팽창된 상태를 유지하지 못하고 쭈그러든 상태.

진 가운데 총상을 본 적 있는 사람은 거의 없었다. 한 간호사는 트러블 이전에는 응급실이 종종 학생들만 근무하는 쉬운 교대 근무로 여겨졌다고 설명했다. 당시 영국의 국민보건서비스NHS는 심각한 장기 폭력 분쟁에 대처할 준비가 되어 있지 않았다. 대규모 응급 상황 대비는 산업 재해나 교통사고, 홍수 같은 자연재해 발생 후에 필요한 처치에만 집중되어 있었다. 같은 기간 벨파스트의 다른 병원들에서는 로열빅토리아병원에서 꽃피운 창의성과 혁신 같은 것을 살펴볼 수 없었다. 트라우마, 참화, 복잡한 정치 상황에도 오핸런 수녀와 그녀의 동료들은 '최악의 사태 속에서도 빛을 발할' 방법을 찾아냈다. 로열빅토리아병원은 무엇이 달랐을까? 빛의 원천은 무엇이었을까?

위기는 가장 훌륭한 교실

우리는 이미 어떻게 하면 위협이 아니라 도전에 맞선다는 생각으로 스트레스와 압박에 대처할 수 있는지, 새롭고 낯선 문제에 맞닥뜨렸을 때 어떻게 **독창성**을 발휘할 수 있는지 살펴보았다. 업시프트의 세 번째이자 마지막 요소는 **목적의식**이다. 이것은 스트레스와 압박감을 경험할 때 탁월한 성과를 거두었던 로열빅토리아병원 의료진과 같은 개인과 팀이 가지는 특성이다.

하버드대학교 역사학자 낸시 코엔은 에이브러햄 링컨 같은 정치적 리더, 레이철 카슨 같은 도덕적 리더, 탐험가 어니스트 섀클턴 같은 작전 리더, 스타벅스 창립자 하워드 슐츠 같은 경영 리더 등 전 세계 남녀 리더 100명 이상을 연구했다. 그녀가 조사한 리더 모두는 설렌버거 기장이 경험했던 '결정적 순간'과 유사한 '경계 상황'에 직면했다. 그들은 '난기류 속으로 한 발짝씩 나아간 뒤 다음 단계로 가는' 식으로 경계 상황에 맞섰다.

코엔은 한 인터뷰에서 이런 생각을 심화 발전시켰다.

이것은 큰 도전을 겪은 사람들이 역경과 혼란, 모호함, 때로는 절망에 가까운 시간 속에서도 '내가 어떤 사람일 수 있는지 배울 수 있다.'는 결실을 깨닫는 것입니다.

역경과 압박 속에서 발견되는 결실은 무엇일까? 코엔은 '위기 속에서 단련된' 리더들을 조사했고 **목적의식**이 정말 중요한 요소임을 확인했다. 목적의식은 본질적으로 3가지를 의미한다.

1. 해당 목표를 추구하려는 결심과 끈기를 강화하고, 불가능해 보이는 해당 목표에 대한 두려움과 불안을 극복하도록 돕는다.
2. 목적의식이란 맥락에서 직면한 문제를 재구성하고 재정의하며, 가능한 해결책을 개발하기 위해 의식적으로 실험적인 접근 방식을 취한다.
3. 열정, 신뢰, 연대를 바탕으로 하여 사람들을 응집력 있는 하나의 집단으로 모은다.

'목적의식'이라는 단어는 대중 심리학이나 관리주의 신봉자의 자기계발 용어를 떠올리게 할 수 있다(솔직히 나도 이런 반응을 보인 적 있다). 하지만 그건 사실이 아니다. 목적의식은 우리가 상상하는 이상으로 삶에 지대한 영향을 미치며 업시프트의 3가지 필수 요소 중 하나다.

목적을 이해하려는 과학적 관심은 정신과 의사이자 홀로코스트 생존자인 빅터 프랭클의 연구에서 본격적으로 시작되었다. 프랭클은 아우슈비츠에서 임신한 아내, 아버지, 어머니, 형제가 모두 살해되는 참상을 직접 겪었을 뿐 아니라 죽음을 선고받은 동료 수용자들의 심리치료사 역할도 했다.

그가 처한 상황의 엄중함과 주변 사람들에게 심리적 지지를 시도할 정서적 강인함과 수단, 정신력을 생각해보라. 이후 성찰을 거친 프랭클은 그런 상황, 나아가 우리 삶 전체에서 우리에게 필요한 것이 무엇인지 숙고하며 이런 결론을 내렸다. "인간에게 실제로 필요한 것은 긴장 없는 상태가 아니라 자신에게 합당한 목표를 위한 노력과 투쟁이다. 인간에게 필요한 것은 어떻게 해서든 긴장을 해소하는 것이 아니라 **자신에게 의미가 있고 자신이 이루기를 기다리는 소명**이다."

프랭클의 결론은 역 U자형 그래프를 완벽하게 설명해준다. 우리는 지루함(긴장 없는 상태)이나 그 반대(긴장 해소)가 아니라 그 중간의 업시프트 영역, 즉 노력과 투쟁을 원한다. 그리고 '자신에게 의미가 있고 자신이 이루기를 기다리는 소명'보다 목적의식을 더 잘 정의하는 표현도 없을 것이다.

상상할 수 있는 가장 비인간적인 환경에서도 목적이 중요하더라는 것은 널리 공감을 불러일으키는 메시지였다. 프랭클의 책 『죽음의 수용소에서』는 1990년대에 미국 의회 도서관이 선정한 미국에서 가장 영향력 있는 10대 도서에 들어갔다.

　프랭클의 주장을 뒷받침하는 방대한 경험적 증거가 수년간 축적되었다. 의학 연구는 더 큰 목적의식이 더 오래, 더 행복하게, 더 건강하게 살게 도와준다는 것을 입증했다. 삶의 목적은 급성이나 만성 질환의 낮은 발병률과 연관이 있었다. 앞서 언급했듯 1995년에 시작된 미국 중년층 대상 설문조사 데이터는 목적의식이 높은 사람, 즉 삶의 의미와 방향이 있는 사람들은 신체적으로 스트레스와 관련한 생리적 영향을 받는 수준이 훨씬 낮다는 것을 보여준다. 이는 심장 건강, 체질량 지수, 신진대사, 콜레스테롤, 혈당, 코르티솔 수치 같은 여러 지표로 입증되었다. 목적의식은 인지능력, 웰빙, 행복감 향상과도 연관이 있었다. 7천 명이 참가한 또 다른 연구에서도 목적의식은 60세 노인의 낮은 사망률 수준과 상당히 유의미한 연관이 있음을 발견했다. 또 목적의식은 다른 업시프트 구성 요소들이 의존하는 필요 불가결한 자원이다. 여러 연구에서 목적의식은 압박감에 직면했을 때 도전하는 마음가짐을 확립하고 유지하며, 독창적이고 창의적인 접근법을 추구하는 능력을 뒷받침하는 것으로 나타났다.

　목적의식이 압박감과 스트레스의 대처에 필수라는 증거는 개인을 넘어 집단과 조직에서도 볼 수 있다. 하버드대학교 테레사 에머빌 교수는 창의성 분야에서 영향력 있는 학자 가운데 하나다. 그녀는 40년 넘도록 창의성과 그 원동력 및 제약에 대한 우리의 사고방식에 영향을 미쳐 왔다.

　"참신하면서도 유용한 아이디어나 해결책의 산출"로 창의성을 정의하는 에머빌은 창의성이 왕성해지거나 그러지 못하는 조건에 관

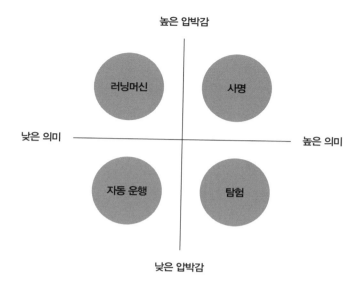

해 광범위한 연구를 수행했다. 그녀는 사회적 환경과 압박감의 상호작용을 통해 4가지 다른 방식으로 창의성이 발현된다는 것을 발견해 다음과 같은 표로 나타냈다.

　에머빌이 보기에 창의성을 꽃 피울 수 있는 **이상적인** 시나리오는 탐험 스타일의 일이다. 하지만 우리는 창의적이어야 할 때를 선택할 수 없다. 에머빌은 압박감을 피할 수 없는 상황에서는 사람들에게 의미 있는 목적을 심어주어 그들이 하는 일이 중요하고 긴급히 필요하다고 인식하게 하면 창의력을 발휘하게 할 수 있다는 사실을 발견했다. 에머빌이 말했듯이 "총이 겨눠지는 상황에는 우리에게 선택권이 없을 때가 많다. 하지만 창의력을 발휘하려면 총알을 피하는 법을 배워야 한다."

트러블 당시 로열빅토리아병원 팀처럼 말이다. 그들의 놀라운 업적은 이런 질문을 하게 한다. 복잡하고 예측 불가능한 도전에 직면한 개인들이 어떻게 생명을 구하고 인간성을 지켜냈을 뿐 아니라 전 세계의 의료 관행에 영향을 미칠 수 있는 창의적이고 혁신적인 대응책들을 개발할 수 있었을까? 바로 그들의 목적의식이 그런 변화를 낳는 데 큰 역할을 했다.

정치 성향도, 가해자인지 피해자인지도 따지지 않고 모든 환자를 똑같이 대했던 오핸런 수녀의 단호함을 다시 떠올려보라. 그녀는 간호사들에게 항상 자신이 할 수 있는 최선을 다하고, 기존 치료가 효과가 없을 때는 새로운 치료법을 생각해내라고 지시했다. 그녀는 늘 이런 말을 반복했다. "여러분 가족이 실려 왔다고 생각해보세요. 세상에서 가장 좋은 치료를 받기를 원하지 않겠습니까?" 이런 목적 중심의 창의성에는 전염성이 있어, 로열빅토리아병원의 다른 의료진도 같은 목적을 가지는 축복을 받을 수 있었다. 이는 공포 상황에서도 팀원들이 긴밀하게 인류애를 공유했던 점이 얼마나 중요했는지 알려준다. 또 로열빅토리아병원의 직원 모두가 생각하고 일했던 방식을 보여준다.

트러블 당시 영국 국민보건서비스와 관련 기관에서는 응급실 인력 배치에 대한 논쟁이 계속되고 있었다. 상급 의사가 일하고 지휘하는 응급실이 영국에는 극히 드물었고 유럽에는 더욱더 드물었다. 로열빅토리아병원의 상급 의사이자 응급실 책임자였던 윌리엄 러더퍼드는 보기 힘든 예외였다. 그는 응급의학을 전문 분야로 인정할 것을 계속 요구했다. 국민보건서비스에 응급의학 자문 직책이 시범적으로 신설되었을 때 그것을 직접 맡기도 했다. 나중에는 영국 최초의 응급의학 교재를 공동 집필하기도 했다. 이 모든 노력에는 '환자에게 제공할 수 있는 치료를 개선할 방법을 끊임없이 모색하는' 러더퍼드 자신의 마음가짐이 매우 중요하게 작용했다.

최악이었던 트러블 시기를 포함하여 응급의학과를 이끄는 동안 러더퍼드는 47편 이상의 학술 논문과 의학 논문을 단독 또는 공동으로 썼다. 그는 폭탄 폭발, 총상, 고무탄 부상, 트러블 당시 자신의 응급의학과에서 치료한 부상에 관한 논문들을 썼다. 계속되는 위기 속에서도 이토록 과학과 배움에 헌신했다는 것은 놀라운 일이다. 러더퍼드가 개발한 재난 관리 계획은 피의 금요일에 많은 생명을 구한 공로를 인정받으며 영국 전역에서 널리 채택되었다. 더불어 간호 기술의 발전은 재난 관리 시스템 전체를 하나로 묶어주었다. 불굴의 오핸런 수녀가 이끄는 간호팀은 극도로 복잡한 위기 상황에서도 지원을 제공하고 부상자 분류를 관리하는 능력으로 칭찬받았다.

하지만 직원들의 기술적 우수성보다 더 중요한 것은 그들의 집단적인 정신력이었다. 케이트 오핸런은 자서전에서 '스트레스 대처'에 한 장 전체를 할애한다. 그녀는 이렇게 말한다. "상담이 제공되지도 않았지만 모두 함께였기 때문에 대처할 수 있었다. 환자 이동 담당자, 청소원, 간호사, 의사 등 모두가 함께 이야기를 나눴다. 연대 의식이 대단했다."

이러한 공동의 목적으로 사기만 높아진 게 아니라 창의적인 진료 절차들도 크게 향상되었다. 여러 진료과와 직급이 함께 참여하는 정기회의 중 로열빅토리아병원의 선임 신경외과 의사는 우연히 치아 교정 전문의와 토론하게 되었다. 두 사람의 대화가 발전하면서 치과의 수술법을 빌려와 총탄과 포탄 외상으로 크게 손상된 환자의 두개골을 순수 금속으로 신속히 복구하는 두개골 성형술이 개발되었다. 이는 뇌 손상 치료에서 주목할 만한 업적이어서 그들이 만든 견본 하나가 런던 과학 박물관의 상설 의학전시관에 전시되어 있다.

낸시 코엔이 위기 속에서 단련되었다고 묘사했던 유명한 리더들처럼 케이트 오핸런과 윌리엄 러더퍼드 등 로열빅토리아병원의 리더들은 주변 사람들에게 목적의식을 심어주었다. 이는 로열빅토리아병원 응급의학과가 불과 몇 년 만에 세계 일류 분쟁 외상 전문 부서로 급격히 변화하는 데 중요한 역할을 했다.

그들은 변화를 명시하거나 지시하기보다 그러한 변화가 나타날 수 있는 여건을 조성하고 자신들의 행동으로 모범을 보임으로써 그렇게 했다. 러더퍼드는 응급실 운영이 매우 간단했다고 회상했다. "모든 사람을 사랑해야 하고, 모든 사람의 말에 귀를 기울여야 하며, 의심스러우면 오핸런 수녀가 시키는 대로 하면 됩니다." 이러한 노력은 "힘들고 불확실한 시기에는 명령과 통제보다 도전과 위기를 해결하기 위해 모든 사람의 지혜를 끌어모을 수단이 필요하다."라는 미국의 리더십 전문가 메그 위틀리의 연구 결과와 일맥상통한다.

그녀는 오핸런 수녀 팀이 다른 수단에 의지한 적은 단 두 번뿐이었다고 말했다. 1971년 벨파스트 유명 술집 맥거크스 폭파 사건 이후 병원 심리학자의 권유로 그녀는 다른 간호사와 함께 발륨을 복용한 적이 있다. 하지만 마음을 진정시켜주는 효과가 없어서 다시는 복용하지 않았다고 한다. 또 한 번은 인근 롱케시 구치소에서 수감자 폭동이 일어난 뒤, 중상자가 로열빅토리아병원에 실려 왔다고 착각한 수 감자 부인들이 병원에 쳐들어왔을 때였다. 오핸런 수녀와 동료들은 청소 용구 보관실에 들어가 문을 잠그고 위스키 한 병을 나눠 마시며 소동이 지나가기를 기다렸다고 한다.

코엔은 위기 속에서 단련된 리더들에게는 그들이 계속 정진하게 해주는 작은 버팀목, 행동, 전술이 있었다고 이야기한다. 에이브러햄 링컨은 외설적인 농담과 노래를 했다. 급진적 환경 운동가 레이첼 카슨은 고양이에게서 위안을 얻었다. 로열빅토리아병원에는 동료와 목적의식의 공유, 그리고 가끔 한 잔씩 마시는 위스키가 있었다.

압박 속의 전략과 임무들이 대부분 목적의식을 공유하지 못한다는 것이 슬픈 현실이다. 여러 회사와 조직은 이를 시도조차 하지 않는다. 시도한다고 해도 많은 관리자가 자신도 모르게 팀원의 업무를 망치는 경우가 많다. 후배 팀 업무의 중요성을 무시하거나, 자주 인력을 교체하여 주인의식이 없어지고 업무를 완료하지 못하게 하거나, 목표를 수시로 바꿔 업무 낭비처럼 느껴지게 하거나, 우선순위와 사고가 바뀌는데 팀원들에게 알리지 않는 등 여러 가지 예측 가능한 방식으로 그렇게 한다. 시기가 좋다면 잘못된 관리는 그저 힘든 일에 그친다. 하지만 압박감과 위기에 직면했을 때 잘못된 관리는 치명적인 독이 될 수 있다.

구호 활동가들에게 무능한 관리자는 그들이 대응 중인 재난이나 전쟁보다 더 큰 스트레스를 유발할 수 있다. 무능한 관리자는 대부분 '위인 가설'을 지지하는 사람들이다. 그들은 명령과 통제로 관리하고, 지시하고 명령하려고 하며, 자신은 어떻게든 세상에 변화시키기 위해 선택된 사람이라고 믿는다. 이와 달리 훌륭한 관리자는 다른 사람들에게 어떤 믿음을 주었고, 사람들이 탁월하게 위기를 극복할 수 있도록 공간을 어떻게 제공했는가로 기억된다. 실제로 재난 대응 인력에 관한 연구들은 올바른 리더십이 있을 때 강력한 위기를 외상 후 성장의 기초로 사용한 사례를 보여주었다.

이제 아주 오래전부터 세상을 변화시키기 위해 목적의식을 갖고 묵묵히 노력해온 집단, 장애를 안고 사는 사람들에게 목적이 어떤 역할을 하는지 보여주려 한다.

세상을 바꿔야만 했던 업시프터, 장애인

질문: 소아마비 치료법, 터치스크린, 전동 칫솔, 타자기의 공통점은 무엇일까?

답변: 모두 장애가 있는 사람들이 자신의 제약을 극복하기 위해 노력한 덕분에 탄생한 것들이다.

미국의 32대 대통령 프랭클린 루스벨트는 역사적으로 유명한 업시프터 가운데 한 명이다. 그는 "우리가 두려워할 것은 오직 두려움 그 자체다."라는 말로 미국 전역에 업시프트의 기운을 불어넣었다. 하지만 이는 단순히 타고난 리더십과 영향력 덕분만이 아니었다. 1920년대 초 그는 서른아홉의 나이에 소아마비를 앓았고 결국 허리부터 하반신이 마비되었다. 여러 해 동안 치료한 끝에 루스벨트는 엉덩이와 다리에 철제 보조기를 착용하고 한 손으로는 지팡이를 짚고 다른 한쪽은 건장한 사람의 부축을 받아 짧은 거리를 걷는 법을 스스로 익혔다. 이를 계기로 루스벨트는 평생 소아마비 예방과 치료법 개선을 위한 캠페인과 기금 모금에 나섰으며, 국립소아마비재단까지 설립했다.

이 재단은 원래 부유한 후원자들의 기금으로 운영되었지만, 들어오는 기금만으로는 상당한 수요를 충족시킬 수 없었다. 1930년대 대공황 기간 미국의 어린이 소아마비 환자가 급증하자 루스벨트는 일반 대중에게 '10센트의 행진'에 동참해주기를 호소했다.

근력이 온전한 운 좋은 사람들은 이 질병을 가진 사람들이 그 무력감을 조금이라도 해소할 수 있다는 것이 어떤 의미인지 이해하지 못합니다. 그것은 타인에게 의존하는 사람과 완전히 독립적인 사람의 차이를 의미합니다. 대중은 여기서 인내심과 시간, 비용이 얼마나 필요한지 알지 못합니다. 하지만 그 결과는 환자 개인에게는 너무나도 중요합니다.

대중은 그의 지극히 개인적인 호소를 진지하게 받아들였다. 백악관에는 거의 300만 달러에 이르는 10센트 동전이 쏟아져 들어왔다. 이캠페인은 이후 다른 많은 보건 기금 모금 캠페인의 모델이 되었고 소아마비 재단이 1940년대 철제 호흡 보조 장치[10]와 1950년대 처음으로 성공한 소아마비 백신 개발에 직접적으로 자금을 지원할 수 있게 해주었다.

장애가 있는 사람들은 오랫동안 변혁적 혁신에 중심 역할을 해왔지만, 혁신의 적극적인 참여자보다는 혁신에 '영감'을 주는 존재로만 잘못 인식되어 왔다. 장애인 권리 옹호자인 리즈 잭슨이 주장하듯 장애인은 "원래 **라이프해커**였다. 우리는 우리 몸에 맞게 만들어지지 않은 세상을 헤쳐 나가기 위해 평생 직관적 창의력을 키우기 때문이다."

라이프해킹은 문제를 해결하거나 무언가를 하는 영리하지만 불분명한 방법이며, 라이프해커는 비결과 계획을 조정하고 적용하면서 능숙하고 창의적으로 운용하는 사람들이다. 많은 장애인의 삶은 해킹될 필요가 있다. 그래서 그들은 뛰어난 문제해결자인 경우가 많다. 광범위한 연구에 따르면 신체적 장애가 있는 사람들은 신체적, 사회적, 정치적 측면을 자신만의 방식으로 해결하는 개별화되고 독창적인 방법을 무수히 많이 가지고 있다.

그 중심에는 목적의식이 있다. 여러 장애인 혁신가들의 노력에는 장애가 어떤 사람들에게는 부정적이고 충격적인 것으로 보일지라도 긍정적인 변화의 원천이 될 수 있다는 확고한 믿음이 있다. 루스벨트도 예외가 아니었다. 워싱턴D.C.에 있는 루스벨트기념관 입구에는 전미장애인협회 모금으로 세워진 휠체어를 탄 루스벨트 동상이 있다. 동상에는 그의 아내 엘리너의 말이 새겨져 있다. "프랭클린의 병은 이전에 갖지 못했던 강인함과 용기를 주었다. 그는 삶의 기본을 생

---

10 밀폐된 철제 용기에 머리를 제외한 신체를 넣고 음압을 간헐적으로 걸어주어 폐를 부풀게 하고 호흡시키는 장치.

각하고 **무한한 인내와 끝없는 끈기**라는 가장 위대한 교훈을 배워야만 했다."

'가장 위대한 교훈'은 장애인들이 자신의 장애를 어떻게 극복했는가를 다룬 연구에서 반복해서 등장하는 주제다. 이탈리아에서 젊은 하반신 환자(일반적으로 사고로 인해 팔다리를 잃은 사람들)를 대상으로 했던 연구는 사고로 인한 상실감이 있더라도 새로운 한계와 장애를 극복하는 법을 배우는 과정에서 매우 명확한 목표와 뚜렷한 목적의식을 갖게 되었다는 사람들의 비율이 높았음을 알려준다. 인터뷰에 응한 한 청년은 이렇게 말했다.

> 하반신 마비가 되었을 때 다시 갓난아기가 된 것 같았습니다. 알고 있던 모든 것을 처음부터 다시 배워야 했는데 다른 방식으로 배워야 했죠. 전념, 의지력, 인내심이 필요했습니다. 미래에도 저는 계속 발전하고, 제 장애의 한계를 계속 극복하고 싶습니다. 모든 사람에게는 목적이 있어야 합니다. 이러한 발전이 제 삶의 목표가 되었죠.

장애 라이프해커 운동에서 그러한 발전은 기존 도구와 접근 방식을 재고하여 사용의 용이성, 접근성, 유용성의 향상하는 데 시간을 할애하는 것이다. 개인의 필요, 욕구, 능력을 충족시킬 새로운 방법을 찾아내 직면한 문제를 해결하는 장애인들의 독창성은 놀랍다.

손이 불편한 한 라이프해커는 신용카드를 단말기에 꽂을 만큼 단단히 쥘 수 없었다. 그는 카드의 한쪽 모서리에 구멍을 뚫고 거기에 낚싯줄을 끼워 고리를 만들었다. 집게손가락을 그 고리에 끼우면 집게와 엄지손가락 사이에 카드를 잘 잡을 수 있어서 물건값을 결제할 수 있었다. 또 다른 라이프해커는 자전거에 목발 거치대를 달아 자전거에서 내려 바로 목발을 짚고 걸을 수 있는 방법을 찾아냈다.

이것들은 소소한 지혜처럼 보일 수 있지만 빠르게 확대될 수 있다. 관절염을 앓고 있던 건축가 벳시 파버는 그녀의 손에 더 편한 주방 기구에 대한 아이디어를 떠올린 후 1990년 무역박람회에 15가지 품목을 선보이며 가족들과 함께 주방용품 회사 옥소OXO를 창업했다. 2004년 거의 3억 달러에 매각된 이 회사의 철학은 여전히 장애인 라이프해커 운동을 강하게 반영한다. "우리는 사정을 헤아립니다. 우리는 불만 사항과 골칫거리에 주목합니다. 제품이나 프로세스 또는 일상생활의 일부분을 개선할 수 있는 기회를 발견하고 상황을 개선할 것들을 만들어냅니다."

만약 디지털 기기로 이 책을 읽고 있다면 감사를 전해야 할 독창적인 라이프해커가 있다. 1990년대에 공학 박사과정에 재학하던 존 엘리어스는 손목터널증후군에 따른 반복 사용 스트레스 증후군 때문에 학업과 업무에 곤란을 겪고 있었다. 이에 그는 지도교수 웨인 웨스터먼과 함께 터치스크린 시제품을 개발해 핑거워크스FingerWorks라는 회사를 설립했다. 스티브 잡스가 이끌던 애플사는 2005년 핑거워크스를 인수하면서 엘리어스와 웨스터먼에게 수석 엔지니어 직책을 맡겼다. 이들이 개발한 기술은 2007년에 출시된 첫 번째 아이폰의 터치스크린에 사용되었으며, 이후 디지털 정보 소비 방식에 혁명을 일으켰다.

파버와 엘리어스 같은 장애 라이프해커는 자신의 삶을 개선하기 위한 목적적이고 창의적인 접근 방식으로 일반 대중에게 새로운 가능성을 열어준다. 대성공을 거둔 장애 라이프해킹의 비결은 더 쉽고, 더 빠르고, 더 저렴한 혜택을 제공함으로써 이전에 시장에 접근하지 못했던 새로운 사용자층 전체에게 문을 열어준 것이다. 이러한 제품이 대중 시장에 출시되면 원래 장애인이 장애인을 위해 설계한 편의성을 더 많은 소비자들이 누리게 된다.

장애 라이프해킹이 터치스크린처럼 전체 산업을 창출하고 변화시켰던 경우도 존재한다. 그 영향이 틈새시장에 국한됐지만 중요했던 적도 있다. 예를 들어 장애인들은 TV 프로그램, 영화, 소셜미디어의 자막과 같은 접근성 기술을 확보해달라는 캠페인을 열심히 벌였고, 그 결과 지금은 보편화되었다. 또, 약시인 사람이나 시각장애인들이 정보를 더 쉽게 접하고 읽을 수 있게 했더니 소수 민족이나 말을 알아듣기보다 읽기가 더 쉬운 고령층에도 도움이 되었다고 한다. 어머니와 함께 TV를 시청할 때 자막 기능을 켜고 끄는 문제로 다투었던 것이 나만의 경험이 아니었던 듯하다.

장애가 있는 사람들의 창의적 역량을 더 효과적으로 활용하면 그들의 필요와 기회를 더 잘 충족시킬 수 있다. 미국에서만 6100만 명의 성인이 장애를 안고 살아간다는 점을 고려하면 이는 삶의 질에 미치는 영향이 상당할 뿐만 아니라 공략해야 할 중요한 시장이기도 하다. 게다가 위의 몇 가지 사례가 보여주듯 장애인 라이프해킹의 확장은 더 큰 변혁을 이끌기도 한다. 더 많은 사람에게 혜택을 준다는 실질적인 효과와 장애인들이 혁신 노력에 더 많이 관여하고 참여하면, 여전히 사회 전반에서 장애인을 열등한 존재로 간주하고 차별하는 심각한 단절을 극복하는 데도 도움이 될 것이다.

"삶은 의미와 목적이 상실될 때 견딜 수 없게 된다."

2005년 나는 남아프리카 난민 캠프에서 아프리카인도주의활동AHA, Africa Humanitarian Action이라는 훌륭한 단체와 함께 일하고 있었다. 재난 대응 활동을 하면서 가짜 영웅은 많이 보았지만, 이 단체와 같은 진정한 영웅 조직은 간과될 때가 많았다. AHA는 1994년 르완다 집단 학살의 잔혹성과 공포 속에서 결성된 자칭 '흑인 NGO'였다. AHA는 르완다 수도 키갈리에서 활동했던 의료팀에서 시작됐다. 이 조직은 아프리카 7개국 의료 전문가들을 모아 르완다 전역에 보건소를 운영했는데 집단 학살 대응 과정에서 최초로 아프리카인이 설립하고 운영한 NGO가 되었다.

AHA는 전례 없는 24시간 응급 의료 서비스와 정기적인 외래 및 입원 치료를 제공했다. 르완다에서 운영에 성공한 후에는 범아프리카 단체로 성장해 전 세계 가장 빈곤한 지역에 의료 지원을 제공하기 위해 노력하고 있다.

당시 내가 감동했고 지금도 기억하는 것은 앙골라, 콩고민주공화국, 에티오피아, 라이베리아, 나미비아, 잠비아 등 나도 함께 일했던 여러 국가에서 그들이 활동했던 방식이었다. 이 단체는 불가능해 보이는 결정을 매일매일 내리고 있었다. 가뭄이 닥친 나미비아의 외딴 사막 마을에 식량이나 식수를 제공할 것인가? 예산이 반으로 삭감되었는데 어떻게 다르푸르에서 의료 서비스를 지속할 수 있을까? 난민 캠프 울타리 너머에 사는 현지인들도 굶주리고 있고 도움을 원하는데 어떻게 난민 캠프를 유지할 수 있는가? 날마다 이런 질문에 답해야 했다.

매일 저녁 내가 아는 여러 외국인 구호 요원들처럼 현지 술집으로 향하는 대신, AHA 직원들은 함께 둘러앉아 그날 있었던 좋았던 일과 나빴던 일, 두려움과 희망에 관해 이야기하고, 무엇을 바꿀 수 있을지 아이디어를 교환하고는 했다. 때로는 눈물을 흘리기도 하고 때로는 웃기도 했지만 회의를 시작할 때와 똑같이 걱정스러운 마음으로 회의를 마치거나 똑같은 아이디어를 가지고 회의를 마친 사람은 아무도 없었다. 우리는 극한 상황에서 일하고 있었고 내 주변 사람들은 참신하고 독창적이며 기업가적 접근법으로 대처했다. 나는 당시에 완전히 이해하지는 못했지만 이러한 업시프트 노력의 시작을 문서로 정리했고, 이 놀라운 절차를 더 잘 배워 조직을 운영하는 국가 전역에 실행할 수 있는 전략을 작성했다. 또 이러한 경험을 더 널리 공유했다.

돌이켜보면 AHA는 정말 독특하고 모방하기 어려운 단체였다. 그 이유는 난민 공동체에 지원을 제공하는 직원들 가운데 상당수가 난민이라는 점이었다. 대단히 끈질긴 이 인도주의자들 본인이 위기를 극복하고 살아온 사람들이었다는 것은 우연일 리가 없었다.

응급 의료 종사자, 위기 속에서 단련된 리더, 장애 혁신가들과 마찬가지로 난민들은 역경을 극복할 수 있는 능력을 갖고 있다. 그 능력은 선천적이고 유전적인 것이 아니다. 레바논의 팔레스타인 난민을 다룬 흥미로운 연구에서는 15개월 동안 상세하고 심층적인 인터 뷰를 통해 난민들의 기업가적 노력을 살펴보았다. 여기에서 난민 기업가들의 회복력은 타고난 '자질'이 아니라 시간과 노력, 목적으로 만들어진 것임이 밝혀졌다. 회복력이 가장 높은 난민들은 기업가적 활동에 참여함으로써 회복력을 발전시켰고, 이는 그들의 사회적 기술과 다른 난민들 및 '수용국' 레바논인들과의 통합을 넓히고 심화시켰다. 난민 회복력의 구성 요소를 좀 더 자세히 살펴보면 위기 속에서 단련된 리더의 3가지 자질과 유사하다.

1. 도덕적, 물질적 이득 그리고 현실적인 낙관주의를 모두 달성하게 해주는 광범위한 목적과 목표
2. 자립을 기반으로 한 능동적인 문제 해결 행동
3. 집단적인 행동을 구성하고 실행하는 다양한 방법과 소속감

가장 성공한 난민 기업가에게 이 목적은 단순히 도입한 것이 아니라 그들이 직접 구축한 것이었다. 또 기업 활동의 특성 자체가 목적의식을 **구축**하는 데 중요한 역할을 했다. 하지만 이는 귀결이자 성과로서, 그 2가지는 서로 도움을 주었다.

기업가 정신과 목적 사이의 역동적인 상호작용은 지구 반대편 경영학자들이 기업가들을 연구하는 과정에서도 발견되었다. 성공한 기업가가 계속해서 탁월함을 추구하는 원동력은 '불타는 욕망'이라는 생각이 지배적이다. 캘리포니아 실리콘밸리의 앤젤투자자(신생 기업가에게 투자하는 고액 자산가)들과의 인터뷰에 따르면, 그들의 투자 심리

를 자극하는 것은 어떤 장애물에도 열정, 행동, 에너지를 유지하는 기업가의 목적의식이었다.

한 연구에서는 앤젤투자자들에게 일련의 가상 투자 기회를 제시하고 각각에 투자할 확률 수준을 표시해달라고 요청했다. 그 결과 목적의식이 높은 기업가에게 투자할 가능성이 컸고, 창업 경험이 많은 투자자일수록 잠재적 투자 대상의 목적의식을 더 중요하게 보는 것으로 나타났다. 이 투자자들은 "성공 가능한 벤처를 설립하기까지 많은 불확실성이 존재하며, 역경이 닥쳐도 포기하지 않는 개인이 이러한 불확실성을 극복할 가능성이 가장 크다는 것을 알고 있다."고 이야기했다.

중요한 점은 난민 기업가와 마찬가지로 이러한 목적의식은 기업가들이 그냥 소유할 수 있는 자질이 아니라는 것이다. 오히려 목적은 감정적이고 동기를 부여하는 과정, 즉 '행동 언어'였다. 목적은 기업가들이 가지고 있는 것이 아니라 행하는 것, 자신의 정체성과 목표와 관련된 활동에 참여할 때 본능적 수준에서 느끼는 것이었다.

마찬가지로 AHA 팀이 밤늦게까지 이어간 긴 대화는 목적을 위한 수단이 아니었다. 목적을 **발전시키는** 방법이었다. 그 목적과 의미는 우리의 노력에 피드백을 주고 강화해주었다. 로열빅토리아병원의 의료진과 장애인 라이프해커들도 마찬가지였다. 그리고 이것은 현재 진행 중인 세계적 팬데믹에 대처하는 팀과 조직에게도 사실임이 입증되었다.

재난 대응의 최전선에 있는 외과 의사들은 극심한 스트레스 수준뿐만 아니라 전례 없이 높은 수준의 직업 만족도를 보고하고 있다.

장기화된 위기 속에서 직원들의 회복력과 웰빙을 구축할 방법을 찾은 곳은 바로 병원들이다. 뉴욕의 일선 의료 종사자들을 대상으로 한 설문조사에서는 팬데믹이 그들의 웰빙에 상당한 정서적 고통을 초래한 동시에 전체 참가자의 거의 3분의 2에게 더 큰 목적의식과 의미를 갖게 되었다고 이야기한다.

역사상 최악의 경제 환경 속에서 창업한 스타트업의 성공도 분명히 목적의식과 관련이 있다. 이것은 아주 이례적인 상황에서도 목적의식이 변화를 가져온다는 또 다른 증거다. 빅터 프랭클이 발견한 것처럼 "삶은 결코 환경 때문에 견딜 수 없어지는 게 아니라 의미와 목적이 없을 때 견딜 수 없게 된다."

4장
업시프트의 힘

총정리

문샷이 성공할 때

박사학위도 명성도 주요 학술원 경력도 없는 평범한 중의학자가 어떻게 2015년 노벨의학상을 수상할 수 있었을까? 아폴로 13호가 달 착륙에 실패한 우주비행사들을 무사히 지구로 귀환시킨 것과 같은 방식을 통해서였다.

아폴로 13호 이야기는 신화에 가까울 정도로 유명하지만 중의학자의 이야기는 별로 알려지지 않았다. 하지만 둘 다 업시프트의 특징인 사고방식, 독창성, 목적의식을 보여준다. 1부 마지막인 이 장에서는 2가지 사례에 나타난 업시프트의 핵심 구성 요소 3가지를 살펴보고, 어떻게 그것들이 매우 특별한 환경에서 일하는 개인과 팀의 '차이를 가져오는 차이점'이 될 수 있는지 보여주려 한다.

이 2가지 성과는 냉전 상황에서 두 나라 지도자가 각각 요청한 연구 프로젝트의 결과였다. 1960년 존 F. 케네디 대통령이 공언한 달 탐사 프로젝트, 문샷moonshot은 놀라운 성공을 거둔 덕에 아주 유명하다. 그 후 문샷은 혁신적 기술과 사고와 함께 상당한 시간과 비용을 요구하는 어려운 문제를 해결하려는 모든 시도를 가리키는 말이 되었다. 같은 시대에 더 비밀스럽지만, 똑같이 정치적인 문샷이 하나 더 있었다. 베트남 전쟁이 한창이던 1967년, 중국의 마오쩌둥 주석은 말라리아 치료제를 찾으라는 명령을 내렸다. 말라리아로 베트콩 병력이 타격을 입자 북베트남의 호찌민 주석이 마오쩌둥에게 개인적으로 부탁했기 때문이었다.

세 번째 달 표면 유인 탐사 임무에 나선 NASA의 아폴로 13호는 발사된 지 56시간 만에 산소 탱크가 폭발해 우주선의 절반이 파손되면서 추진력과 승무원들의 생명 유지에 필요한 연료를 잃었다. 결국 이 달 착륙선의 용도는 피 말리는 3일 동안 긴장 속에서 승무원들을 귀환시키는 것으로 바뀌어야 했다. 다행히 수천만 명이 지켜보는 가운데 우주비행사들을 태운 달 착륙선은 무사히 남태평양에 떨어졌다. 하지만 어떻게 이런 일이 일어났는지에 대한 대중의 이해는 대체로 부정확하다. 열심히 집단적 신화를 만들어내는 할리우드와 우리 자신의 습관 때문이다. 나는 다각적 조사와 승무원들과의 심층 인터뷰를 분석하고 연구한 끝에 가장 큰 오해를 밝히고, 세 우주비행사가 무사히 귀환할 수 있게 해준 것은 무엇인지 보다 섬세한 설명을 제공할 수 있게 되었다.

실제로 무엇이 세 우주비행사의 성공적 귀환을 가져왔는지 재구성한 이야기와, 온갖 역경을 딛고 말라리아 치료제를 발견한 중의학자 투유유屠呦呦 이야기를 대조해보려 한다. 아폴로 13호의 드라마가 펼쳐지기 3년 전, 마오쩌둥은 베트콩의 '전투 준비 태세'를 유지하기 위해 말라리아 치료제를 찾으라는 비밀 명령을 내렸다. 북베트남 병사들 사이에서는 "미국 제국주의자들은 두렵지 않지만 말라리아는 두렵다."라는 말이 돌았다. 면역이 없기는 '제국주의자들'도 마찬가지였다. 3년 전 미군의 말라리아 사상자는 직접 전투로 인한 사상자보다 5배나 많았다. 1965년에는 미군 전체 병력의 거의 절반인 약 80만 명이 말라리아에 걸렸다. 말라리아 퇴치는 양군 모두에게 최우선 과제가 되었다.

미군은 이 문제에 상당한 자원을 투입했다. 월터리드국립군 의료센터의 주도로 과학자 수천 명이 가능한 모든 생의학적 치료법을 검토하고 거의 25만 개의 약물을 검사했다. 중국은 훨씬 적은 선전과 자원으로 프로젝트를 시작했다. 1967년 5월 23일 약 600명의 과학자가 모였고 그 날짜에 따라 프로젝트의 암호명 523이 정해졌다. 중국 정부 인사의 다수에게 '523'으로만 알려졌을 정도로 이 프로젝트는 비밀리에 진행됐다. 당시에는 아무도 알지 못했지만, 이 프로젝트는 일종의 피난처가 되었다. 과학자들과 연구자들이 상징적, 실질적 공격을 받았던 문화대혁명의 박해를 피하는 방주 역할을 해주었다.

그렇게 한편에는 기술, 인간, 조직, 정치 등 여러 측면에서 실패하지 않고 살아남으려고 노력한 팀이 있었다. 다른 한편에는 잔혹한 전쟁 중에 인류 역사상 가장 오래되고 널리 퍼진 질병인 말라리아 치료법을 찾아내려는 시도가 있었다. 우리는 압박 속에서 성과를 낸 이

2가지 이야기가 성공적인 업시프트의 기본 원칙을 이해하는 데 어떻게 도움이 될 수 있는지 살펴볼 것이다. 또 이 놀라운 노력의 본질에 도달하게 해주는 업시프트 개념의 힘도 보여주고 싶다.

사고방식: 세상을 바라보는 방식을 선택하라

우리는 1장에서 순간의 압박감을 극복하고 직면할 한계를 초월하는 방법으로 도전의 사고방식을 배웠다. 영화 「아폴로 13」에서 관제본부장 진 크랜츠 역을 맡은 에드 해리스는 귀환 임무가 성공할 수 없다며 몇 분 동안 논쟁을 벌이던 사람들에게 이렇게 말한다. "지금까지 우주에서 미국인을 잃은 적 없고, 내가 지휘하는 한 앞으로도 절대 없을 거야. 실패란 있을 수 없어." 그의 말에 팀원들은 임무의 막중함을 생각하며 입을 다물었다. 이 대사는 영화의 홍보 문구가 되었고 크랜츠의 자서전 제목으로도 쓰였다.

하지만 실제로 그런 말은 하지 않았다. 크랜츠가 실제로 한 말과 그에 대한 팀원들의 반응은 완전히 달랐다. 그가 50년 후 기억에서 끄집어낸 것과 내가 관제 센터 기록을 참고한 것을 종합한 결과 이렇게 말한 것을 확인할 수 있었다. "승무원들은 귀환할 거야. 그럴 거라고 믿어야 해. 여러분도, 여러분의 팀원들도, 우리가 그렇게 만들어야 해." 미묘한 차이처럼 보일 수도 있지만, 실제 크랜츠의 말은 팀원들을 도전 상태로 만들었다. 반면에 영화 대사는 오히려 위협 상태를 나타낸다. 더 나아가 팀은 사실 재난 상황을 고려하는 데 시간을 할애하지도 않았다. (영화에는 등장하지 않는) 관제본부 2팀장 글린 러니는 이 점을 강조했다. "승무원들이 죽을지도 모른다고 생각하며 시간을 허비한다면 만일의 사태가 발생할 가능성만 더 커질 뿐이죠."

실패하지 않는 데 집중하는 것과 성공에 집중하는 것은 다르다. 실제 크랜츠가 했던 말은 팀원들을 침묵시키기보다 관제실에 활기를 불어넣었다. 크랜츠의 세 부관 중 한 명은 "모두가 이야기하고 아이디어를 던지기 시작했습니다."라고 회상했다. 인터뷰는 팀 전체가 겪은 과정을 더 자세히 알려준다. 프레드 하이즈는 이렇게 말했다. "우리가 절망적인 상황이란 느낌이 제게는 전혀 없었습니다." 제럴드 그리핀 관제팀장의 상황 파악은 달랐다. "몇 년 후 비행 일지를 다시 찾아서 들여다보았습니다. 얼마나 긴장했던지 내 글씨를 거의 알아볼 수 없더군요. 그런데 짜릿함이 온몸을 관통했던 기억은 납니다."

말라리아 523 프로젝트팀은 처음부터 좀 다른 제약에 직면했다. 그들의 연구는 군사 기밀이었기 때문에 외부 세계와의 소통이 허용되지 않았다. 문화혁명의 소용돌이 속에서 과학 학술지 게재는 어차피 금지되었다. 이런 이유로 523 프로젝트팀 외부의 누구도 이 연구에 대해 알지 못했다. 존재하지 않는 연구와도 같았다. 하지만 프로젝트팀 내부에는 활기가 넘쳤다. 선임 연구원 네 명은 자신들이 공동으로 쓴 공식 보고서에 이렇게 기술한다. "523 프로젝트는 모든 참여팀과 협력 연구팀을 통합하는 큰 정신적 힘이 되었다."

월터리드군의료센터가 이끄는 미국의 연구에는 여러 생의학 연구자가 함께했다. 그들은 4년 동안 21만 4천 가지 화학물질을 검사했지만 아무런 성과도 얻지 못했다. 523 프로젝트의 빈약한 자원은 월터리드군의료센터의 막대한 인적, 재정적 자본과는 경쟁 상대가 되지 않았다. 그들의 접근 방식도 완전히 달랐다.

중국어로 작성된 프로젝트 문서 원본에서는 523 프로젝트의 필요성을 다음과 같이 설명한다. "먼 곳과 가까운 곳을 통합하고, 중의학과 서양 의학을 통합하고, 혁신을 강조하고, 계획을 통합하고, 노동력을 분담하여 함께 일한다."

523 프로젝트에는 생의학 연구자 네트워크와 중국 전통 의학을 연구하는 투유유 그룹, 두 진영이 있었다. 투유유는 월터리드군의료센터가 이미 광범위한 테스트를 했지만 성공하지 못했다는 것을 알고 있었다. 당시 중국에는 과학 전문가도 부족하고, 장비는 낡았으며, 약물 연구에 대한 경험도 별로 없었다. 많은 사람이 보기에 전망이 암울했을 것이다. 훗날 투유유는 자신의 연구가 "자원이 부족한 연구 환경"에서 이루어졌다고 기술했는데, 그녀의 절제된 성격 때문에 그 정도 논평으로 그쳤을 것이다.

하지만 투유유는 기원전 3000년 경에 살았던 것으로 추정되는 신화적 중의학 창시자를 생각하며 힘을 냈다. 중국에는 '농사의 신' 신농神農이 사람들에게 필수적인 농사법과 약초의 사용법을 개발하고 가르쳤다는 전설이 있다. 중국 전통 의학을 공부하는 사람이라면 누구나 신농이 약초의 효능과 독성을 이해하기 위해 100가지가 넘는 약초를 직접 섭취했다는 이야기를 알고 있다. 투유유에게 신농은 동기 부여와 용기의 원천이었다. "신농은 100가지 약초를 먹어봤다는데 우리라고 왜 못 할까?"라고 그녀는 생각했다.

아폴로 13호와 523 프로젝트가 공통으로 주는 교훈은 우리가 문제를 위협이 아니라 도전으로 인식하는 상태로 전환함으로써 아주 멀리 나아갈 수 있다는 것이다. 세상과 당면 문제를 어떻게 바라볼 것인지는 압박, 스트레스, 위기에 대응하는 토대가 되며, 이는 업시프트를 가능하게 한다. 지금까지 살펴본 것처럼 이 사례들은 확실히 세상을 변화시켰다. 동일한 원칙을 우리는 더 일상적인 환경에도 적용할 수 있다.

독창성: 궁지에 몰린 쥐가 될 일은 결코 없다

아폴로 13호의 위기 상황이 지속되는 87시간 동안 한계를 뛰어넘기 위해 여러 팀과 리더들은 교대로 일했다. 이는 단거리 경주나 마라톤이 아니고 계주였다. 나중에 NASA 국장은 "진정한 팀워크 정신, 즉 자기 역할이 끝났을 때 새로운 누군가가 자신보다 더 나은 것을 가져올 수 있을 때를 아는 능력"이 있었다고 말했다.

어떤 의미에서는 처음부터 확산적 사고가 있었다. 한 승무원은 이렇게 말했다. "아이디어도 없고, 시도할 방안도 없고, 가능한 해결책도 없이 궁지에 몰린 적은 없었습니다. 결코 그런 상황은 오지 않았습니다." 영화에 묘사된 위기 상황과 뒤이은 즉흥적 해결책 때문에 그것을 아폴로 13호 귀환 임무라고 연상하는 사람이 많지만, 87시간 동안 수행된 작업은 대부분 사고 이전에 테스트와 시뮬레이션을 거친 것들이었다.

이렇게 독창적인 사고가 풍부했던 이유는 단순히 많은 사람이 참여했기 때문만은 아니다. 다양한 기술과 스타일이 있었기 때문이기도 하다. 영화 「아폴로 13」에서 휴스턴 관제 센터의 크랜츠와 우주선에 탑승한 짐 러벨은 서로 비슷한 유형의 리더다. 합리성, 동기 부여 기술, 결과를 끌어내는 공통된 특성 덕분에 영화가 전개되는 동안 이들은 조용히 유대감을 형성한다.

하지만 실제로는 서로 다른 2가지 유형의 리더가 귀환 임무의 성공에 기여했다. 크랜츠는 우주선 기술 전문가였다. 그는 초 단위로 장비가 고장 나서 시스템 유지에 필요한 단계별 구조를 변경해야 했던 초기 단계에 적합한 지휘자였다. 그에 이어 지휘를 맡은 글린 러니는 비행 역학 전문가였다. 크랜츠는 신속히 결정을 내려야 할 때 적시에 결정을 내렸고, 러니가 지휘권을 넘겨받았을 때는 상황이 좀 안정된 후 올바른 조치를 할 수 있게 차분한 분위기로 만들었다고 한다.

이 두 리더의 파트너십뿐만 아니라 러니의 구체적 리더십 접근법은 다양성의 중요성을 보여준다. 흥미롭게도 이러한 내용은 영화에서도 언급되지 않았고 대중적 회고담에도 포함되지 않았다. 건강 검진에서 불합격 처리되어 아폴로 13호에 탑승하지 못하고 관제팀의 일원이 되었던 켄 매팅리는 러니의 리더십 덕에 팀이 어떻게 당면한 새로운 문제를 다양한 접근 방식으로 해결할 수 있었는지 설명했다.

인수인계가 이루어졌습니다. 글린 러니가 인계받았는데 제가 본 중에 가장 멋진 리더십을 발휘하더군요. 혼란하지만 혼돈 상태가 아니게 만들었거든요. 사람들은 혼란스러워했습니다. 고도로 훈련받은 사람들이었지만, 이것은 경험을 벗어난 실제 상황이었고 그걸 이해하지 못하고 있었으니까요. 러니가 들어왔고 크랜츠도 여전히 남아 있어서 아무도 떠난 사람은 없었죠. 여유 인력이 있는 상태에서 토론이 시작됐습니다. 러니가 일어나서 조용히 말했습니다. 러니와 크랜츠의 말투는 정말 완전히 다릅니다. 크랜츠는 간결하고 정확하고 때로 시끄럽기도 한데, 러니는 조용하고 느긋하죠. 러니는 돌아다니면서 사람들에게 질문을 던지기 시작했어요. 제 느낌으로는 특별히 중요하지는 않은 질문이었지만 그는 모든 직책의 사람들에게 질문을 던지고 그에게 보고하게 했습니다. 그래서 갑자기 이런 생각이 들더군요. (…) '어떤 질문을 했는지는 중요하지 않구나. 건설적인 것에 생각을 집중하게 하려는 거구나.' 그러면 모든 게 저절로 돌아갈 테니까요. 센터가 안정되는 것을 느낄 수 있었습니다. 혼란한 감정이 사라지지는 않았지만, 점차 예리한 집중력을 가진 팀으로 돌아갔죠.

다시 말라리아 연구로 돌아가보자. 이 역시 아폴로 13호 임무처럼 일종의 계주였다. 이 계주는 두 연구팀의 아이디어 교환과 업무 공유 형태로 나타났다. 각 연구팀은 서로 역할이 다르더라도 정기적인 소통이 필요하다고 분명히 인식하고 있었다. 생의학 팀은 약물, 식물, 허브를 조사하고 식물의 특정 유효 성분을 화학적으로 분리한 후 합성하여 실험했다. 투유유의 팀은 고전 의학 문헌을 조사하고 중국 전역의 지역사회에서 사용하는 비밀 전통 치료법을 찾아내는 임무를 맡았다.

한약재 2천 개 이상을 분석하자 그중 3분의 1이 말라리아 치료에 효과적일 가능성이 있는 것으로 나타났다. 결과는 지속적인 학습을 위해 팀 사이에 공유되었다. 유효 성분을 추출하고 테스트하고 정보를 피드백해 더 많은 기초 연구가 이뤄지게 했다. 일반적으로 별개 영역인 의학 지식을 계속 교환하며 협력을 아끼지 않은 덕에 연구에 진전이 있었다. 523 프로젝트가 미국에 비해 불리했던 상황을 장점으로 전환할 수 있었던 것은 이런 협업 덕분이었다.

투유유와 팀원들은 말라리아 퇴치에 도움이 될 수 있는 물질의 단서를 찾기 위해 중국 고서를 샅샅이 뒤졌다. 당시 막 발굴된 900년 전 고서『임상 진료 및 응급 처치 설명서』에서 그들은 개똥쑥이 말라리아 치료에 쓰였다는 글을 발견했다. 이는 난징의 지역사회 연구 결과로도 뒷받침되었다. 그곳에서는 개똥쑥이 말라리아 예방과 치료에 쓰였고 그와 관련한 속담까지 있다고 했다.

초기 테스트는 조짐이 좋았지만, 개똥쑥을 달인 물로 말라리아 치료 결과를 재현하려는 식물학자들의 시도는 실패했다. 투유유는 다시 고서를 읽었다. "물 2리터에 칭하오(개똥쑥) 한 줌을 넣고 우린 후 그 즙만 모두 마신다."라는 문장을 발견했다. 그녀는 쑥을 넣고 끓인 식물학자들의 추출 방식에 문제가 있을 수 있다는 것을 깨달았다. 투유유는 끓는 점이 섭씨 78도로 낮은 에탄올을 물 대신 사용하는 저온 추출 공법으로 말라리아 예방 효과가 뛰어난 용액을 얻었다. 이후 이 유효 성분은 아르테미시닌artemisinin으로 알려진다.

아르테미시닌을 찾아낸 후 두 연구팀의 협력은 테스트 및 합성 과정에서 창의적인 수정으로 제약을 극복하는 데 중요한 역할을 했다. 다음은 공식 프로젝트 보고서에 들어가 있는 내용이다.

투유유의 연구소는 **칭하오수**靑蒿水의 추출로 좋은 출발을 보였지만 어려움에 부딪혔다. (…) 원난성 약물학연구소는 늦게 시작했지만 순조롭게 진행되어 속도를 내며 앞으로 나아갔다. (…) 완난성 연구소의 두 연구팀이 참여하여 진전을 보지 못했다면 칭하오수 연구는 조기에 종료되었거나 적어도 몇 년간 지연됐을 수 있다.

이는 업시프트의 다음 단계가 독창적으로 사고하고 행동하며 새롭게 보고 행동하는 것임을 보여준다. 미국의 경우처럼 기존 이해와 접근 방식에 의존하는 것이 아니라 가장 창의적인 건축가처럼 세상에 대해 '그들이 알고 있는 것들을 가지고 놀고' 호기심을 두려워하지 않는 것이다. 생각하는 방식을 바꾸기란 쉽지 않다. 하지만 압박감 속에서도 사고방식을 바꿀 때 당면한 새로운 상황과 씨름할 수단이 생기고 압박감에 맞서 내면의 회복력과 자신감을 키울 수 있다.

목적의식: 의미 있는 일에서 진전을 거둘 기회

아폴로 13호 구조 당시 통제 센터의 활동을 할리우드에서는 이렇게 묘사한다. 영웅적인 리더십이 무엇보다도 중요했고 진 크랜츠 관제 본부장이 이끄는 엘리트팀이 모든 차이를 만들어냈다는 것이다("실패란 있을 수 없어"). 그렇게 위태로운 시나리오에 직면한 상황에서 명령과 통제의 작업 방식을 강요하고 싶은 유혹이 컸을 것이다.

하지만 현실의 크랜츠는 가장 하급 팀원들에게 권한을 부여하고 그들이 전문가로서 역할하도록 노력했다. 나중에 그는 자신의 리더십 방식에 대해 이렇게 말했다. "팀원들에게 우리는 충분히 똑똑하고, 예리하고, 신속하며, 한 팀이 되어 불가능한 상황을 극복하고 회복할 수 있다는 확신을 심어주는 것이 관건이었습니다." 권한 위임과 전문성 존중은 필수다. 관제 센터는 팀원들의 권고를 따져 묻기는 했으나 의구심을 갖지는 않았다. 켄 매팅리는 이렇게 논평했다.

> 산만해지거나 정치가 개입할 여지는 없었습니다. 개인적 성향이 개입할 여지도 없었습니다. 누가 정답을 맞히든 상관없이 정답이 나오기만 하면 됐습니다. 초임자든 퇴직자든 상관없었습니다. 우리 문제에 대한 답을 가진 사람 누구든 환영받았고 인정받았습니다. 그런 분위기에서 일할 기회는 그리 흔치 않죠.

말라리아 치료제 연구도 비교적 느리게 불붙긴 했지만 이와 비슷한 끈기를 보여주었다. 연구 책임자 4명이 공동 집필한 523 프로젝트 공식 보고서는 이렇게 기술한다.

> 모두가 책임감을 갖고 지성, 지식, 기술, 열정을 쏟아부었다. 도시의 실험실부터 시골 산간의 임상 시험에 이르기까지 많은 어려움이 있었음에도 모두가 명시된 목표를 달성하려고 나섰다.

1969년까지 523 프로젝트팀은 약물 수천 가지를 검토했지만 성공하지 못했다. 월터리드군의료센터의 연구도 유의미한 결과를 얻지 못했다. 중국 정부가 가능한 치료법을 찾아보라고 전통 중의학 아카데미를 끌어들인 것이 이 시점이었다. 투유유가 523 프로젝트의 총책임자로 임명된 배경에는 이런 상황이 있었다.

523 프로젝트에서 투유유의 업무는 중국 최남단의 열대 섬 하이난으로 4개월 동안 출장을 떠나는 것으로 시작되었다. 투유유는 그곳 어린이들의 처지에 큰 충격을 받아 이렇게 말했다. "말라리아의 말기 단계인 아이들을 많이 보았다. 아이들은 금방 죽었다."

하지만 말라리아 전염병 희생자들을 보고 느낀 깊은 연민 탓에 투유유의 가족이 대가를 치렀다. 그녀는 남편이 추방되는 바람에 혼자 돌봐왔던 딸을 지역 보육원에 6개월 동안 맡겨야 했다. 하이난에서 돌아왔을 때 그녀의 딸은 그녀를 알아보지 못하고 보육원을 떠나 집으로 돌아가기를 거부했다. 나중에 투유유는 "일이 최우선이었기 때문에 개인 생활은 기꺼이 희생할 각오가 되어 있었다."라고 말했다. 그녀가 가족을 다시 보기까지 3년이 걸렸다.

신약 화학 합성에 참여한 수석 연구원 저우이칭周義淸도 투유유처럼 끈기 있는 사람이었다. 그는 폭탄이 쏟아지는 열대우림 속 호찌민 트레일[11]을 군인들과 함께 이동하며 전장을 직접 경험했다. 저우이칭은 가장 괴로웠던 일을 이렇게 회상했다. "말라리아에 걸린 병사들이 제발 살려달라고 애원하는데 나는 도울 길이 없었다." 이런 경험은

---

11 베트남 전쟁 중에 북베트남군이 남베트남을 공격하기 위해 라오스와 캄보디아 영토를 경유해 병력과 군수품을 이동시키던 경로.

치료법을 찾고 말겠다는 믿음을 갖는 데 매우 중요하게 작용했다.

그러나 아르테미시닌의 긍정적 효과를 찾아내고도 문제는 여전히 남아 있었다. 문화대혁명으로 제약 실험실 대부분이 문을 닫았기 때문이다. 제조 지원도 없었다. 투유유 팀은 집에서 주방용 통과 냄비, 팬을 사용해 유효 성분을 직접 추출해야 했다. 제대로 된 장비와 환기 장치가 없었기 때문에 본인들에게도 건강 이상이 나타나기 시작했다. 하지만 인내했다. 투유유는 이 시기를 다음과 같이 회상했다. "매우 힘들고 지루한 작업이었다. 실패에 실패를 거듭하자 더 힘들었다. 이 프로젝트에서 가장 어려운 시기였다."

그들은 마침내 아폴로 13호 프로그램에서처럼 극적으로 결정적 순간에 직면했다. 아르테미시닌이 인체에 독성이 있는지가 여전히 의문이었다. 몇 주 후면 말라리아 발병 계절이 끝나는데, 그동안 안전하게 그리고 윤리적으로 아르테미시닌을 시험하지 못하면 1년을 더 기다려야 했다.

투유유와 동료 두 명은 면밀한 감독하에 일주일 동안 아르테미시닌 추출물을 직접 복용하게 해달라고 요청하는 서류를 기관에 제출했다. 그들에게 아무런 부작용이 나타나지 않자 말라리아에 걸린 하이난 노동자들에게 약을 실험했다. 그들의 증상은 이틀 만에 사라졌다. 아르테미시닌을 시험하고 합성하기 위해 집중적으로 노력하기에 충분한 결과였다. 투유유는 나중에 "가능한 한 빨리 환자들에게 치료제를 제공하고 싶다는 열망이 우리가 행동하게 만든 진정한 원동력이었다."라고 말했다.

두 상황 모두 압박감이 심한 새로운 상황에서 공통의 목적, 끈기, 회복력이 어떻게 생성될 수 있는지 보여준다. 앞서 살펴본 것처럼 사람들이 자기 일에 깊이 몰두하게 만드는 사건들 가운데서 가장 중요한 것은 의미 있는 진전의 기회를 제공하는 것이다. 제약과 도전이 일의 의미를 찾게 해줄 때 주인의식을 심어줄 수도 있다. 그럴 때 그 일은 개인적으로도 의미 있는 일이 된다. 우리는 더 헌신하게 되고, 내재적인 동기를 얻고, 더 몰두하게 된다. 이것이 바로 아폴로 13호 임무와 523 프로젝트에서 일어난 일이다.

모든 것은 상호작용 끝에 선순환을 이룬다

아폴로 13호의 성공담은 너무 유명해서 회자될 때마다 신화화되고 부정확한 정보투성이가 되었다. 투유유의 이야기도 그에 못지않게 정확히 알려져야 한다.

두 프로젝트가 구한 생명만 놓고 보면 비교가 되지 않는다. 아폴로 13호 구조 임무는 세 명의 목숨을 구했고, 더 많은 사람의 경력을 지켜주었다. 그리고 그 교훈은 많은 후속 우주 프로그램에 연쇄적인 영향을 미쳤다.

하지만 2018년 전 세계적으로 2억 1400만 개의 아르테미시닌 기반 말라리아 치료제가 제공되었다. 투유유의 발견 덕분에 중증 말라리아로 사망할 확률은 5명 중 1명에서 10명 중 1명으로 절반으로 줄었다. 런던위생열대의학대학원에 따르면 말라리아 총사망자 수는 75퍼센트 이상 감소했다. 세계보건기구는 전 세계적으로 200만 명이었던 말라리아 사망자가 2017년에는 약 43만 5천 명으로 감소한 것으로 추정했다. 인류 역사상 100만 명 이상의 목숨을 구했다고 주장할 수 있는 사람은 총 10명도 되지 않는데 투유유도 그중 하나다.

2011년 래스커 재단은 투유유에게 임상의학상을 수여하며 그녀의 발견을 "지난 반세기 동안 가장 중요한 약학 활동"이라고 칭송했다. 투유유는 2015년 노벨 생리의학상 수상자로 선정되었다. 그녀는 박사 학위나 의학 학위, 해외 경험도 없이 중국 본토 과학자로는 최초로 과학 분야의 노벨상을 받았다. 평소 겸손하기만 했던 것과 달리 그녀는 이렇게 말했다. "조금 놀랍긴 했지만 크게 놀라운 일은 아니죠."

사고방식, 독창성, 목적의식 3가지 요소는 압박감 속에서도 혁신적 성과를 거두는 데 도움이 된다. 이 3가지는 상호작용을 일으키며 업시프트의 선순환이 이루어지게 한다. 이러한 선순환은 로열빅토리아병원에서는 볼 수 있지만, 벨파스트의 다른 병원에서는 볼 수 없었다. 케이프 식물 보호 지구에 살았던 초기 인류의 생존과 놀라운 창의성에서 볼 수 있지만, 같은 식으로 번성하지 못한 초기 인류 집단에서는 찾아볼 수 없었다. 일부 기업가들과 그들의 성과에서는 볼 수 있지만 다른 기업가에게서는 볼 수 없다. 우리의 삶에서도 다른 사람들과 비교하거나 다양한 경험을 통해 이를 확인할 수 있다.

업시프트는 당연한 것이 아니다. 시간이 지나면서 몸에 밴 습관이 되고, 생각하고 관계 맺는 방식이 되고, 궁극적으로는 존재 방식이 되는 일련의 반복되는 행동이다.

지금까지 이 책에서 여러분은 업시프트 지도를 건네받았고, 그 지형을 공부하도록 초대받았으며, 이전에 여기에 왔던 여행자들 몇

명을 알게 되었다. 이제 여러분은 업시프트의 길을 나서면 어떤 일이 일어나는지 배우게 될 것이다.

2부
자신의 한계를 뛰어넘은
업시프터 유형
6가지

우리는 위기 속에 단련된다

1부에서는 인류가 존재한 이래로 사람들이 업시프트를 해왔다는 사실을 살펴보았다. 우리 인간은 항상 스트레스와 압박감을 극복하고 헤쳐 나가는 길을 찾아냈다. 위기의 순간은 한계를 뛰어넘고 습관의 관성, 수용된 관행의 무게, 달착지근하게 들러붙는 제도적 기억을 극복하도록 영감을 주었다. 앞서 살펴본 바와 같이 고고학자들은 이것이 우리 인류를 정의할 뿐 아니라 형성하는 특징이라고 점차 믿게 되었다. 스트레스와 압박감을 성장과 변화를 위한 촉매제로 삼는 것은 우리를 인간답게 만드는 특성이며 앞으로도 계속 그럴 것이다.

하지만 수많은 증거와 사례가 있는데도 오늘날 많은 사람이 스트레스와 압박감을 두려워하며 살고 있다. 스트레스와 압박감이 드리운 그림자로부터 성장하려고 노력하지 않고 그것들을 두려움과 불안의 원천인 위협으로 본다. 이는 비생산적일 뿐만 아니라 건강에도 해롭다. 하지만 우리는 '압력 없이 다이아몬드는 만들어지지 않는다.'는 격언을 바탕으로 스트레스와 압박에 대한 사고방식을 바꿔야만 한다. 나는 신경과학, 생리학, 개인 심리, 집단 행동을 가지고 업시프트의 과학적 근거를 설명했다. 업시프터가 위기의 밑바닥에서 다이아몬드를 캐낼 수 있게 해준 **사고방식, 독창성, 목적의식** 3가지 주요 요소를 설명했다.

키스 재럿, 체슬리 설리 설렌버거 기장, 벨파스트의 로열빅토리아병원의 이야기는 업시프트의 각 구성 요소와 이를 뒷받침하는 과학 이론, 연구를 깊이 있게 설명해주었다. 아폴로 13호와 523 프로젝트는 세 요소가 어떻게 결합하여 작용하는지 보여주었다.

1부에서는 사람에 따라 업시프트 방식이 다르다는 사실도 살펴보았다. 업시프트에는 한 가지 방식만 있는 것이 아니라 각자의 독특한 문제 해결 능력과 스타일이 바탕이 된다. 카타리나 린체니오바는 3분짜리 다이빙을 수없이 상상하고 다듬어 마스터 스위치를 클릭하는 즉시 업시프트를 일으켰다. 투유유는 전통 의학과 현대 의학을 융합해 고대의 말라리아 치료법을 재발견했다. 케이트 오핸런 수녀는 열정과 가치관으로 주변 사람들의 창의력과 기술을 조율하고 집중시켜 장기적인 분쟁 속에서 불가능해 보이는 과업을 해결할 수 있었다.

다만 이들은 2부에서 살펴볼 6가지 업시프트 원형 가운데 세 유형일 뿐이다.

첫 번째는 주변 현상을 건설적으로 혁신하는 데 능숙한 **도전자**

challenger형이다. 로자 파크스와 그레타 툰베리 같은 시위 지도자들은 전형적인 도전자이지만, 일상 업무와 관계 속에서 새로운 업무 처리 방식이나 교육 방식을 적극적으로 모색하는 사람도 도전자다.

두 번째는 사회적·물리적·기술적 과정을 이해하고 실험하는 **기술자**crafter형이다. 토머스 에디슨이 만 번의 실험 끝에 필라멘트 전구를 만들어낸 것이 대표적인 예다. 기술자는 단순히 창의적인 생각을 하는 사람이 아니다. 끊임없이 비틀어보고, 찔러보고, 부숴보고, 재조립하고, 시험하고, 개선하는 훌륭한 창의적인 **수선사**다. 기술자는 세상을 그들의 실험실로 본다.

세 번째는 시도할 만한 아이디어와 다른 분야를 융합하는 **결합자**combiner형이다. 라이트 형제의 비행에 대한 '발견'은 날아가는 새를 관찰하며 얻은 통찰과 자전거 산업의 혁신을 결합한 아름다운 연합적 사고다. 업시프트의 가장 중요한 부분은 다른 분야, 학문, 학과가 교차하는 지점에서 발생하며 결합자는 이 모두를 쉽게 넘나든다.

네 번째는 사회적 위계 의식 없이 다양한 종류의 사람들 사이에 다리를 놓아주고 네트워크를 만드는 **연결자**connector형이다. 연결자는 새로운 사람들을 만나고, 사회적 네트워크의 틈을 메우고 중개하는 데서 에너지를 얻는다. 세상이 참 좁다고 말할 때마다 고마워해야 할 사람이 연결자다. 미국 독립혁명의 중추적 인물인 폴 리비어는 유명한 연결자였다.

다섯 번째는 새로운 아이디어의 실현성을 증명하는 **입증자**corroborator형이다. 재능 있는 수학자 캐서린 존슨은 데이터에 대한 갈망과 열정적인 분석으로 미국 최초의 지구 궤도 진입, 달 착륙, 아폴로 13호 승무원의 귀환 경로를 계산할 수 있었다. 이 엄청난 책무는 NASA 항공 엔지니어들의 추론을 테스트하고, 다시 테스트하는 엄격함을 바탕으로 했다. 입증자는 자신과 다른 사람에게 논리적이고 비판적인 사고를 요구한다.

마지막으로 여섯 번째는 다른 생각들을 조율해 변화를 가져오는 **지휘자**conductor형이다. 에이브러햄 링컨은 변화를 주도하고 변화를 촉진하는 고유한 능력을 사용해 정치 경력 내내 지휘자의 능력을 보여주었다. 첫 내각을 '경쟁 정당의 정치인들', 즉 자신과 다른 관점을 가진 똑똑한 사람들로 구성해 서로 도전하게 한 것은 전형적인 지휘자의 책략이었다. 스포츠 매니저, 심지어 학교 코치들도 승리하는 팀을 만들기 위해 같은 책략을 쓴다. 지휘자는 서로 다른 기술과 개성을 가진 사람들을 한데 모아 공동의 목표를 달성한다.

내가 이 다양한 스타일을 관찰하고 기록하기 시작한 것은 혼란스럽고 험난한 재난과 참사 대응 현장에서였다. 함께 일했던 사람들 가운데는 위기의 압박 속에서 잘 지내는 사람도 있었지만 그렇지 않은 사람도 있었다. 하지만 계속 바뀌는 주변 인물들과 함께 재난 현장을 관찰하고 일하면서, 이러한 스타일은 미리 정해지지 않는다는 사실을 알게 되었다. 우리는 연습을 통해 그리고 6가지 원형 가운데 하나 또는 여럿에 기대어 더 나은 업시프터가 될 수 있다.

'위기 속에 단련된' 역사적 리더들처럼 내 동료들도 압박과 스트레스에 직면했지만 그 결과로 특정한 업무 처리 방식을 발전시켰다. 시간이 지나면서 이러한 방식은 습관이 되고, 반복 패턴이 되었다. 나는 사람들이 압박감 속에서 성과를 내는 6가지 업시프트 기술을 배우고 기록한 뒤, 더 깊이 파고들어 과학적 기반을 확인했다.

　2부의 목적은 2가지다. 첫째, 다양한 유형의 업시프트 방식을 이야기하면서 그들이 한 일과 그 느낌을 보여주고, 다양한 접근 방식을 시도할 수 있도록 몇 가지 요령과 비결을 개략적으로 설명하려 한다. 업시프트의 기술을 이해하고 내면화하도록 돕기 위해서다. 이러한 원형들 가운데서 자신의 모습을 발견하고, 본능적으로 선호하거나 습관적으로 의지하는 유형이 무엇인지 생각하도록 도우려 한다. 그렇게 함으로써 각자의 강점을 인식하고 이를 바탕으로 발전하고, 그 과정에서 자신의 맹점과 편견을 일부 해결하기 바란다.

　둘째, 업시프트 아이디어가 개인의 문제 이상을 생각하고, 해결하는 방식을 변화시키는 데 도움이 되고자 한다. 인류의 모든 활동 영역과 역사에 나타난 원형들을 탐구하면서 그것들이 우리 삶과 일, 사회, 그리고 전 세계에 어떠한 영향을 끼쳤는지 알아보겠다.

1장
도전자

더 나은 방법을
모색하는 이

말을 타고 등장한 자원봉사자

"사람들에게 무엇을 원하는지 물었다면 더 빠른 말horse이라고 답했을 것이다." 헨리 포드의 말은 혁신에 관한 유명한 명언으로 꼽힌다. 이는 포드가 고객과 사용자보다도 현상을 타파하는 선견지명을 가진 리더에게 의지할 필요가 있다고 시사하는 말로 경영 사상사에 실렸다.

그런데 지난 50년 동안 국제 위기 대응 분야에서 꼽을 수 있는 파괴적인 혁신 한 가지가 자동차 대신 말을 타고 다닌 구호 요원 덕에 이뤄졌다는 것은 좀 아이러니하다.

1985년 여름, 아일랜드의 젊은 의대생 스티브 콜린스는 1년간 휴학계를 내고 우간다에서 공중 보건 봉사를 했다. 그는 아프리카 전역을 여행하며 여름을 보냈다. 그가 수단 서부 국경 지역인 다르푸르에 도착했을 때 엄청난 기근이 발생했다. 몇 년 후 콜린스는 이때의 경험을 이렇게 묘사했다. "기근 속에서 관광이나 하고 다닐 수 없어서 난민 캠프에서 자원봉사를 했습니다. 주변 사막 마을들을 조사할 사람이 필요하다기에 제가 걸어서 가겠다고 했습니다. 첫날 저는 사막을 가로질러 24킬로미터를 걸었고 가장 가까운 마을에 도착했습니다."

콜린스는 방문한 집마다 수수와 대추야자로 만든 시큼한 발효주 메리사merisa를 넘치게 대접받았다. 몇 시간 후 그는 술에 취해 불볕더위 속을 비틀거리며 걷다가 실신했다. 술에 취하는 건 어떤 업무 환경에서도 이상적이진 않지만, 사하라 사막 주변에서 일하는 경우에는 목숨마저 잃을 수 있는 실수가 될 법했다. 천만다행으로 그를 상사가 발견했다. 상사는 말을 타는 게 사막을 횡단하는 데 더 나을 거라고 제안했다.

콜린스는 원래 계획대로 우간다로 가는 대신 9개월 동안 다르푸르를 돌아다니며 힘겨운 건기를 겪는 지역사회를 돕기 위해 최선을 다했다. 훗날 그는 이렇게 말했다. "수단에서는 영양이 모든 것의 기본임을 깨달았습니다. 생후 2년 동안 영양 섭취를 제대로 못 하면 뇌가 제대로 발달하지 못해서 학습 능력이 떨어집니다." 영양이 우리가 일반적으로 이해하는 것과 매우 다르다는 사실도 알게 되었다. 콜린스는 이 사실을 경험 많은 동료나 유용한 정보가 담긴 교과서를 통해 배운 게 아니라 말을 타고 다니면서 배웠다.

스리랑카 내전의 혼란 속에서 할머니와 작별할 때 나는 18살이 되면 할머니를 모시러 흰색 랜드로버를 타고 돌아오겠다고 말씀드렸다. 구호 활동을 해본 사람이라면 이 차량의 가치가 얼마나 큰지 알 것이다. 랜드로버는 단순한 교통수단을 넘어 돈과 권위의 상징인데 콜린스는 이를 포기하고 말을 탄 것이다.

아일랜드 서부 코크Cork 외곽에 있는 언덕이 내려다보이는 농장에서 그는 이렇게 말했다. "망토에 모자를 걸치고 말을 탄 채로 마을에 들어가면 누구와도 쉽게 이야기할 수 있었어요. 상황에 대한 매우 다른 관점을 얻을 수 있었습니다." 그는 원조 제공자들이 기근과 당면 문제, 해결책을 두고 자신만의 확고한 견해를 갖고 있음을 알게 되었다. "가장 주목하게 된 것은 우리가 아무리 전문가여도 지역사회의 관점에서 문제를 바라봐야만 영양 문제를 개선할 수 있다는 사실이었습니다." 하지만 원조 제공은 대부분 강제적으로 이뤄지는 게 현실이었다.

의학 학위를 마치기 위해 콜린스는 자메이카에서 인턴 근무를 시작했다. 그가 일했던 병원 옆에는 열대대사연구소TMRU, Tropical Metabolism Research Unit가 있었다. 서인도 제도의 5세 미만 사망률과 영양실조 발생률이 아프리카 사하라 사막 이남 일부 지역만큼 높았던 1950년대에 설립된 연구소였다. 이 기간 동안 콜린스는 귀중한 인맥을 쌓고 현장 경험을 바탕으로 영양학에 대한 이해를 넓혔다. 몇 년이 지난 1992년, 콜린스는 아일랜드 NGO 컨선Concern에서 자원봉사를 하다가 사상 최악의 기근에 시달리던 소말리아로 파견되었다. 1980년대에 신문 1면을 장식하기도 했던 에티오피아 기근과 달리 소말리아에서는 아이들뿐 아니라 성인도 죽어가고 있었는데 아무도 이유를 알지 못했다. 뉴스에는 뼈에 가죽만 붙은 것처럼 여윈 사람들이 나와 충격을 주었다.

콜린스는 심각한 영양실조에 걸린 성인들을 치료하는 전문 병원의 책임자가 되었다. 2차 세계대전의 종전과 베르겐-벨젠과 아우슈비츠 죽음의 수용소 해방 이후로 전 세계를 통틀어 이런 시설이 세워진 것은 거의 40년 만에 처음이었다. 여기에는 타당한 이유가 있었다. 콜린스가 치료하던 사람들은 베르겐-벨젠에서 해방된 수용자들보다 20퍼센트나 더 말랐고, 살아 있는 사람의 체질량 지수(체지방 척도) 기록 중 가장 낮았기 때문이다.

지금은 이상해 보일지 모르지만 1992년은 일터에서 컴퓨터를 일상적으로 쓰던 시대가 아니었다. 하지만 콜린스는 친구의 권유로 소말리아에 노트북을 가지고 왔다. 그는 소말리아에서 벌어지는 상황을 정리한 정보가 거의 없다는 사실에 충격을 받았다. "급식 센터를 운영하는 직원들은 급식 제공만으로도 너무 바빠서 데이터를 수집하지 않고 있었습니다. 저는 이것이 치료의 진전을 제한하는 주요 문제라고 생각했어요. 그래서 우리가 치료한 모든 환자의 데이터를 수집하기 시작했습니다."

자메이카 열대대사연구소에서 일하는 동료들의 기술과 통찰로 무장한 콜린스는 정보를 모으고 분석해 이를 바탕으로 환자들의 식단을 바꾸었다. 영양식 봉지를 주문하고, 죽과 우유 형태로 직접 혼합했다. 효과가 있었다. 콜린스는 자체 개발한 데이터 기반 접근법을 사용해 사망률을 4명 중 3명에서 5명 중 1명꼴로 낮췄다. 논문을 발표하면서 여전히 비극적이지만 획기적인 개선이었다.

그의 업적은 간과되지 않았다. 콜린스는 저명한 학술지 『네이처』에 논문을 발표하면서 체질량 지수가 10kg/m³ 이하로 떨어진 기아 상태에서 회복한 환자들이 인간의 극적인 적응력을 보여주었다고 했다. 그는 이 공로로 엘리자베스 2세 여왕으로부터 훈장을 받았다. 당시 30세도 되지 않았던 그에게 기근을 겪는 세계 여러 지역에 유사한 치료 센터를 설립해달라는 요청이 쇄도했다. 그는 전문가로 대우받았다. 그는 그때 상황을 "사실 저는 아는 게 거의 없었지만 다른 사람들은 아는 게 **전혀** 없었죠."라고 표현했다.

그 후 이미 소용돌이치던 위기 상황에 비극이 닥쳤다. 1996년 잔혹한 라이베리아 내전 중에 콜린스는 급식 센터를 세웠고, 도움이 절실히 필요했던 사람들이 대거 몰려왔다. 도움이 필요한 모든 사람을 필요한 만큼 신속히 치료해줄 수 없었기 때문에 대기 줄은 길어졌고 급식 센터 주변에 임시 주거지가 형성되었다. 콜린스는 병원을 세울 때 필수적으로 수질 검사를 했지만, 병원 주변에 형성된 무너질 듯한 판자촌에는 사람들의 안전과 위생을 지켜줄 시설이 없었다.

결국 콜레라가 발생해 병원 주변에서 야영하던 사람들이 죽어가기 시작했다. 그러다 병원 직원 한 명이 콜레라에 걸려 환자들에게 옮기기까지 했다. 사망자는 더 늘어났다. 한 어린 여자아이가 감염된 치료용 우유를 먹고 심하게 아팠고, 절박했던 콜린스는 구토물로 인한 감염 위험을 무시하고 구강 인공호흡을 실시했다. 그런데도 아이는 죽고 말았다.

콜린스는 큰 충격을 받고 죄책감에 시달렸다. 우울증으로 시작해 죄책감과 외상 후 스트레스 장애에 시달리다가 회복하기까지 몇 개월이 걸렸다. 그는 자신이 일을 망쳤다고 말했다. 그는 자메이카로 돌아가 오래된 해적선을 사서 몇 개월 동안 수리한 뒤 그 배에 살았다. 휴식과 휴양이 절실히 필요했지만, 콜린스는 '더 나은 방법이 있을 거야'라는 생각을 멈출 수 없었다. 더 나은 방법이 있었다. 그것이 무엇인지는 이 장의 뒷부분에서 살펴볼 것이다. 하지만 이를 위해 콜린스는 반세기에 걸친 영양학 지식을 뒤집고, 당시 최고의 구호 기관과 맞서고, 전문 지식의 근원에 의문을 제기해야 했다. 그는 수단에서 얻은 경험과 교훈을 기초로 활용해 **도전자**가 되었다.

망치가 손에 있다고 일단 두드리고 보는가?

우리는 1부에서 스트레스와 압박감을 경험할 때 인식 범위를 열어두는 사고방식의 중요성에 대해 배웠다. 업시프트는 스트레스와 압박감을 재구성하는 **사고방식**, **독창성**과 새로운 접근법에 대한 개방성, 높은 **목적의식** 등 독특한 특성과 행동의 조합으로 이루어진다는 것을 확인했다. 스트레스의 관리가 아니라 '스트레스의 자본화'에 가깝다. 나는 업시프트가 우리 모두를 위한 길이라고 확신한다. 그러나 많은 사람이 가지 않은 길이기도 하다. 우리 대부분이 스트레스, 압박감, 위기에 직면할 때 이미 알고 있는 것을 고수하기 때문이다.

이것은 부분적으로 뇌의 물리적, 생물학적 특성과 그에 따른 심리적 편향 때문이다. 뇌는 평균 20와트 정도의 전력을 사용한다. 일반 전구와 비슷한 수준이다. 별것 아닌 것처럼 보일 수 있지만, 몸무게의

약 2퍼센트 정도인 기관이 전체 에너지 사용량의 20퍼센트를 차지하는 것이다. 뇌가 탐욕적이라고 이야기하는 것이 아니다. 오히려 뇌는 에너지를 덜 사용하고 더 효율적으로 사용할 수 있는 방법을 끊임없이 찾는다. 이를 위한 한 가지 방법은 '반복'이다.

우리 행동의 거의 절반은 과거 행동의 반복이다. 그것이 이상적이거나 바람직한지를 우리는 거의 신경 쓰지 않는 것으로 밝혀졌다. 우리는 인지 효율성이라는 명목으로 온갖 행동의 지름길을 이용한다. 때로는 휴리스틱heuristics[12]이라고 불리는 지름길이 유용할 수 있다. 하지만 어떤 때는 습관적인 함정이 된다.

이런 생물학적 현실을 사회가 강화한다. 우리는 당연히 말랑한 뇌를 가로질러 발화하는 뉴런이 전부가 아닌 존재다. 그런데 우리가 만든 제도와 규범은 대체로 새로움에 저항한다. 규범을 거스르는 일은 인지 효율성이 떨어질 뿐 아니라 사회에서도 용인되지 않는다. 따라서 '인간의 기본적인 성향은 새로운 행동을 찾고 이루기보다는 일관성과 현상 유지를 위해 노력하는 것이다.'

본질적으로 사회집단에는 협력이 필요하다. 이는 예측 가능성과 일관성을 바탕으로 위험과 오류를 최소화하는 것을 의미한다. 당연히 그런 전제가 중요하지만 새로운 아이디어는 종종 이런 필요성과 정반대 방향으로 나아간다. 새로운 아이디어들은 예측 불가능하고

---

12 어떤 사안이나 상황을 엄밀하게 분석하기보다 제한된 정보에서 즉흥적·직관적으로 판단하는 의사결정 방식.

위험하며 실패하기 쉽다. 많은 사람이 '잘못된 일을 더 제대로 하려고' 고집하는 위기가 고조된 상황에서는 특히 그렇다. 당면 문제가 못이 아님을 알고도 망치가 손에 있으면 계속 두드려대며 최선을 희망하는 편이 더 쉽고 편리할 때가 많다. 인지 효율성과 사회의 용인 둘 다 우리의 무지를 보여주는 함정이지만, 거기서 벗어나기가 매우 어렵다.

그래서 도전자는 업시프트 전 과정에 매우 중요한 존재다. 업시프트를 하는 두뇌 활동 패턴을 복습해보자. 우리는 마음이란 소프트웨어가 어떻게 뇌 화학 작용이란 하드웨어에 영향을 미칠 수 있는지 배웠다. 뇌 신경망에 새로움과 공감을 뒷받침하는 상상 네트워크, 의미 부여와 의지력을 돕는 현저성 네트워크, 집중력과 의사 결정을 이끄는 집행 네트워크 3가지가 있고, 확산적 사고를 할 때 이 네트워크들이 어떻게 함께 작동하는지도 배웠다. 이 2가지 과정이 도전자의 뇌에서 함께 작용하는 것으로 밝혀졌다.

신경과학자 그레고리 번스는 시각 예술에서 과학에 이르기까지 다양한 분야에서 도전자의 뇌를 심층적으로 분석해왔다. 그는 '다른 무엇보다도 대안을 보거나 시각화하는 능력', '낮은 수준의 사회적 두려움, 즉 사회적 수용을 포기하려는 의지'가 도전자의 특징임을 발견했다. 도전자는 인지 효율성과 사회적 용인이라는 2가지 함정에서 벗어나는 법을 배운 사람이다.

도전자는 이러한 벽에 부딪혔을 때 포기하지 않고 앞으로 나갈 다른 방법을 찾는다. 업시프트는 스트레스와 압박감을 극복하는 사고방식, 대안적 생각과 행동 방식을 찾는 독창성이 결합된 것이다. 이런 의미에서 도전자들은 전체 업시프트 과정의 촉매제이다. 그들은 **우상 파괴자**이다.

이는 말 그대로 기꺼이 과거의 우상을 불태우고 새로운 가능성을 상상하는 사람들을 의미한다. 이 우상들은 구약성경에 여럿 등장하는 불태워지고 부서진 '거짓 신상'이나 '조상' 같은 물리적인 것일 수도 있다. 하지만 개념이나 상징적인 것일 수도 있다. 서식스대학교에 근무하는 동료이자 영향력 있는 인지심리학자 마거릿 보든은 도전자 혹은 그녀의 용어로 '변혁적 창조력을 가진 사람'은 게임의 규칙에 의문을 제기하는 것을 두려워하지 않는다고 주장했다. 오히려 그들은 의문 제기를 즐긴다. 저항이 가장 적은 경로를 따라 답을 찾으려고 하지 않고 반복해서 이유를 묻는다. 이는 기존 규칙을 조정하거나, 오래된 규칙을 폐기하거나, 새로운 규칙을 추가하는 것을 의미할 수 있다.

도전자가 규칙을 깨게 만드는 스트레스와 압박감은 정확히 무엇이며, 우리는 그들에게서 무엇을 배울 수 있을까? 이를 위해 나는 우리 대부분이 상상할 수 있는 혁신과는 거리가 먼 활동, 즉 일상의 출퇴근으로 눈을 돌리고자 한다.

지하철 파업이 가져다준 이점

전 세계 사람 절반 이상이 그렇듯 대도시나 그 근처에 살고 있다면 교통카드를 가지고 있을 것이다. 수기 암호가 적힌 플라스틱 카드의 시대는 이미 지나갔다. 오늘날 교통카드는 디지털 방식으로 제작되어 도시 전역, 어떤 곳에서는 국가 전역에서 비접촉 이동이 가능하다. 이는 더 효율적일 뿐만 아니라 방대한 양의 데이터 축적과 새로운 유형 및 수준 분석을 가능하게 했다. 교통망에 들어가고 나온 각 지점이 데이터 포인트가 되고, 두 지점이 찍힐 때마다 기록되는 스마트카드는 인간 행동의 비밀을 담은 보물창고다. 이동 데이터가 알려주는 게 그리 많지 않다고 생각할 수도 있지만, 스마트카드 데이터는 규모가 크고, 연속적이며, 포괄적이라는 특징 덕분에 독특한 가치가 있다.

올바른 질문과 도구를 이용하면 사람들이 언제, 어떻게 교통수단을 이용하는지, 선호하는 출발지와 목적지는 어디인지, 매일 통근하는 사람부터 이용 횟수가 적은 사람까지 많은 정보를 알려준다. 우리에게 필요한 사실은 이 빅 데이터 세트에 인간의 습관과 선택, 그것들을 형성하는 요소에 대한 실질적인 통찰이 담겨 있다는 것이다. 저널리스트 팀 하포드는 예기치 않은 사건에 직면하면 통근 습관이 어떻게 바뀌는지 살펴본 2016년 옥스퍼드대학교 연구를 가지고 그 가능성을 내게 처음으로 알려주었다.

이 연구는 규모나 조사 결과의 정확성 면에서 주목할 만하다. 연구 데이터는 2014년 2월 런던 지하철 노동자들이 이틀 동안 대규모 파업에 돌입했을 때 통근자들이 어떻게 대응했는지 보여준다. 이때 많은 지하철역이 폐쇄되어 통근자의 60퍼센트가 평소 이용하던 역에서 지하철을 타지 못했고, 약 50퍼센트만 평상시 내리던 역에서 내릴 수 있었다. 통근자의 상당수가 새로운 경로를 실험하고 탐색해야 했다. 옥스퍼드대학교 연구진은 이 '강제 실험'이 어떤 영향을 미쳤는지 이해하고 싶었다.

특히 파업 당일 이후에도 파업이 사람들의 행동에 어떤 변화를 가져왔는지 알고 싶었다. "2월 7일 모든 지하철역이 다시 문을 열었을 때 사람들은 원래 통근 경로로 돌아갔을까, 아니면 파업 기간에 찾은 대체 경로를 유지했을까?" 적절한 연구 주제였다. 일반적으로 통근자들은 지하철 출퇴근 경험을 매우 부정적으로 여기며, 많은 사람이 전반적인 삶의 만족도와 연결 짓기 때문이다. 그런 까닭에 런던 지하철 이용자들은 출퇴근 길의 부정적 영향을 최소화할 수 있도록 이미 경로를 최적화해 두어서 개선할 점이 거의 없었을 거라고 가정할 수 있다. 그런데 현실은 아주 달랐다.

상당수 통근자에게 더 새롭고 흥미롭고 유용한 일이 일어나기 시작했다. 전체 통근자의 약 6퍼센트는 더 나은 통근 경로를 찾아냈다. 이 덕에 전체적으로 파업 기간 사람들의 통근 시간은 아주 조금 늘었다. 평상시 30분이 걸렸을 출퇴근은 파업 기간에 평균 32분 걸렸다. 연구진이 파업이 지하철에 미친 전반적인 영향을 조사했을 때 더 흥미로운 사실을 발견했다. 그들은 파업 기간에 런던 전체가 입은 부정적 비용보다 파업의 혼란으로 생긴 비용 절감이라는 긍정적 효과가 더 컸다는 사실을 발견했다. 이는 실험적인 통근자들, 즉 기꺼이 자신의 행동에 도전하고 변화를 준 수많은 업시프터들 덕분이었다.

왜 이런 결과가 나왔을까? 습관 심리학을 선도하는 웬디 우드는 우리가 고민에 과할 정도로 노력을 기울이고 싶어 하지 않는다고 말한다. 출근 경로 같은 것은 습관화되어서 생각하지 않고도 주변의 신호에 반응하여 따라간다. 종소리에 침을 흘리는 파블로프의 개처럼 위치, 시간, 분위기, 사람 등의 단서에 자극받은 우리는 생각하지 않고 자동으로 행동한다. 이러한 상황 단서들은 우리의 주의를 자동으로 사로잡아 습관적인 반응을 촉발하므로 대개 현상을 유지하게 하는 역할을 한다. '평상시'에는 많은 사람이 최대한 탐색하고 혁신하는 대신 행동을 안내해줄 습관과 과거에 의존한다. 심지어 직면한 문제가 중요하고 '큰 관심사'일 때조차 그렇다. 연구자들의 말에 따르면 통근자들은 "실험 부족으로 최적이 아닌 결정을 고수한다."

하지만 만약 그 단서 체계를 바꾼다면(파업처럼) 무엇을 할지 생각하는 데 더 많은 에너지를 쏟을 수밖에 없다. 하포드의 결론처럼 "때때로 우리 앞에 높인 장애물이 주위를 둘러보게 하고, 더 나은 길이 있음을 발견하게 할 수도 있다." 비유하자면 10달러짜리 지폐가 길에 떨어져 있었지만, 파업으로 눈에 띄기 전까지 통근자들은 눈치채지 못했던 셈이다.

스트레스나 압박감때문에 도전자 사고방식으로 내몰리는 것이 통근자만은 아닌 것으로 밝혀졌다. 습관을 연구하는 심리학자들은 생활 속 주요 사건이 우리의 행동에 미치는 영향을 살펴본 뒤, 혼란을 주는 큰 사건들이 습관의 변화를 가져올 수 있음을 발견했다. 한 연구에서는 최근에 이사했고 탄소 발자국을 줄일 수 있는 새로운 환경 접근 방식에 관한 정보를 제공받은 800가구를 조사했다. 같은 집에 쭉 살고 있는 가구들과 비교했을 때 최근에 이사한 가구들이 새로운 접근 방식을 채택할 가능성은 최대 두 배까지 높았다.

영국의 통근자 연구자들은 파업과 관련된 또 다른 사례를 찾아냈다. 이번에는 네덜란드 경찰의 파업이었다. 2015년 8월, 경찰 파업으로 네덜란드 프로 축구 리그의 경기장 주변에서 팬들을 통제할 인력이 없었다. 취소된 경기도 있었지만 그대로 진행된 경기도 있었다. 그런데 예상과 달리 경기가 평화롭게 끝나 많은 사람이 놀랐다. 이를 계기로 당국은 이런 행사장 주변에 항상 경찰을 배치할 필요는 없으며, 따라서 상당한 비용이 절감된다는 것을 알게 됐다. 연구자들은 왜 외적 행사가 열려야만 이런 유익한 변화가 일어나느냐는 불만 어린 질문을 던졌다. 나는 적어도 부분적으로는 업시프트가 이에 대한 해답이라고 주장하고 싶다. 하지만 또 다른 질문이 있다. 제약과 압력이 가해졌을 때 왜 고작 6퍼센트만 새로운 반응을 보였을까?

어떤 면에선 명백하다. 우리 모두가 규범을 어기는 방식으로 압박에 대응할 수 있는 도전자는 아니기 때문이다. 이것이 무엇을 의미할까? 도전자는 보통 사람과 달리 무엇을 할까? 인지심리학자 게리 클라인의 연구가 몇 가지 귀중한 가르침을 준다. 그는 바람직한 의사 결정이 아니라 실지 의사 결정을 전문으로 연구하는 '자연주의 의사 결정론'의 창시자이다. 그는 새로운 아이디어가 떠오르는 상황, 이른바 '전구에 불이 들어오는' 상황에 대한 데이터를 10년 동안 수집했다.

하지만 그가 창의적 반응만 살펴본 것이 아니다. 대신 똑같은 정보와 자원을 가진 두 사람 중 한 사람은 창의적인 통찰을 얻고 사용하고 다른 사람은 그러지 못하는 '쌍둥이 상황'을 조사하는 데 많은 노력을 기울였다.

클라인은 미국의 위기 대응 역사상 유명한 사건인 1949년 8월, 몬태나주 헬레나 국유림 안에서 발생한 맨 협곡 화재를 예로 들며 생생하게 설명한다. 공수 소방대가 불길을 잡기 위해 기술과 장비로 무장하고 화재 지역에 낙하산을 타고 들어갔다. 소방대는 다음 날 오전 10시까지 진압할 수 있으리라고 생각했다. 하지만 치명적인 계산 착오로 대원들은 오히려 불길에 쫓기는 신세가 되고 말았다.

소방대장 와그너 닷지는 현장에서 극단적인 결정을 내렸다. 맹렬히 쫓아오는 불길로부터 달아나는 대신 마른 풀밭에 직접 불을 붙였다. 그가 붙인 불이 앞쪽 언덕까지 태워 아래쪽 불길이 태울 초목이 없어지면서 안전한 길이 생겼다. 닷지는 잔불이 남은 그 길로 달려간 다음 언덕으로 기어 올라갔다. 이 방법은 기적적으로 화마로부터 그를 보호해주었다. 이와 달리 그의 동료들은 그를 따르기를 거부하고 불길로부터 달아나려 했다. 두 명은 운 좋게 바위를 발견해 매달린 덕에 목숨을 건졌고, 나머지는 불길에 삼켜지는 비극을 맞이했다.

그날 투입된 소방대원은 16명이었다. 닷지의 대응은 그를 살아남은 6퍼센트에 들어가게 했다. 소수점 몇 자리를 제외하면 런던 지하철 파업으로 행동을 바꾼 통근자의 비율과 똑같다는 사실이 우연으로 생각되지 않는다. 통근자들은 강제 실험을 통해 제시간에 출근할 수 있었다. 닷지는 창의적인 절박한 조치를 통해 목숨을 구했다. 이들은 모두 스트레스를 받는 상황에서 상황에 대한 이해를 수면 위로 끌어올리고, 테스트하고, 재구성할 수 있었고, 자기 재량인 지식과 상상력을 사용해 기존 방식을 바꿨다.

클라인이 소방관, 구급대원, 전투기 조종사처럼 스트레스가 심한 현실적 의사 결정 상황에 놓인 사람들을 관찰한 것은 업시프트에 관한 자연 실험이라고 할 수 있다. 그의 관찰은 도전자의 행동이 인지 효율성과 사회적 수용 영역에 남아 있는 사람들과 어떻게 다른지 명확하게 알려준다.

쌍둥이 가운데 도전자가 아닌 사람들도 공통점을 보였다. 문제 해결에 적극적이기보다는 소극적으로 접근했고, 회의적이거나 비판적인 질문, 호기심이나 탐구심을 덜 가졌고, 모든 정보를 액면 그대로 받아들였다. 자주 결함이 있는 기존 믿음에 갇혀 있을 가능성이 더 높았다.

쌍둥이 가운데 도전자도 여러 공통점을 보였다. 그들은 "가변성, 갈등, 혼란, 좌절을 파헤쳤다." 일이 잘못되었을 때 도전자는 오류, 이상, 문제를 깊게 탐색하고, 이를 지렛대 삼아 현실이 자신의 신념에 맞춰지기를 기대하기보다 새로운 현실에 참신한 방식으로 적응했다.

그들은 '문제에 대한 신선한 시각'을 추구했다. 도전자는 호기심을 자유롭게 발산하고 조짐이 좋은 우연의 일치에 대해 궁금해하면서 대안적 접근법을 숙고하는 데 더 많은 시간을 썼다. 또 자신과 매우 다른 사람들과 관계를 맺음으로써 새로운 관점을 모색했다.

마지막으로 그들은 압박감과 스트레스의 다급함으로 인해 간절히 필요한 창의성을 포용하고 심지어 발전시켰다. 실제로 많은 도전자가 다양한 시나리오의 선택지를 충분히 생각하고, 즉각적인 조치가 필요한 상황이라면 무엇을 고려할지 자문함으로써 긴박감을 불러일으키려고 노력한다.

또다시 강조하고 싶은 메시지는 우리 누구도 여기서 언급된 6퍼센트나 94퍼센트 어느 한쪽에 묶여 있지 않다는 것이다. 한동안 순응주의자였던 사람도 도전자가 되는 법을 배울 수 있다. 그룹, 팀, 조직도 마찬가지다.

때로는 강제 실험의 순간들이 새로운 접근법, 사고방식, 정체성, 심지어 삶의 방식까지 변화의 '격량'으로 우리를 이끌 수 있다. 나 자신도 그런 변화를 경험한 적이 있다. 2013년 몸무게가 125킬로그램에 육박하면서 건강도 몹시 나빠지고, 정크푸드에 중독된 나를 세 살배기 코비가 "뚱보 아빠"라고 부르기 시작했다. 그 말은 내가 주말 극기 훈련에 등록하고, 식습관과 운동 습관을 근본적으로 바꾸어 3년 만에 몸무게의 3분의 1을 감량하도록 자극했다(유전, 나이, 복부 지방 탓이었는데 이제 코비는 장난스럽게 나를 "빼빼-뚱보-빼빼 아빠"라고 부른다).

내가 발견한 다른 사례 하나는 해당 산업뿐만 아니라 소비자로서의 우리 자신에 대한 관점, 나아가 우리 삶의 방식을 변화시켰다. 변화는 1955년 스웨텐의 한 소규모 통신판매 회사 직원이었던 길리스 룬드그렌이 문제에 직면하면서 시작되었다.

도전자의 전형, 이케아의 창립자 잉그바르 캄프라드

룬드그렌에게 닥친 문제는 여러 가지였다. 그의 회사는 최근에야 판매 품목을 펜과 팬티스타킹 등에서 다양한 제품으로 확장한 오랜 전통의 통신판매 회사였다. 초기에는 성공적이었지만, 사실 그 성공 **때문에** 어려움을 겪고 있었다. 무역 대표 협회로부터 저가 판매로 고발당하는 바람에 보이콧 대상에 올라 선뜻 거래하겠다는 공급업체나 배송 업체를 찾을 수 없었던 것이다. 좋은 물건을 살 여유가 거의 없는 가난한 농업 노동자들에게 제품을 공급하는 데 집중한 점은 칭찬

받을 일이었지만 현실은 그렇지 않았다.

그것은 큰 문제였고, 비교적 평범한 작은 문제도 있었다. 아직 그들에게 제품을 공급해주던 회사 하나가 룬드그렌에게 최신 모델의 테이블 하나를 보냈고, 그는 카탈로그 촬영을 위해 테이블을 옮겨야 했다. 하지만 아무리 애를 써도 차에 실을 수 없었다. 그러다 클릭 모먼트가 찾아왔다. "다리를 떼면 어떨까?"

대수롭지 않아 보이는 이 결정은 회사의 운명을 바꾸고 스웨덴 가구 산업, 나아가 현대 생활의 개념 자체를 바꾸게 된다. 이 회사는 오늘날 세계에서 가장 큰 가구 회사로 성장한 이케아IKEA다. 룬드그렌이 영감을 받은 순간은 전 세계를 가로질러 기상 전선 형성을 가져오는 나비의 날갯짓처럼 비즈니스 역사에 길이 남을 것이다.

하지만 이케아가 세계를 변화시키는 길로 들어서게 한 도전자가 룬드그렌은 아니었다. 그 주인공은 회사 이름의 앞부분에 자신의 이니셜을 붙인 이케아 창립자이자 최고경영자인 잉그바르 캄프라드였다. 캄프라드의 비전은 이케아를 가구 분야로 진출하게 이끌었고, 그는 불매 운동에 직면해서도 경쟁사보다 가격을 낮추면 회사가 살아남을 수 있고 조립과 배송에서 실질적인 비용 절감이 가능하다는 것을 깨달았다(참고로 룬드그렌은 다음 장에서 배울 기술자다).

도전자 캄프라드는 룬드그렌이 우연히 회사의 문제를 해결할 방책을 생각해냈음을 간파했다. 조립과 배송 비용을 고객에게 전가해 비용을 획기적으로 낮추는 것이었다. 그리하여 몇 년 뒤에는 고객들이 가구 제작의 절반을 직접 하게 되었다. 오늘날까지도 사람들은 이케아가 가구를 어떻게 이토록 저렴하게 제공하는지 놀라워하는데 그 이유는 간단하다. 우리가 그들 대신 일하기 때문이다.

이 방법이 한동안 효과가 있었지만, 곧 더 많은 문제가 떠올랐다. 업체들의 보이콧은 지속되는데 이케아는 수요를 따라잡기 위해 공급업체 기반을 확대해야 했다. 이케아는 물량 확보를 위해 다른 공급업체를 찾아야 했다. 당시 공산주의 정권이 들어선 폴란드에서는 비즈니스 환경이 이상적이진 않았지만 가구 제조 비용이 스웨덴보다 50퍼센트나 낮았다. 이케아는 폴란드로 향했고, 그 과정에서 스웨덴 가구 산업, 나아가 전 세계 가구 산업이 다리를 분리 제작하게 만들었다.

이케아는 도전자들이 주변 세계에 미치는 영향의 역설적인 성격을 보여주는 전형적인 예다. 사실 지난 25년 동안 가장 영향력 있는 비즈니스 이론 한 가지가 이러한 특성을 바탕으로 세워졌다. 하버드대학교 클레이튼 크리스텐슨 교수는 1997년에 쓴 『혁신기업의 딜레마』에서 여러 기업의 실패 원인이 '좋은 경영'에 있다고 주장했다. 이 회사들은 "기존 고객의 목소리에 귀 기울이고, 고객이 원하는 종류의 더 나은 제품을 더 많이 제공할 신기술에 공격적으로 투자하고, 시장 동향을 주의 깊게 연구하고, 최고의 수익을 약속하는 혁신에 투자 자본을 체계적으로 배분했다는 바로 그 이유로 선두 자리를 잃었다."

크리스텐슨은 기업이 장기적으로 혁신하고 번창하며 성장할 수 있는 것은 잉그바르 캄프라드 같은 도전자 덕분이라는 사실을 발견했다. "고객의 말에 귀 기울이지 않는 것이 옳을 때도 있고, 마진이 적은 저실적 제품 개발에 투자하는 것이 옳을 때도 있으며, 큰 시장이 아닌 작은 시장을 적극적으로 공략하는 것이 옳을 때도 있다."

비즈니스 도전자는 개인적, 직업적 진취성으로 시장에 혁신적 기술을 도입하는 역할을 한다. 이를 통해 그들은 특정 제품의 규칙과 그것들이 충족하는 고객의 니즈를 다시 쓴다. 그들의 혁신은 기존 주류 시장(완제품 가구 같은)에서는 효과가 덜할 수 있지만, 특정 틈새시장이나 신규 고객이 가치를 두는 특성을 항상 지닐 것이다. 그들의 제품은 납작한 상자에 담긴 이케아의 조립식 가구처럼 더 간단하고, 더 작고, 더 저렴하고, 더 쉽다. 1960년대 대형 고출력 모터사이클 대신 등장한 소형 모페드[13], 1970년대 메인 프레임 컴퓨터 대신 부상한 개인용 컴퓨터, 1990년대 기성 대형 항공사들보다 싼 항공권을 내놓으며 등장한 저가 항공사, 2010년대에 카메라와 릴 필름 산업을 거의 쓸모 없게 만든 휴대전화 카메라 등 다른 예들도 많다.

하지만 이 모든 혁신의 가치와 별개로 이를 제안한 사람들은 폄하되고 무시될 때가 많았다. 『이코노미스트』의 영향력 있는 편집자였던 월터 배젓은 이런 경향을 간결하고 함축적으로 표현한다. "인간 본성상 몹시 큰 고통 가운데 하나는 새로운 아이디어에서 오는 고통이다. (…) 그것은 결국 당신이 좋아하는 관념들이 틀렸을 수도 있고, 당신의 확고한 믿음에 근거가 없을 수도 있다고 생각하게 만든다. (…) 보통 사람들은 당연히 새로운 아이디어를 싫어하고, 그 아이디어를 처음 제시한 사람을 대체로 냉대하게 된다."

---

13 온전한 자전거나 자동차보다 라이선스 요건이 덜한 작은 크기의 모터사이클.

비즈니스 세계는 도전자가 업시프트에 필수적이지만 압박감 속에서 수행하기 몹시 어려운 역할이라는 사실을 알려준다. 인간의 생명이 위태로울 때만큼 이 사실이 명백할 때는 없다.

사회적 낙인이 두렵지 않은 사람은 없다

1980년대 중반 에티오피아 기근을 알린 BBC 기자 마이클 버크의 방송을 기억하는 사람들이 있을 것이다. 식량도 부족했고, 기아에 시달리는 사람들을 위한 치료법도 충분하지 않았던 탓에 에티오피아인들은 엄청난 고통을 겪고 있었다. 아마도 2004년 인도양 쓰나미 정도를 제외하고는 그만큼 전 세계적으로 동정심을 불러일으킨 상황은 없었을 것이다. 마치 옛날 식료품점에서 물건을 매달아 재던 것과 같은 저울로 아이의 몸무게를 재고 가만히 앉아 음식을 기다리는 사람들의 머리에 펠트펜으로 X 표시를 하는 영상을 보면 구호 활동을 펼치겠다는 사람들이 그들을 얼마나 대상화했는지 놀라움을 금할 수 없다.

버크가 했던 인터뷰 가운데 가장 인상 깊었던 것은 국경없는의사회 소속의 젊은 간호사 클레어 베르칭어와의 인터뷰였다. 그녀는 심각한 영양실조 어린이들의 꺼져가는 목숨을 구할 수 있다는 간절한 희망으로 치료식治療食 센터의 운영을 책임지고 있었다. 베르칭어는 치료가 가능한 아이들과 치료가 불가능한 정도로 아픈 아이들을 구분하는 괴로운 과업을 맡았다. 인터뷰에서 그녀는 "너무 가슴 아픈 일입니다."라고 말했다. 그녀는 전 세계 많은 사람이 가난하고 고통받는 사람들을 위해 행동하도록 영감을 주었다. 가수이자 영화배우인 밥 겔도프는 베르칭어에 대해 "그녀는 신과 같은 존재가 되어버렸는데 이는 누구든 한시라도 감당하기 힘든 일이죠."라고 말했다.

베르칭어는 다소 다른 생각을 했다고 자서전에서 밝혔다. "나는 사람들을 죽음의 수용소로 보내는 나치가 된 기분이었다. 왜 내가 이런 상황에 놓여야 하나 싶었다. 이 풍요로운 시대에 왜 어떤 사람에게는 먹을 게 있고 어떤 사람에게는 없을 수 있는가?" 1984년 기근 대응의 최전선에 있던 많은 사람은 그런 질문을 하지 못했다. 그런 질문을 할 겨를도 없이 엄청난 요구에 압도됐기 때문이다. 하지만 "가난한 이들에게 음식을 주면 성인이라고 부르지만 왜 그들이 가난한지 물으면 공산주의자라고 부른다."라는 브라질의 신학자 엘데르 카마라의 유명한 말을 떠올리게 하는 그 질문은 여전히 잠재하고 있었다.

그것은 앞서 스티브 콜린스가 라이베리아에 다녀온 뒤 스스로 던졌던 질문이었다. 굶주린 에티오피아 아이들을 위해 베르칭어가 운영하던 시설의 원칙과 방식은 콜린스가 소말리아의 성인들을 위해 구축해 전 세계에서 사용되고 있던 것과 같았다. 수단에서 한 경험으로 아무리 가난해도 지역사회를 관여시키고 존중해야 한다는 사실을 잘 알고 있던 콜린스는 "현지인들에게 해결책을 강요하기보다는 그들의 강점을 살피면서 더 관여시키는" 데서 해답이 나올 거라 판단했다.

그는 라이베리아에서 실패를 경험했을 때 무슨 일이 있었고, 어떻게 해야 했는지 글을 썼다. 관련 기관들은 그 글의 게재를 강력히 반대했다. 어떤 구호 기관도 콜레라를 일으킨 원인으로 보이고 싶어

하지 않았다. 하지만 그런 저항은 구호 시스템이 교훈을 얻지 못하고 있다는 의미이기도 했다. 콜린스 그때의 교훈을 혼자 짊어져야 했다.

이러한 관점에서 도전자 접근 방식을 성찰하는 것은 흥미롭다. 우리는 파괴적 혁신가들이 무심하고 둔감해서 그들에게 쏟아지는 비판을 극복하거나 무시한다는 말을 자주 듣는다. 하지만 나는 콜린스를 13년 동안 알고 지내면서 그가 항상 지극히 인간적이고 인정 많은 사람이라는 인상을 받았다. 카리스마 넘치는 리더들이 그렇듯 그 역시 가장 가까이에서 일하는 사람들에게 특정한 도전 과제를 준다. 그러나 비판에 직면했을 때 어떻게 제정신을 유지하고 안전을 지켰느냐는 질문에 대해서는 교육적으로 답한다. 그는 부모님, 그리고 그들이 자신에게 보내는 사랑 덕분에 안정감과 자신감을 가지고 자신이 옳은 일을 하고 있음을 알 수 있었다고 했다.

그러나 전 세계의 영양 보급 관례를 바꾸는 데는 날카로운 질문과 솔직한 성찰 이상이 필요했다. 2가지가 변화해야 했다. 바로 관행과 기술이었다. 1999년에 다시 구호 현장으로 돌아온 콜린스는 국경없는의사회로부터 대규모 영양실조 치료 프로그램을 평가해달라고 요청받았다. 당시 국경없는의사회에는 현장 병원의 영양실조 치료 지침을 담은 유명한 파란색 핸드북이 있었다. 콜린스는 이 핸드북이 치료식 제공 병원의 설립과 운영 레시피를 담은 요리책과도 같았다고 기억한다. 콜린스는 주민 모두에게 치료 혜택이 돌아가지 않자 폭동이 일어났다는 사실을 알게 되었다. 각 치료식 센터는 4주짜리 치료를 100명에게만 제공할 수 있었는데, 영양실조에 걸린 어린이는 수십만 명에 달했다. 이런 평가 때문에 콜린스는 소수자를 구하기 위해 집중 치료를 하는 대신 외래 진료로 더 많은 사람을 치료하는 지역사회에 기반한 접근법을 고안하고 제안하게 되었다. 국경없는의사회는 그의 보고서 채택을 보류했다.

부분적으로는 정당한 결정이었다. 콜린스의 주장은 아직 완전하지 않았기 때문이다. 퍼즐의 중요한 조각이 빠져 있었다. 치료식 센터에서는 영양실조인 성인과 아동의 치료를 위해 분유, 식용유, 설탕, 미네랄, 비타민으로 구성된 강화우유를 제공해야 했다. 일부는 수수나 다른 곡물가루까지 넣어 조리해야 했다. 이러한 방식에는 물과 냉장시설이 필요했다. 콜린스는 라이베리아에서 경험한 비극적 사건 덕에 오염과 변질 위험이 없도록 숙련된 의료진이 준비해야 한다고 생각했다. 우유를 사용한 치료식은 수명이 길지 않아 병원에 전기, 냉장, 기타 시설을 반드시 갖춰야 했다. 영양실조로부터 회복하는 기간이 일반적으로 4주였기 때문에 그런 시설의 필요성은 더욱더 컸다.

치료식 제공 병원보다 나은 급성 영양실조의 치료법을 주장하는 것은 좋았지만, 치료식은 어떻게 해결할 수 있을까? 이케아의 잉그바르 캄프라드가 조립식 가구라는 아이디어를 내줄 기술자가 필요했듯이 콜린스도 그만의 기술자가 필요했다. 영양 전문 소아과 의사인 앙드레 브리엥과 프랑스 회사 뉴트리셋의 창립자인 미셸 레스칸이 콜린스의 기술자였다. 그들은 신중히 고민하며 팬케이크, 도넛, 비스킷 등 여러 형태의 치료식을 고안하고 테스트했지만 모두 효과가 없었다. 그러던 어느 날 아침 브리엥은 자녀들의 아침 식사를 준비하던 도중에 견과가 들어간 초콜릿 스프레드에서 영감을 얻었다. 그 초콜릿 스프레드는 세계보건기구가 권장하는 식단과 비슷한 단백질,

열량, 지질을 함유하고 있었다. 그는 기존 치료식 레시피의 탈지분유 일부를 땅콩버터로 대체하면 어떨까 생각했다. 몇 주 후 그 아이디어는 시제품으로 만들어졌다.

오늘날 플럼피넛으로 알려진 이 제품은 이전의 분유 치료식보다 장점이 많은 놀라운 제품이다. 물이나 조제, 조리, 냉장 보관이 필요 없다. 유통 기한도 2년이며 개봉하기 쉬운 포일 팩으로 제공된다. 생산 과정도 간단하고 저렴하며, 영양실조가 많이 발생하는 개발도상국에서 쉽게 구할 수 있는 작물과 기술을 이용하여 만들 수 있다. 콜린스가 플럼피넛을 발견했을 때 비로소 사람들이 그의 제안을 이해했다.

플럼피넛에 대한 지식을 바탕으로 소규모 시험을 시행한 후 콜린스는 의학 학술지 『랜싯』에 치료식 병원 방식을 대체할 지역사회 기반 방식을 주장하는 논문을 실었다. 그는 치료식 병원은 엄청난 비용이 들고, 자원 집약적이며, 지속가능성이 없다고 설명했다. 또 치료의 중앙집중화는 지역 보건 기반과 지역사회의 역량을 약화시키며, 비공식적인 촌락이 형성되게 함으로써 질병, 감염, 사망의 위험을 높인다고 주장했다. 그는 플럼피넛 같은 제품으로 영양실조를 초기에 신속하게 치료하는 지역사회 중심 외래 치료 모델이 근본적인 해결책이라고 주장했다.

하지만 그의 도전은 도를 넘는 것으로 여겨진 게 분명하다. 콜린스는 많은 전문가와 구호 단체들로부터 격렬한 비난을 받았다. 내가 아는 한 그를 공산주의자라고 불렀던 사람은 없었으나 많은 사람이 그가 아이들을 대상으로 실험을 한다고 주장했다. 더 심하게는 아기들을 죽이고 있다고 했다. 가정에서 영양실조를 치료한다는 것은 급식소에 나오는 아이들만이 아니라 영양실조에 걸린 모든 아이를 찾으러 나간다는 의미이므로 그러는 동안 죽는 아이들이 생길 테니 그의 접근 방식 자체가 더 많은 죽음을 초래할 거라는 주장도 나왔다. 콜린스도 그럴 위험을 인정했다. 그러나 더 많은 사망자가 통계로 잡혔을지 모르지만, 이는 사실 가정 치료 방식 덕에 사망자 수가 제대로 파악됐기 때문이었다. 그리고 콜린스의 방식이 더 많은 생명을 구할 터였다.

독설이 이어지긴 했지만 일부 소규모 실험을 제외하고는 이 문제는 수년간 학술적 논쟁에 머물렀다. 관련 기관 대부분이 콜린스의 말에 귀 기울이기에는 잃을 것이 너무 많았기 때문이다. 여기서 콜린스의 말을 들어보자.

> 2000년 저는 에티오피아에 갔습니다. 에티오피아 정부는 구호 단체들이 치료식 센터를 설립하는 것을 금지했습니다. 수년간 치료식 센터를 운영해본 결과 근본적인 문제들을 해결해주지 않는다는 것을 깨달았기 때문이었습니다. 덕분에 우리는 지역사회 기반 치료 프로그램을 시작할 기회를 얻게 되었습니다. 2001년 말까지 우리는 지역사회에서 바로 사용할 수 있는 치료식을 제공함으로써 약 300건의 사례를 치료했습니다. 사망률은 4퍼센트에 그쳐 통상적인 사망률보다 5배나 개선되었습니다.

지역사회 기반 방식은 훨씬 더 많은 영양실조 환자를 치료하면서도 사망자를 더 내지 않은 것으로 나타났다. 같은 자원을 사용했을 때 입원 치료식 병원은 100명 미만의 어린이를 치료했을 것이고 사망률은 20~30퍼센트 정도였을 것이다. 즉, 20~30명이 영양실조로 비극적인 죽음을 맞았을 것이다. 지역사회 기반 방식은 그 두 배인 200명을 치료하고 사망자는 8명, 사망률이 4퍼센트였다. 절대적 수치로 보면 콜린스는 치료 사례를 두 배로 늘리면서 사망자 수는 훨씬 줄일 수 있었다. 그 후에는 예상대로 콜린스를 비판하는 내용식이 바뀌었다. 비판자들은 콜린스의 표본 크기가 작고, 데이터가 의심스러우며, 콜린스와 그의 팀이 아이들이 심각하게 아프기 전으로 규정을 바꾸는 '속임수'를 썼다고 주장했다. 콜린스와 팀은 굴하지 않고 데이터를 계속 수집해 거의 2만 3천 건에 대한 정보를 확보했다. 사망률은 여전히 5퍼센트 미만이었다.

　비로소 몇몇 단체가 그의 방식을 받아들였다. 2006년까지 이 접근법을 가장 많이 사용한 곳은 콜린스가 몇 년 전에 치료식 프로그램을 평가했던 국경없는의사회 니제르 지부였다. 국경없는의사회 의료진은 약 6만 3천 명의 어린이를 성공적으로 치료해 90퍼센트의 성공률을 보였다. 일반적인 병원의 치료 성공률이 30퍼센트인 것과 비교하면 매우 높은 치료율이었다. 국경없는의사회 국제 회장이 이 접근법에 대해 "말라리아 예방약이 말라리아를 퇴치했듯이 최악의 영양실조를 퇴치할 수 있을 것"이라고 말했다는 보도가 나왔다. 그는 이 지역사회 기반 방식에 감탄했다. "20년 동안 응급의료 분야에서 일해 온 저도 이게 가능하다 걸 보고 깜짝 놀랐습니다. 급성 영양실조 치료는 혁명을 맞이하고 있습니다." 1년 후 2007년 세계보건기구는 콜린스의 접근 방식과 바로 사용 가능한 치료식을 전 세계 영양실조 치료의 권장 수단으로 승인했다.

도전자 모드로 일하는 다른 업시프터들에게 어떤 조언을 해줄 수 있냐는 내 질문에 콜린스가 했던 대답으로 이 문제를 마무리하고 싶다. 창문으로 햇살이 쏟아져 들어오는 서재에서 그는 이렇게 말했다.

> 최대한 열심히 하세요. 모든 게 완벽히 구성되어 나오지는 않습니다. 그러니 돌아가서 바꾸고 무엇이 잘못되었는지 알아내야 합니다. 가장 중요한 것은 실패를 인정해야 한다는 것입니다. 성공의 기회를 잡으려면 "내가 왜 실패했을까?", "앞으로 어떻게 개선할 수 있을까?" 질문해야 합니다. 실패를 세상으로부터 숨기지 말고, 스스로에게도 숨기지 마세요.

이 말은 내가 책을 쓰면서 도전자에 대해 알게 된 내용의 핵심이다. 그리고 우리가 때때로 던지는 질문들에 대한 답이기도 하다. 몇몇 사람들이 기존 관행에 의문을 제기하고 도전하게 만드는 것은 무엇일까? 호기심이나 경이로움, 신념, 재미일까? 두려움, 필요, 절박함일까? 일을 수행하는 방식에 대한 문서화된 규칙 또는 불문율에 도전할 수 있는 공간, 자유, 자신감을 주는 것은 무엇일까?

도전자의 핵심에는 내재적 동기인 소명감이 있다. 다른 조건이 전부 같다고 해도 주로 외적 보상에 동기를 얻는다면 도전자가 되기 어렵다. 도전자가 된다는 것은 기성 체제에 도전하고, 자신의 자아상이나 평판을 걱정하지 않는 것을 의미한다. 주류에 대한 대안적 해결책을 찾고 탐색하려는 의지를 제한하는 것은 심리적으로 '자아를 위협하는' 시나리오를 피하려는 강한 욕구인 것으로 밝혀졌다. 이 욕구는 타인에 대한 우리의 정서적 의존도와 관여도로 요약된다. 놀랍게도 여기서도 여키스-도슨 그래프를 볼 수 있다. 우리의 창의적 성과는 타인과의 정서적 관여가 중간 정도일 때 정점에 도달하고, 양극단일 때 감소하는 모양을 보인다.

이는 도전자가 단순히 사회적 낙인에 무심한 것이 아니라고 말해준다. 최고의 도전자는 자신이 옳다고 믿는 것을 추구하기 위해 두려움과 불안을 적극적으로 관리할 수 있다.

우리는 재계와 정치계의 도전자 유형을 둘러싼 이야기를 항상 들으면서 무례하고, 타협하지 않으며, 종종 오만한 그들의 성격을 내키지 않아도 존중해준다. 하지만 스티브 콜린스의 이야기는 도전자의 중심에 무엇이 있을 수 있는지 통찰하게 해준다. 그것은 용기와 인정情일 수 있으며, 그 열쇠는 세상뿐 아니라 자신에 대해서도 어려운 질문을 계속 던지고 답을 얻을 수 있다는 확신을 가지는 것으로 보인다.

암묵적인 규칙을 지적하는 힘

조직, 업계, 기성 전문가들의 관행과 정책을 바꾸려는 개인 도전자를 우러러보는 것은 우리 모두에게 영감이 될 수 있다. 그러나 다른 집단과 마찬가지로 업시프터들에게도 "힘은 수에서 나온다."는 격언이 적용된다. 실제로 사회 일부가 아니라 그들을 둘러싼 사회 및 정치 질서 전체의 게임 규칙을 바꾸려고 노력한 집단, 네트워크, 운동의 사례는 많다. 식민지 시대 보스턴의 사례가 좋은 예가 되겠다. 그 시기는 믿을 수 없을 정도로 잘 기록되어 있고, 당시 영국의 통치에 저항한 혁명가로 유명해진 사람도 많다. 하지만 거의 알려지지 않은 이야기도 있다. 그 이야기가 알려지지 않은 이유에는 망원경을 거꾸로 들이대어 맥락은 빼놓고 핵심 요소만 확대하는 식으로 역사를 바라보는 경향 탓도 있다.

1770년 매사추세츠주 보스턴시에는 긴장감과 무질서가 만연했다. 약 1만 6천 명이 살았던 이 도시에는 영국 정부의 식민지 과세에 반대하는 소규모 반란이 여러 해 동안 이어졌다. 영국 의회와 군주제의 관계, 선거의 역할을 규정한 1689년 권리장전에는 선출된 대표들로 구성된 의회의 동의 없이 과세할 수 없다고 명시한 조항도 있었다. 영국이 미국인들에게 세금을 부과해 수많은 군사 작전과 무역 활동의 자금을 조달하기 시작했을 때 거의 즉각적인 항의가 이어졌다. 보스턴은 그 어느 지역보다 큰 목소리를 냈다. 1773년 보스턴 차 사건은 수년간 이어진 가두시위와 집회를 고려하면 예견됐던 일이었다. 1768년 영국 정부는 질서 유지를 내세워 보스턴에 수천 명의 군대를 투입했다. 군대는 해적질과 밀수 혐의를 내세워 선박들을 압수하고 선원들을 강제 징집해 군에 복무하도록 했다. 이런 조치는 당연히 지식인, 상인, 선원, 해방된 노예 등 각계각층의 보스턴 시민의 분노를 일으켰을 뿐이다.

1770년 3월 5일, 갈등이 폭력으로 번졌다. 세관 경비원과 어느 주민 사이에 벌어진 싸움은 금방 격화되었다. 해방 노예였던 흑인 선원 크리스퍼스 애턱스가 이끄는 군중이 야유하며 두 사람 주위로 몰려들었다. 더 많은 군인이 도착했을 때 군중은 약 300명에 달했다. 양측이 거친 몸싸움과 위협을 여러 차례 주고받은 끝에 군인들이 성난 군중을 향해 무차별 사격을 가했다. 11명이 총상을 입었고 크리스퍼스 애턱스를 비롯해 몇 명이 그 자리에서 사망했다. 더욱 악화할 듯했던 상황은 더 많은 군인이 도착하고 주지사가 군중에게 진정하라고 촉구하며 총격 살인에 대한 조사에 들어가겠다고 발표하면서 빠르게 정리되었다.

그날 사건은 시위대와 영국에 충성하는 사람들 사이의 '팸플릿 전쟁'으로 이어졌다. 가장 유명한 유인물은 평화로운 군중 사이에서 마치 발포 명령을 내리는 것처럼 한쪽 팔을 치켜든 군대 사령관을 그린 판화였다. 흰 피부로 묘사하긴 했으나 땅에 쓰러진 크리스퍼스 애턱스도 그려져 있었다. 훗날 그는 미국 독립전쟁의 첫 사상자로 기록된다. 이 판화를 그린 폴 리비어라는 은 세공인도 덩달아 유명해졌다.

훗날 부통령과 대통령이 된 보스턴의 변호사 존 애덤스는 영국 군인들의 행동을 변호하는 동안 그들이 공정한 재판을 받아서 영국이 이 사건을 핑계 삼지 못하기를 바랐다. 그는 애턱스의 인종과 행동, '불손한 소년들, 니그로와 물라토[14], 아일랜드인, 이상한 선원 등 어중이떠중이' 군중의 구성에 특히 주목했다.

현대 여러 역사가는 이 어중이떠중이들이 당시 혁명 정신에 지대한 영향을 미쳤다고 본다. 대서양사 교수인 마커스 레디커는 애덤스의 묘사가 독특한 게 아니었다며 "혁명기 미국의 폭도를 묘사할 때 '소년, 선원, 흑인들로 이루어진 무리'라는 표현이 가장 일반적이다."라고 말한다.

미국 독립혁명 시기 전후에 활동했던 10만여 명의 미국 선원 가운데 상당수는 탈영이나 반란으로 영국 해군 함선의 가혹한 생활에서 탈출한 이들이었고 최소 5분의 1은 도망쳐 왔거나 해방된 노예였던 것으로 추정된다. 이들은 잔혹한 환경, 해군 함장과 노예주의 폭정에서 탈출한 경험을 공유했다. 그들은 어렵게 얻은 이 자유를 가볍게 여기지 않았다. 대신 자유를 유지할 방법을 찾았다.

> 배를 장악한 뒤 그들은 가장 먼저 선장을 직접 선출했다. 그들은 민주주의를 실천했다. 약탈한 전리품도 평등하게 배분했다. 전투에서 다친 동료를 부양하기 위해 일종의 사회보장제도까지 만들었다.

몇 세기를 이어온 해군의 전통적 위계에 도전하고, 오랜 지배적 권력 구조를 뒤엎고, 원시 민주주의 원칙을 해상에서의 활동 방식으로 삼은 것은 어중이떠중이 선원들이 달성한 업적의 시작일 뿐이었다. 그들이 지지하는 상호 지원과 결합된 집단적 도전자 정신은 영향력과 전염성이 있었다.

---

14 흑백 혼혈인.

먼저, 노예선을 털 때 인간 화물을 풀어주고 해적이 될 의향이 있는 이들은 받아주는 해적 관습에 따라 대서양 횡단 노예무역이 제한되었던 것으로 보인다. 레디커의 말처럼 "소금은 노예제 반대 운동의 양념이었다." 노예무역의 공포와 비인간성을 잠시 멈추게 한 것만으로 충분하지 않다. 어중이떠중이 선원들은 1776년 이전 10년 동안 영국에 대항하는 혁명 시위의 중심이었던 것으로 보인다.

온건파 조직원들보다 더 강경하게 나간 모든 시위에서 어중이떠중이 선원들을 발견할 수 있다. 바다에서 시작된 도전자 원칙은 육지에서의 활동으로 이어졌다.

선원들은 평등주의, 집단주의, 혁명의 원칙에 따라 조직을 만들었다. 한때 선원과 해적들 사이의 '합의 조항'으로 기능했던 원칙들이 이제는 그들 자신의 규제와 관리를 위한 내규가 되었다.

어중이떠중이 선원들의 영향은 그들에게 영감을 받은 사람들의 행동과 아이디어에서 찾아볼 수 있다. 예를 들어 혁명적인 '자유의 아들단 Sons of Liberty'은 자신들을 성나게 한 정부 관리를 벌할 때 선원들의 오랜 관행대로 온몸에 타르를 붓고 깃털을 붙이는 공개 처벌 방법을 썼다. **파업**strike이라는 단어도 1768년 임금 삭감에 항의하는 선원들이 배에서 배로 이동하며 돛을 '쳐서' 저항한 데서 유래되었다. 새뮤얼 애덤스(법정에서 선원들을 깎아내렸던 변호사 존 애덤스의 사촌)는 보스턴에서 해군 강제 징집대와 싸우는 어중이떠중이 선원들을 지켜보면서 "상호 방어를 위해 함께 뛰는 인민" 같았던 그들의 행동에 깊은 인상을 받았다. 그는 그들의 천부적 권리를 옹호하는 팸플릿을 작성했고, 그것은 미국 「독립선언서」의 초석이 되었다.

오늘날 우리는 어중이떠중이 선원들의 행동과 접근 방식이 조직 개혁에서 사회 변혁에 이르기까지 다양한 환경에 투영된 것을 볼 수 있다. 다음 장에서 우리는 이 선원들에게서 우주비행사들이 어떻게 영감을 얻었는지 살펴보겠다. 젊은 엔지니어 세 명이 어떻게 세계 최고의 과학 기술 기관을 혁신했는지 놀라운 이야기가 펼쳐진다. 소위 '해적 규약'이 그들이 성과를 달성하고, 반대를 무릅쓰고 탄력적으로 대응하고, 개인적 책임을 유지할 수 있게 해주었다는 사실은 특히 주목할 만하다.

이 엔지니어 해적단의 수칙은 단순했고, 분명 선조들도 인정했을 법한 것들이었다. 그들은 모든 것에 도전하고, 규칙을 깨고, 위험의 감수를 예외가 아닌 원칙으로 여겼다. 또 개인적 책임과 집단적 책임을 지는 것을 원칙으로 했다. 이들뿐 아니라 전략적으로 시위를 해 자신들의 주장을 관철하고자 하는 여러 행동 단체와 조직에서도 현대판 어중이떠중이를 찾아볼 수 있다. 직접 행동은 무시할 수 없을 정도로 현상에 도전하면서 우리 삶을 형성하는 암묵적, 명시적 규칙에 대해 상징적으로 발언할 때 힘을 갖는다.

비폭력 시위의 아버지 마하트마 간디만큼 이를 잘 보여주는 사람도 드물다. 1930년 그가 인도 전역을 걸으며 6만 명의 추종자를 모아 해변에서 소금을 채취한 유명한 소금 행진만큼 도전자의 노력을 잘 보여주는 사례도 없을 것이다. 이는 대영 제국의 지배에 도전하는 의도적이고 사려 깊은 전략이었다. 거의 50년 동안 인도인은 직접 소금을 만드는 것을 금지당했고 식민지 지배자들에게서 터무니없는 가격에 소금을 사야 했기 때문이다. 비폭력을 실천하고 옹호했던 간디가 소금 행진 경험을 이야기하면서 "투쟁과 시도, 그에 수반되는 고난 속에 기쁨이 있었다."라고 말했던 것은 분명 도전자 사고방식이었다.

이것은 내가 이 장을 마무리하며 전하고자 하는 메시지를 강조한다. 단지 변혁적이라는 이유만으로는 영향력을 갖지 못한다(노력의 부산물로 영향력을 갖게 될 수는 있지만 말이다). 진정한 도전자가 되려면 자신과 사람들의 마음, 사회 전반에 존재하는 족쇄를 벗어던지려고 노력해야 한다. 우리가 도전할 때 만들어내는 변화의 핵심은 자유가 무엇을 의미하는지 자신과 다른 사람들에게 보여준다는 것이다.

2장
기술자

참신함을 위해
끊임없이 시험하는 이

썩어빠진 NASA의 메인프레임

1986년 1월 28일은 수백만 명의 기억 속에 새겨진 날이다. 그날 전 세계인은 최초의 민간인 탑승 우주 비행이라는 놀라운 장면을 보기 위해 TV 앞에 모였다. 크리스타 매콜리프는 11,000명이 넘는 지원자 가운데 선발되어 우주로 가게 된 최초의 교사였다. 밝고, 헌신적이고, 감정에 솔직하며, 사랑스럽게 말하는 매콜리프는 현대 미국을 가장 잘 대변하는 사람이었다. 평범한 사회 교사에서 우주 로켓에 탑승한 전문가가 되기까지 그녀의 여정은 미국 전역을 사로잡았다.

그러나 휴스턴에 있는 존슨우주센터의 우주 비행 관제팀은 우주왕복선 챌린저호가 발사된 지 겨우 73초 만에 공중에서 폭발하는 모습을 무력하게 지켜봐야 했다. 아폴로 13호 때와는 극적 대조를 이렸다. 승무원을 구하려고 **시도**할 기회조차 없었다. 생존자는 아무도 없었다. 불가피한 후속 조사로 또 다른 극명한 대조가 드러났다. 아폴로 13호 선장의 유명한 말[15]과 달리 이번에는 단순히 문제를 보고받았던 게 아니라 휴스턴 관제 센터가 문제였다. 챌린저호 사고는 인류가 설립한 가장 진보적이고 기술에 정통한 조직이 오류와 실패를 간과하면서 빚어낸 비극이었다. 화창하고 추웠던 그 화요일은 NASA 역사상 최악의 날로 남아 있다.

그날 우주 관제 센터에 근무했던 젊은 엔지니어 두 명에게 그 충격적 순간은 변화의 계기가 되었다. 당시 21세였던 린다 페린은 마침 그날 근무를 시작했다. 그녀의 머리에 오랫동안 남아 있는 것은 케이프 커내버럴의 발사 기지에서 들어오는 기이한 정보였다. "이제 하나의 목표물이 아니라 여러 목표물을 추적하고 있었죠." 더 많은 정보가 쏟아지면서 그녀의 혼란은 암울한 깨달음으로 바뀌었다. '여러' 목표물은 폭발한 챌린저호의 파편들이었다.

역시 20대였던 존 무라토어도 비슷한 충격을 받았으나 놀라기만 했던 것은 아니었다. 미 공군 우주왕복선 프로그램에 있다 2년 전에 NASA에 합류한 그는 우주 비행 관제 센터를 뒷받침하는 기술을 개선하는 임무를 맡았다. 하지만 NASA 사람들을 관찰하고 배우는 동안 그들이 소프트웨어와 하드웨어를 사용하고 상호작용하는 방식에

---

15   "휴스턴, 문제가 생겼다."라는 짐 러벨의 말.

더 깊은 문제가 있음을 알고 있었다.

우주비행사가 '비틀스와 맞먹을' 정도로 미국 우주 탐험의 전성기였던 1960년대 이후로 많은 것이 바뀌었다. 1960년대 당시 NASA는 컴퓨터 성능 면에서 막강했다. 미국 컴퓨터 칩의 90퍼센트를 구매해 세계에서 가장 크고 강력한 메인프레임을 가동했다. 막강한 컴퓨터 성능에 관심이 있다면 확실히 NASA에 방문해야 했다.

그런데 최초로 달에 착륙한 지 겨우 15년 뒤에 NASA에 합류한 무라토어는 아폴로 시스템으로는 이제 너무나 부족하다는 것을 분명하게 알 수 있었다. 하지만 대놓고 그런 말을 할 수도 없었다. 린다 페린은 근무를 시작했을 때 집에 있던 데스크톱 컴퓨터가 NASA의 거대한 메인프레임보다 성능이 더 좋다는 사실에 실망했다. 아이러니하게도 더 작고 더 빠른 컴퓨터를 개발한 여러 회사는 1960년대 NASA가 투자해준 덕을 보았다. 하지만 NASA는 시대의 흐름을 따라가지 못했다. NASA의 핵심 메인프레임은 느리고 비효율적이었으며 재프로그래밍이 굉장히 어려웠다. 엔지니어들은 무언가를 수정할 때마다 "창구 하나만 열려 있는 우체국의 점심시간처럼 줄을 서서 기다려야 했다." 잡지 『롤링 스톤』의 객원 기자가 1980년대 NASA의 관제 센터는 1960년대 「제임스 본드」 영화에 나오는 악당, 블로펠드 소굴에도 못 미친다고 했던 말이 기억에 남는다.

NASA 우주 관제 센터의 스크린에는 우주선 발사와 궤적을 나타내는 수백 가지 변수에 대한 데이터가 끊임없이 떴다. 그러나 모든 분석은 그 정보를 캡처하고 수작업으로 계산해서 수행해야 했다. 발사 중 관제 센터 요원이 요청하는 계산에는 몇 시간이나 걸리는 것들도 있었다. 어떤 경우에는 평가 결과를 받는 데 최대 한 달이 걸리기도 했다.

NASA에 들어오고 얼마 되지 않아 무라토어가 접근법을 바꾸자고 요청했지만 신속히 받아들여지지 않았다. "달에 사람을 착륙시켰으니 우리는 분명 제대로 하고 있고, 게다가 변화는 위험하잖아."라는 대답이 돌아왔다.

하지만 그러한 사고방식 자체가 위험한 것으로 드러났다. 챌린저호 사고 이전에도 중앙 메인프레임과 백업 메인프레임에 과부하가 걸리면서 실제 발사 도중 충돌을 일으켜 관제 센터가 전혀 작동하지 않은 일까지 있었다. 그러나 NASA에서는 이 사고를 대수롭지 않게 여겼고, 무라토어와 동료들은 현 상황에 도전할 자신감이나 결단력이 없었다.

챌린저호 사고가 티핑포인트가 되었다. 사고의 원인은 컴퓨터가 아니라 잘 알려진 대로 그해 추운 겨울 날씨에 밀폐 기능을 못 한 고무 O링이었다. NASA 임원들은 수많은 경고와 평가를 받았지만 모두 무시했고 결국 치명적인 결과를 초래했다. O링 결함은 페린과 무라토어가 싸웠던 바로 그 방임적 태도를 상징한다.

챌린저호의 공개적이고 중대한 실패와 그 이전의 은밀하고 점진적인 실패는 모두 2년 전 무라토어가 진단했던 병폐, 바로 '고장 나지 않으면 고치지 않는다.'라는 문화 탓이었다. 페린과 무라토어는 가정용 컴퓨터로 더 잘 작동하고, 더 빠르고, 더 사용자 친화적인 시스템을 개발할 수 있다는 것을 알고 있었다. 처음에는 챌린저호 사고의 여파가 새롭고 더 나은 방식을 불러오기에 충분하리라고 기대했던 그들은 관리, 보고, 감독, 하향식 통제만 강화한 NASA의 대처에 몹시 실망했다. 경영 문화나 사고방식의 변화는 전혀 없었다. 비극적 사고 후 대응의 부적절함을 지적하려던 사람들에게는 조직에서 나가라는 답변이 돌아왔다.

더는 그대로 있을 수 없었다. 무라토어와 페린을 비롯한 몇 사람은 자신들의 아이디어를 시험하기 위해 비밀 모임을 만들었다. 그들은 스스로를 해적이라 칭하며 낡은 메인프레임의 대안으로 오랫동안 상상해온 시스템을 만들기 시작했다.

처음에는 각자 개인용 컴퓨터를 사용했지만, 곧 빌리거나 끌어들일 수 있는 모든 장비를 동원해 대체 우주 비행 관제 시스템을 구축할 코드를 작성하기 시작했다. 내부 혁신 기금으로 초기 자금의 일부를 조달하면서 우주 비행 관제 센터의 데이터 스트림에도 접속할 수 있었다. 하지만 하드웨어의 확보는 여전히 난제였다. 해적단이 문제를 해결한 방법은 NASA의 여러 계약 업체를 활용하는 것이었다. 그들은 우주 관제 센터에서 자신들의 컴퓨터가 사용되기를 간절히 바라고 하드웨어를 기부할 의향도 있었다. 하지만 뇌물로 볼 수 있는 기부를 금지하는 정부의 규제 때문에 이러한 기부는 모두 '테스트 후 구매' 방식으로 이루어졌다. 해적단에는 구매 예산이 없었기 때문에 90일 이내에 모든 장비를 반납해야 했다.

겉으로 보기에 이것은 해적단에게 골칫거리와 스트레스였다. 다양한 종류의 컴퓨터에서 작동할 수 있도록 소프트웨어 코드를 계속 다시 작성해야 했기 때문이다. 특히 휴식 시간이나 본업을 끝낸 늦은 밤에 짬짬이 작업을 해야 했으므로 바뀌는 장비에 대처하기에 90일은 짧았다. 하지만 불편함에는 오히려 대단히 긍정적인 면이 있었다. 무라토어, 페린, 그리고 다른 해적들은 기술 사양이 매우 다양한 컴퓨터에서 효율적이고 효과적으로 코드가 작동시킬 수 있게 코드를 속속들이 숙지해야 했다. 또 90일 규칙은 시중에 나와 있는 모든 데스크톱 컴퓨터를 사용하고 파악하게 해주었다. 무라토어는 나중에 이렇게 말했다.

> 컴퓨터 한 대가 들어와서 그 컴퓨터에 프로그래밍하는 법을 배우고 반납하고 나면 또 다른 업체에서 컴퓨터를 빌려주고는 했습니다. 2년 꼬박 그런 식으로 지냈습니다. 코드를 계속 재개발해야 했기 때문에 코드가 매우 유연해졌다는 장점은 있었습니다.

다른 긍정적인 제약은 챌린저호 사고의 여파였다. 해적단의 작업에 유형의 지원이 있지는 않았지만, 유인 우주 비행이 일시 중단되면서 고강도 업무에서 벗어나 대체 관제 시스템을 개발할 시간을 2년간 가질 수 있었다. 2년 동안 서서히 해적단의 얼치기 프로젝트는 형태를 갖춰갔고, 시행착오 속에서 사람, 하드웨어, 코드가 합쳐지고 점차 발전해가며 세계에서 가장 유명한 우주 관제 센터 시스템을 대체할 수 있는 저비용의 대안을 비밀리에 만들어냈다.

그들의 작업이 늘어나면서 관여하는 사람들도 늘어났다. 몇몇은 코드와 데이터를 공유하는 동료였다. 그저 격려와 응원의 말 한마디를 건네는 이들도 있었다. 그중 가장 중요한 역할을 한 사람은 4장에서 소개한 NASA의 전설적인 리더 진 크랜츠였다. 크랜츠는 해적단에게 지지를 보냈다.

해적단은 작업을 계속 이어갔고, 드디어 1988년 4월 어느 날 우주 관제 센터로 그들의 '시스템'을 가져와 사용하지 않는 벤치에 설치했다. 하지만 관제 센터 프로그램을 운영하는 중간 관리자들은 해적단이 주전원에 연결하지 못하게 막았다. 그 모든 노력과 창의적인 문제 해결이 전원 케이블 연결이라는 하찮은 문제로 방해받을 뻔했다. 크랜츠가 직접 나서 중간 관리자들에게 "아이들에게 기회를 주지."라고 부드럽게 요청하면서 대치 상황은 끝났다. 기회가 주어지고 해적단은 마침내 직접 만든 뗏목을 물에 띄웠다.

해적단이 임시 시스템을 관제 센터로 가져갔던 날 모든 직원의 의자는 평소처럼 오래된 흑백 스크린을 향하고 있었다. 이 기간 동안 모든 작업은 실제 비행이 아닌 시뮬레이션과 시험 운항이었기 때문에 챌린저호 이전보다 긴박감이 덜했다. 하지만 관제 센터 직원들이 이따금 뒤를 돌아보고 의자를 빙빙 돌리는 모습은 '이 장난감 같은 시스템'에 대한 호기심이 커지고 있음을 보여주었다.

메인프레임 모선과 해적단의 뗏목 사이의 시각적 차이는 직원들의 관심을 끌 만큼 충분히 두드러졌다. 거대한 동굴 같은 센터 한쪽에는 구식 전화선 배선 받침대와 메두사 머리처럼 바닥으로 늘어져 있는 전선들, 불안하게 정지했다 작동하는 수십 개의 오래된 은색 컴퓨터 테이프, 다 쓴 테이프가 쌓인 나무 받침대, 한 줄씩 인쇄되는 거대한 프린터가 토해내는 수 킬로미터의 종이, 구식 육군 탱크 부품처럼 강철로 감싸인 허름한 단색 스크린 위로 깜박이는 숫자들이 보였다.

이와는 대조적으로 센터 반대편에는 고속 디스크 드라이브, 로봇식 85기가바이트 카세트테이프, 미세한 소리만 내며 빠르게 줄줄이 숫자들이 지나가는 화려한 컬러 모니터가 있었다. 이 개인용 컴퓨터 일곱 대가 테이프로 가득한 건물 전체를 대신했다.

그러나 두 시스템이 얼마나 다르게 보였는지보다 새로운 시스템이 어떻게 우주 관제 센터 요원들을 말 그대로 재적응시켰는가가 더 중요했다. 호기심은 곧 필요성으로 바뀌었다. 특히 까다로웠던 시뮬레이션 도중 메인프레임은 으레 그래왔듯 작동을 멈췄다. 정지된 화면과 씨름하던 임무 지휘자에게 갑자기 실시간 상황 평가가 전달되었다. 그가 믿을 수 없다는 표정으로 정보의 출처를 물었을 때 요원들이 해적단의 대체 시스템을 가리켰다. 새로운 시스템은 계속 작동하고 있었을 뿐 아니라 문제를 정확히 파악하고 가능한 수정 조치까지 진단했다. 그 후로 관제 센터의 요원들은 힐끗 쳐다보는 게 아니라 아예 해적단의 시스템 쪽으로 의자를 돌렸다.

중요한 성과이긴 했지만, NASA의 우주 비행이 중지 상태인 동안 해적단의 시스템은 여전히 서류상의 성과로만 남아 있었다. 떨떠름한 관심을 받는 해적단의 시스템이 실제 우주 비행에서 어떻게 증명될까? 그들의 시스템을 증명할 기회는 무라토어와 페린을 비롯한 해적단이 상상했던 것보다 훨씬 빨리 찾아왔다. 챌린저호 이후 첫 번째 우주선인 STS-26의 발사 날짜가 마침내 1988년 9월로 잡혔다. 모든 관계자가 긴장했다. 그들에게는 기존의 지식을 고수하고, 기존 메인프레임의 이미 검증된 투박한 데이터 시스템과 접근 방식으로 임무를 수행하고자 하는 욕구가 분명 있었다.

그리고 1988년 5월, 무라토어는 자신이 속한 해적단의 운명뿐 아니라 NASA 전체, 나아가 우리가 알고 있는 우주 탐사의 운명을 바꿀 운명적인 전화를 받았다.

문제와 사랑에 빠지는 사람들

챌린저호 참사 이후 2년 동안 여러 장비를 빌려와서 비밀리에 대체 관제 시스템을 구축한 NASA의 해적단을 생각해보라. 옛 의서 필사본을 참고해가며 아르테미시닌을 추출하기 위해 쑥을 미지근한 물에 담가 우려냈던 투유유를 기억하라. 새 떼와 충돌한 후 모든 가능성을 따진 끝에 외과 전문의 같은 정밀함으로 항공기를 강 위에 착륙시킨 설렌버거 기장도 기억하라.

이들은 표면적으로는 상당히 다르지만, 스트레스와 압박에 대한 그들 특유의 반응 면에서 유사하다. 그들은 불확실성과 위기에 직면하여 새로운 해결책을 성공적으로 개발하는 기술자다. 도전자가 "틀림없이 다른 길이 있을 거야!"라고 외칠 때 기술자는 그 길을 찾아내고, 다른 사람들이 따라갈 수 있게 지도를 그린다.

런던왕립예술대학교 학자들은 기술자의 창의적인 문제 해결을 '모험 기술'로 묘사할 수 있다고 주장한다. 관련된 기법이나 기술과 관계없이 기술자의 성공은 미리 정해진 것이 아니라 그들의 창의력, 판단, 재주, 배려심에 달려 있다. 기술자는 아이디어를 실용적인 해결책으로 능숙하게 발전시켜 업시프트에 꼭 필요한, 계획에 없던 돌파구를 찾는다. 기술자는 '현재의 능력을 넘어서는, 우리의 손이 닿지 않는 생산적이고 불편한 지형'에 과감하게 도전하여 뛰어난 성과를 내는 운동선수, 예술가, 기업가와 많은 공통점을 지닌다.

전형적인 기술자의 노력을 뒷받침하는 3가지 활동은 '심층 관찰, 탐험과 발견, 실험'이다. 기술자가 되는 과정은 셜렌버거 기장처럼 단 몇 초 만에 끝나기도 한다. 투유유나 NASA의 해적단처럼 몇 년이 걸리기도 한다. 하지만 이 3가지 활동은 프로그래머, 조종사, 전통 중의학자 등 모든 업시프트하는 기술자의 핵심으로 유지된다.

개인적 동기 또는 통제할 수 없는 상황 때문에 기술자들은 모두 복잡하고 골치 아픈 문제에 직면한다. 이를 이해하려면 언제나 심층 관찰이 필요하다. 그들은 정보와 지식, 사실, 감정, 의견, 생각을 캐내고 수집하여 상황을 '조사하는' 것으로 시작한다. 조사를 즐기는 태도는 기술자의 핵심적인 접근 방식이다. 전형적인 기술자는 사물이 작동하는 방식과 이유에 매료된다. 그들은 세상을 구성하는 물리적, 사회적, 기술적 현상에 사로잡힌다.

스트레스, 압박감, 위기의 순간 기술자는 단순히 위협을 도전으로 재구성하기만 하지 않는다. 그들은 자신이 직면한 도전과 **사랑에 빠져** 다양한 관점에서 심도 있게 탐구한다. 말라리아 피해가 심한 열대 지역에서 몇 개월 동안 말라리아를 연구한 투유유를 떠올려보라. 그런 심층 관찰로 그녀는 523 프로젝트가 직면한 도전의 엄중함을 더 잘 이해함과 동시에 개인적으로 프로젝트에 헌신하려는 마음도 키워냈다. NASA 해적단이 챌린저호 참사 전후로 우주 관제 센터가 직면한 난제를 예리하게 인식했던 이유도 심층 관찰 덕분이었다. 다음은 무라토어가 심층 관찰과 학습의 중요성과 그것이 어떻게 동기 부여를 할 수 있는지 성찰한 내용이다.

> "지금 다루는 주제는 무엇인가? 이것은 어떻게 작동하는가? 작동하는지 어떻게 알 수 있는가? 그 뒤에 있는 물리적 현상은 무엇인가? 화학적 현상은 무엇인가? 업계의 일반적인 관행은 무엇인가? 다른 프로그램에서는 어떻게 하고 있는가?" 만약 '배우고 싶다.'라는 의사만 전달한다면 아주 길게 설명을 들을 수 있습니다. 날마다 대단히 똑똑한 사람들에게 배울 수 있죠. 그것을 당신의 일로 선택한다면 말입니다. 나는 항상 다른 사람들에게 질문하고 똑똑해지는 것이 내 일이라고 생각해 왔습니다.

기술자가 맡은 중요한 역할 하나는 문제에 대한 이해를 재정립하고 개선하는 것이다. 많은 경우 새로운 방식으로 올바른 질문을 던지는 것이 새로운 해결책을 개발하는 데 가장 중요하다. 최고의 기술자는 새로운 관점을 가져와 문제 상황의 핵심을 찾아낸다.

기술자들은 **탐험과 발견**을 통해 무엇이 어디까지 가능한지 끊임없이 시험한다. 이로써 문제와 관련이 있을 수 있는 새로운 아이디어를 떠올리고 다양한 접근 방식을 만들어낸다. 그들은 독창적인 아이디어를 생각해내는 데 만족하지 않고 그 결과인 해결책도 체계적으로 평가한다.

NASA 해적단은 결성 후부터 한결같이 발견 모드로 작업하며 다양한 컴퓨터에 액세스할 수 있는 데이터 스트림을 사용하는 방법을 알아내고, 코딩 작업과 재작업을 계속해야만 했다. 무라토어는 발견 사고방식이 해적단에게 '조금씩 만들고, 조금씩 테스트하고, 조금씩 수정하기'를 알려줬다고 설명했다. 문제 전체를 완전히 파악하려고 하는 대신 핵심 구성 요소로 문제를 쪼개어 한 번에 하나씩 파악하고, 구성 요소들을 완전히 이해했다고 입증될 때까지 다음 단계로 나아가지 않았다. 풍부한 지식과 이해를 바탕으로 가능한 모든 시나리오를 검토하고 강에 착륙하는 방법이 유일한 시나리오로 남을 때까지 하나씩 제해나간 설렌버거 기장과 비슷하다.

마지막으로 기술자는 관찰한 현상을 활용할 방법을 **실험하고 프로토타입으로 제작하여** 직면한 위기를 헤쳐 나가도록 돕는다. 비틀어 보고, 손보고, 조정한다. 애플의 첫 양산형 컴퓨터 마우스와 스마트폰과 태블릿이 나오기 전 가장 성공적인 핸드헬드 컴퓨터 개발을 도운 세계적인 디자인 기업 IDEO는 발견 과정을 실현 가능성, 생존 능력, 바람직함의 세 영역에 걸친 탐색으로 본다. 이런 관점에서 실험과 프로토타입 제작은 새로운 최적점을 찾기 위한 반복적인 시도이다.

실현 가능성: 기술적으로, 조직적으로 실현할 수 있는 것은 무엇인가?

생존력: (사회적, 경제적, 또는 다른 목표 측면에서) 장기적으로 생존할 수 있는 것은 무엇인가?

바람직함: 바람직한 것은 무엇인가?

실험과 프로토타입은 해적단이 실현 가능성("어떻게 하면 데스크톱으로

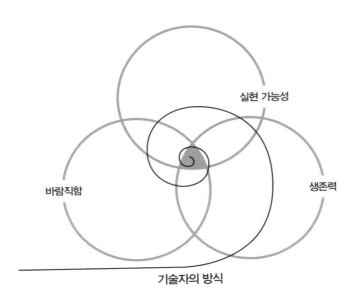

실현 가능성

바람직함

생존력

기술자의 방식

우주 비행에 대단히 중요한 데이터를 분석하고 해석할 수 있을까?")과 생존력 ("어떻게 하면 이 작업을 메인프레임의 대안으로 만들 수 있을까?"), 바람직함 ("우주 관제 센터에 정말로 필요한 것은 무엇일까?")을 조율하는 데 도움이 되었다. 기술자는 실험과 프로토타입으로 새로운 아이디어와 프로세스들을 시도하고, 이론적이고 원론적인 가능성을 뛰어넘어 실체적이고 현실적인 것을 만들 수 있다.

진정한 기술자는 창의성과 엄정함을 조합해 자신을 최고의 적으로 삼는다. 그들의 작업은 단순히 놀라운 발견에서 그치지 않는다. 대개 그러한 발견으로 인정받는 경우가 많지만 말이다. 진정한 기술자는 즐거운 깨달음으로 가는 길이 현명한 편집으로 포장되어 있음을 알고 있다. 내가 이런 자질을 정확히 절반만 가지고 있다고 가족들이 농담처럼 말한다. 나는 라디에이터부터 라디오까지 물건들을 분해하기 좋아하지만, 다시 조립하다 부품들이 남으면 흥미를 잃고 계속할 엄두를 못 내는 아이였기 때문이다!

우주 비행 관제 시스템을 대체할 '장난감 같은 시스템'은 해적단이 끊임없이 분해하고 다양한 구성과 조합으로 다시 조립하여 나온 교차 프로토타입의 혼합물이었다. 다시 말하지만 무라토어의 통찰은 기술자의 세계를 바라보는 렌즈로도 유용하다.

우리는 각 부분마다 사용자가 필요한 기능을 즉시 쓸 수 있는 패키지를 제공했지만 모든 문제를 정리해줄 하나의 큰 해결책이 필요하지 않도록 문제를 쪼갰다. 우리가 배운 대로 새로운 부분을 추가할 때는 필요하다면 시간을 들여 시스템을 재구축하고 문제를 해결할 수 있을 만큼 일반적인 해법을 만들었다. 작은 부분으로 나눌 수 있고 각 부분에 대한 해법을 찾으면 6개월씩 네 번 만에 전체 시스템을 온라인으로 가져올 수 있었다.

프로토타입은 새로운 해법을 곧바로 실용화할 수 있는 기초가 된다. 프로토타입 없이는 새로운 해법을 수용하도록 만들 수 없다. 앞에서 NASA 해적단의 작업에 관해 이 단계까지 이야기했다. 그들은 실행 가능한 프로토타입을 가지고 있었고 사람들도 어느 정도 수용하게 되었다. 하지만 진정한 테스트가 아직 남았다.

해적단에게 무슨 일이 있었는지는 이 장의 뒷부분에서 알아보도록 하고, 먼저 내가 좋아하는 사례를 소개하며 기술자가 어떻게 행동하는지 보여주려 한다. 이 이야기는 미국이 2차 세계대전에서 공세를 강화하고 있던 1942년, 로스앤젤레스의 한 저녁 식사 자리에서 오간 대화로 시작된다.

집요할 정도의 끈기

샌디에이고에 주둔하던 육군 군의관 웬들 스콧 박사는 로스앤젤레스에 사는 오랜 친구 두 명을 찾았다. 전쟁이 확대되는 상황에 의료 서비스 개선 임무를 맡은 스콧은 저녁 식사 자리에서 그가 맞닥뜨린 문제들을 언급했다.

많은 문제들 가운데 가장 중요한 것은 부상병의 재활과 지지에 사용되는 표준 금속 다리 고정 장치가 부상을 더 악화시킨다는 것이었다. 마침 산업 디자이너로 일하다 최근 캘리포니아로 이주한 그의 친구 부부는 목재를 활용하는 새로운 방법을 다양하게 실험하고 있었다.

스콧은 친구 집 손님방에서 그들의 작품 몇 가지를 보고 나무로 만든 부목이 부상병을 치료할 때 일어나는 의료 문제들을 해결할 수 있겠다고 제안했다. 나무 부목은 전쟁에 긴요한 강철과 금속을 아끼는 데도 도움이 된다고 생각했다. 친구 부부는 스콧이 제안한 도전에 동참하기로 했다. 그들은 최전방 보고서와 경험을 파악하고, 부상병, 군의관들과 직접 대화하는 등 심층 관찰 과정에 들어가 두 집단이 직면한 제약과 문제를 명확하게 이해했다. 최전방 군의관들이 쓴 보고서는 부상병의 초기 치료와 후송을 단순화할 수 있는 '응급 후송용 부목'의 필요성을 한 번 더 확인해주었다.

스콧이 방문하기 전 그들은 가구와 조각품의 재료로 합판과 몰딩을 실험하고 있었다. 그 작품으로 상을 받기도 했다. 그러나 아직 응급 부목처럼 기능적 필요를 즉시 충족하는 제품을 제작한 적은 없었다. 그들은 사람의 몸을 지탱하려면 목재를 어떤 식으로 써야 할지 알기 위해 재료 실험을 시작했다. 목재로 곡선형 부목을 만들기 위해 베니어합판을 수지 접착제로 붙인 다음 열과 압력을 가해 성형했다. 곡선 나무 구조물을 만들 수 있었고, 그게 금속 부목보다 가볍고 튼튼하며 성능이 좋은 것을 알게 됐다. 필요한 재료는 대량으로 저렴한 가격에 쉽게 구할 수 있었다.

부부는 수개월 동안 여러 모양과 조합으로 부목 시제품을 제작하고 실험했다. 접착제 범벅인 여러 부목을 착용하다 보니 실험이 끝났을 때 다리에 털이 없어졌을 정도였다. 약 1년간 프로토타입 제작과 자체 실험을 거친 후 그들은 성형된 나무 부목을 최초로 만들어냈다. 앞에서 제시한 기술자 도표로 돌아가보자. 부목은 실현 가능성, 생존력, 바람직함 사이의 새로운 최적점에 놓인다. 나중에 이 디자이너의 가족 중 한 명은 다음과 같이 말했다.

이 부목은 재료를 매우 정직하게 사용하고, 재료의 한계를 이해하고 부목의 기능적 필요성을 결합한 것이었습니다. 대칭인 구멍은 구부린 합판의 응력을 줄여주고 붕대를 넣어 감아줄 공간도 제공합니다. 부목은 특정 디자인 문제의 제약을 유리하게 활용하는 완벽한 예시입니다. 이러한 제약을 인식하고 그 안에서 작업하는 것이 항상 디자인 과정의 핵심이었죠.

진정한 기술자가 그렇듯 이 디자이너들도 호기심의 끝을 좇는 집요한 끈기를 보였다. 하지만 당장 부목을 어떻게 제조하고 대량 생산할 것인가라는 경제적 문제에 부딪혔다. 다행히도 초기의 긍정적인 테스트 결과를 본 스콧과 해군의 도움 덕분에 대형 제조업체 몇 군데와 계약할 수 있었다. 디자이너들은 대량 생산을 위해 제조 공정과 공작 기계까지 개발했다. 2차 세계대전이 끝날 무렵 15만 개 이상의 성형 목재 부목이 제작되어 부상병들에게 전해졌다.

디자이너들은 전쟁이 끝나갈 무렵 그간의 물질적 성공에 힘입어 그들의 본업인 가구 제작으로 돌아갔다. 부목을 제작하며 완성한 기술, 특히 합판을 사람의 다리 모양에 맞춰 성형하는 기술을 사용해 유기적이면서 인체 모양에 맞게 성형된 목제 의자를 최초로 개발했다. 또 동일한 제조업체와도 계약을 이어가고, 군용 제품을 지원하면서 얻은 생산 지식을 가구 생산에 재적용하는 데도 성공했다. 작업을 지원했던 한 CEO는 전쟁이 끝난 후 그들의 '예술가-엔지니어' 팀이 자주 생각난다는 편지를 보내왔다.

나무 부목의 영향이 뚜렷이 드러나는 곡선 형태로 디자인된 그들의 의자는 상징적인 우드라운지체어로 더 잘 알려져 있다. 문제의 부부는 찰스 임스와 레이 임스다. 임스 우드라운지체어는 1999년 『타임』이 선정한 20세기 최고의 디자인에 포함되었다.

임스 부부의 부목 작업은 구체적인 제작 행동을 넘어 모든 업시프터가 공통으로 가지는 요소를 보여준다. 대단히 영향력 있는 이 부부는 '제약에 구애받지 않는 창의성'이란 개념으로 20세기 디자인의 면모를 변화시켰다. 그리고 전쟁 중에도 놀라운 업시프트로 사업을 했다. 임스 부부의 작품 철학은 20세기 서구 생활의 많은 부분을 형성했으며, 업시프트하는 기술자들에게도 깊은 울림을 준다.

8가지 체크리스트

"고무적인 이야기지만 말처럼 쉬운 게 아니다."라고 생각하는 사람도 있을 것이다. 어떻게 압박감 속에서 새로운 해결책을 실제로 생각해 낼 수 있을까?

우리의 역사와 경험은 기술자의 탐험에 관해 2가지 중요한 메시지를 전한다. 첫째는 창의적인 해결책을 찾기가 어렵다는 것이다. 독창적인 아이디어는 찾기 어렵기로 악명이 높다. 이를 찾으려면 광범위하고 자유분방하게 탐색해야 한다.

둘째는 창의적인 아이디어는 영감의 순간, '아하'와 '유레카'의 찰나에 떠오른다는 것이다. 기술자의 작업은 마치 사냥처럼 느리고도 빠르게 진행된다. 하지만 지금까지 이 책에서 살펴본 기술자들은 영감이 떠오르길 기다리는 대신 그물과 창을 들고 쫓아가는 습관을 길렀다. 여기서 그물과 창이 실제로 무엇인지 살펴자.

발명가들이 더 체계적으로 새롭고 독창적인 아이디어를 생각해 내도록 하는 방법은 여러 가지가 있다. 가장 효과적인 방법은 1950년대 아제르바이잔 바쿠에 있는 특허사무소에서 고안됐다. 엔지니어 겐리히 알츠슐러는 수십 년 동안 특허 수천 건과 기반 기술을 연구하면서 창의적 문제 해결 이론TRIZ(The Theory of Inventive Problem Solving의 러시아어 약어)을 정립했다. 통념과 달리 발명가의 여정에는 공통된 패턴이 있다. 알츠슐러는 주어진 문제를 해결하는 방법에 약 100가지가 있음을 발견하고 각각을 설명하기 시작했다. 그의 접근 방식은 NASA, 3M, 삼성 등에서 디자인 문제와 과제를 해결하는 데 사용하

크래프팅 활동	업시프트 사례
교차 혼합 사물이나 프로세스, 분야 결합하기	제트 여객기를 글라이더처럼 몰아 강에 안전하게 착륙
역회전 기존 작업 방식 뒤집기	난민들이 수동적인 원조 수혜자가 아닌 사업가가 될 수 있도록 지원
증강 요소를 추가하거나 제거하여 제품 또는 서비스 개선하기	개선된 다리 부목에 사용할 수 있도록 목재의 성질과 특성 변경
자유분방 더욱더 즉흥적, 역동적, 연합적인 작업으로 만들기	콘서트에서 망가진 피아노로 연주
강화 제품이나 프로세스, 서비스가 어떻게 개선되어야 하는지 확인하기 위해 극단적으로 사용하기	시험 성적을 올리기 위해 긍정적 스트레스 기법 사용
확장 제공되는 기능과 서비스의 수 늘리기	빌린 데스크톱으로 기존 메인프레임보다 더 많은 기능 수행
범위 문제에 더 다양한 접근 방식 사용하기	초기 인류가 동굴에 거주하며 해산물과 뿌리식물로 식단 조정
시스템 문제나 쟁점에 광각 렌즈 사용하기	보수적인 국내 가구 업계 대신 전 세계 공급업체를 이용한 조립식 가구

기도 했다.

　복잡하거나 단순한 여러 변형이 있지만, 체계적인 창의적 사고를 옹호하는 사람들은 모든 창의적 해결책이 몇 가지 공통적 패턴을 공유하며, 그 패턴을 새로운 가능성을 생각하는 도구로 활용할 수 있다고 제안한다.

　많은 사람에게 영감을 준 TRIZ는 대개 단순화되고 덜 치밀한 방식을 사용한다. 나도 업시프트 연구를 하면서 TRIZ 방식을 따라 8가지 기술자 체크리스트를 만들었다. 기술자가 할 수 있는 일은 앞의 표와 같다. 새로운 해결책을 만들기 위한 업시프터의 노력에서 도출된 이 8가지 요소는 과거에 혁신가와 디자이너들이 해온 일을 바탕으로 우리가 직면한 문제에 적용할 수 있게 하는 도구상자다.

　한 가지 사고 실험을 통해 체크리스트를 어떻게 적용할 수 있는지 보여주겠다. 당신이 연필 디자이너인데 다양한 고객을 위해 참신한 제품을 개발해 소비자의 흥미를 유발하고 회사에 대한 충성도를 높이라는 임무를 맡았다고 가정해보자. 당신은 다음과 같은 방식으로 기술자 체크리스트를 적용하게 될 것이다.

- 무엇을 **교차 혼합**할 수 있을까? 펜에서 가져온 아이디어를 어떻게 융합할 수 있을까? 예를 들어 펜처럼 보이지만 쓰거나 그린 것을 지울 수 있는 액체 흑연 연필을 생각해보라.
- 무엇을 **역회전**시킬 수 있을까? 연필은 종이에 자국을 남긴다. 반대로 흑연 시트와 흑연을 '긁어내는' 연필을 판매할 수도 있을까?
- 무엇을 **증강**할 수 있을까? 연필을 어떻게 증강할 수 있을까? 다색

펜처럼 여러 색상이 섞인 연필은 어떨까? 자나 컴퍼스 같은 추가 기능을 넣은 연필은 어떻게 만들 수 있을까?

- 어떻게 **자유분방**할 수 있을까? 연필을 어떤 색다른 방식으로 사용할 수 있을까? 예를 들어 연필을 깎을 때 나온 나무 부스러기를 불쏘시개로 재활용할 수 있을까?

- 극단적이거나 비정형적인 사용자를 위해 연필을 어떻게 **강화**할 수 있을까? 우주, 수중 또는 여러 극한 환경에서 사용하려면 연필을 어떻게 개조해야 할까? 사용자를 위해 연필 모양을 실험하면서 무엇을 배울 수 있을까? 예를 들어 연필을 잡기가 더 쉽게 또는 재미있게 만들 수 있을까?

- 연필의 용도를 어떻게 **확장**할 수 있을까? 연필을 다른 도구로 확장할 수 있을까? 예를 들어 연필을 일반적으로 사용할 수 있으면서 물만 적시면 붓으로 물감을 칠하는 것 같은 효과를 내는 '물감 연필'을 만들 수 있을까?

- 연필에 대한 접근 **범위**를 다양화할 방법이 있을까? 일반 연필 말고 다른 재료, 색상, 스타일, 크기를 생각해볼 수 있을까? 연필의 대체 용도 테스트는 어떻게 될까?

- 더 큰 **시스템**의 관점에서 보면 어떨까? 연필 산업의 지속가능성이 갖는 함의는 무엇일까? 나무와 흑연을 대체할 수 있는 대안이 있을까? 연필을 재활용할 수 있을까? 가능하다면 그 방법은 무엇이고 어떤 이점이 있을까?

새로운 종류의 연필을 구상하고 체크리스트를 체계적으로 사용해보는 것만으로도 우리는 기술자처럼 가능성의 공간을 탐색할 수 있다. 연필의 디자인이든 비행기의 불시착이든 모든 아이디어는 본질적으로 트레이드오프[16]의 문제라는 것을 배우고, 여러 트레이드오프 관계를 다각도로 고려할 수 있다. 이상은 기본적인 설명일 뿐이지만 정말 영향력 있는 아이디어로 나아가는 데 도움이 된다.

이해관계가 훨씬 더 큰 분야에도 똑같은 원칙을 적용할 수 있다. 운동선수들의 경기력을 예로 들어보자. 1장에서 설명했듯 혁신과 창의성은 최상위 수준의 경기력을 보이는 선수들에게 분명히 나타날 뿐 아니라 최상위 선수와 나머지 선수들을 구분 짓는 중요한 요소다.

체조 종목을 좋아하는 사람이라면 자신의 이름을 딴 기술을 가장 많이 보유한 체조 선수가 미국 올림픽 챔피언 시몬 바일스임을 알고 있을 것이다. 바일스는 불가능해 보이는 동작을 해내며 체조계를 뒤흔들었다. 그녀의 평균대 바일스 기술은 너무 위험해서 체조연맹이 이 기술에 의도적으로 낮은 점수를 부여했다. 다른 선수들이 모방하지 않도록 막은 것이다. 보수적인 체조계의 문화와 이런 기상천외한 압력에도 그녀는 어떻게 이런 고난도 연기를 해냈을까?

바일스가 보기에 자신이 해온 연습의 핵심은 실험적인 프로토타입을 만들고 적응해가는 과정이다. "체조 연기의 구성은 레고 블록과 비슷하다고 생각합니다. 기술을 뺐다 도로 넣었다 할 수 있으

---

16   어느 것을 얻으려면 반드시 다른 것을 희생해야 하는 경제 관계.

니까요. 옳고 그른 것은 없습니다. 그저 상상력과 창의력을 발휘하는 거죠."

이것이 어떻게 진행되는지 바일스의 대표 동작과 업적을 기술자 체크리스트의 일부와 연결 지어보자.

- **교차 혼합 – 평균대 내리기 기술**: 바일스는 연기 도중 균형을 잃은 것처럼 보였음에도 평균대 종목의 최고점을 받았다. 심사위원들이 지적했듯이 이것은 실수가 아니었다. 바일스는 마루운동에서 흔히 볼 수 있는 공중돌기 동작을 평균대에 접목한 것이었다.
- **증강 – 아마나르 기술**: 여자 체조선수들에게 굉장히 힘든 도마 기술 가운데 하나다. 바일스는 경쟁자들보다 90~120센티미터 더 높이 뛰어올라 공중에서 여러 차례 비틀기를 한 후 착지할 수 있었다. 그 결과는 또 다른 고득점 연기의 탄생이었다.
- **강화 – 바일스 기술**: 아마 가장 잘 알려진 바일스 기술은 그녀가 종아리 부상 후에 더 큰 부상과 통증을 예방하기 위해 기존 기술을 변형한 것으로 체조연맹 채점 규정에 처음 올라간(현재 바일스 기술은 4가지다.) 기술이다. 뒤로 공중제비를 두 번 돌고 마무리 동작으로 일반적인 풀 트위스트가 아니라 하프 트위스트로 앞으로 착지한다. 바일스가 최초로 해낸 뒤에도 물리적으로 불가능한 동작이라고 보는 사람이 많을 정도로 고난도 기술이다.
- **범위 – 도마 유르첸코 기술**: 유르첸코 기술은 바닥을 짚고 뒤로 회전하며 도마로 올라가는 연결된 동작으로 고난도 기술이다. 어느 관중이 "그야말로 날아다닌다."라고 표현할 정도로 바일스는 유르

첸코 기술을 급진적으로 확장하여 네 번째 바일스 기술로 만들었다. 그녀는 하프 턴으로 도마에 올라가 두 바퀴 회전 후 착지했다. 이 도마 기술은 여자 체조 동작 중 가장 난도가 높다.

- **시스템 – 정신 건강 옹호자:** 혹독한 훈련과 어려운 연기를 요구하는 것으로 악명 높은 체조계에 바일스가 가져온 가장 놀라운 변화는 세계 체조계의 엄격한 기대에 도전한 것이었다. 체조 선수들이 연기 도중 몸을 제어하지 못하는 현상을 일컫는 '트위스티'가 발생한 후 바일스는 정신 건강 문제를 이유로 2021년 도쿄 올림픽 경기 도중 기권했다. 이는 세계 스포츠계, 특히 여자 선수들에게 대단히 유익한 논의를 일으켰다. 그녀는 나중에 다음과 같이 말했다. "가장 힘들었던 부분은 정신 건강 문제를 공개적으로 말하는 것이었죠. 제가 정신 건강 문제의 주창자가 될 수도 있다는 것을 알았거든요. 하지만 그게 제 목표는 아니었습니다. 그건 제가 진정으로 원했던 게 아니었습니다."

대표 기술을 개발할 때와 마찬가지로 그녀가 이 새로운 영역을 탐색하는 방식에서도 기술자 정신은 뚜렷이 드러난다. "저는 여전히 문제를 겪고 있습니다. 사람마다 겪는 과정이 다르고 효과가 있는 방법도 다르죠. 주어진 모든 수단을 사용해야 합니다."

NASA 해적단도 그녀의 말에 틀림없이 동의했을 것이다.

천국과 가장 가까이

1988년 5월, 해적단이 우주 관제 센터 동료들의 마지못한 존중과 점점 더 많은 관심을 받고 있었다는 것까지 앞서 이야기했다. 그러나 결정적 순간은 그들이 바라거나 원했던 것보다 더 빨리 찾아왔다.

존 무라토어는 시스템 엔지니어에게 우주왕복선 작동에 중대한 결함이 있다는 전화를 받았다. 로켓 모터가 비행 도중 멈출 위험이 있다는 이야기였다. 그런데 기존 메인프레임에서 사용하던 오류 모니터링 도구로는 문제가 파악되지 않았다. 우주왕복선이 지상으로 급강하하는 동안에도 모니터는 모두 계획대로 진행되고 있다고 말해줄 뿐이라고 했다.

무라토어 팀은 4개월도 채 안 되는 기간에 우주 비행 요구 사항을 충족하고 의사 결정권자에게 전할 올바른 정보를 적시에 적절한 형식으로 산출해내는 시스템을 구축해야 했다. 이에 비하면 지금까지 해적단이 해온 작업은 그저 장난이었다. 이보다 위태로울 수 없는 상황이었다. 우주왕복선이 또 추락한다면 NASA가 해체될 것이었다.

해적단은 24시간 내내 일해야 했지만, 이번에는 NASA 최고위층이 지원했다. 한 분석가의 설명처럼 실제 상황에서 그들의 시스템이 작동하게 하는 것은 "수술실을 다시 짓는 동안 심장 이식 환자가 수술받는 것"과 비슷했다. 최종 플랫폼은 콘솔 5개를 사용했고, 매우 정확한 오류 메시지를 제공하도록 설정했으며, 결함 가능성이 보이자마자 다시 실행하고 분석할 수 있게 되감기 기능까지 내장했다.

해적단의 노력을 충분히 이해할 수 있도록 그들의 작업을 기술자 체크리스트와 비교해본다.

- **교차 혼합**: 미 공군 관제 시스템을 가져와 우주 비행 수행 방식에 적용했다.
- **역회전**: 대형 컴퓨터를 사용해야 한다는 생각을 바꿔 엔지니어의 손에 제어권을 다시 돌려주었다.
- **증강**: 우주 비행 중 들어오는 데이터 스트림을 실시간으로 해석할 수 있도록 새로운 시각 및 분석 단계를 만들었다.
- **자유분방**: 다양한 시스템에서 컴퓨터 코드를 개발해 우주 비행 임무의 요구에 탄력적으로 대처할 수 있게 했다.
- **강화**: 특히 위기 상황에서도 계속 작동하고 해결책을 산출할 수 있는 시스템을 구축했다.
- **확장**: 필요한 분석과 계산을 해내고 의사 결정을 지원할 수 있는 단일 플랫폼을 만들었다.
- **범위**: 기술적으로 분석하고 평가할 수 있는 쟁점과 문제 종류를 다양화했다.
- **시스템**: 기술을 독립적인 구성 요소가 아니라 NASA의 조직 및 관리 문화의 일부로 바라보았다.

1988년 9월 STS-26이 발사되기 직전 존 무라토어가 느낀 감정은 업시프트의 클릭 모먼트를 상징적으로 보여준다.

1분에 1마일(약 1.6킬로미터)을 뛴 것처럼 심장이 뛰고 속이 울렁거렸습니다. 모든 노력이 판가름 나는 결정적인 순간이었으니까요. 그때까지만 해도 우리 시스템이 작동하지 않아도 아무도 죽지는 않겠다고 생각하고 있었습니다. 그런데 이것은 챌린저호 사고 후 첫 비행이었습니다. 기회는 한 번뿐이고 그러고 나면 모든 게 끝이었죠. 우리가 해내지 못하면 조직 전체가 무너질 수 있었습니다.

그는 걱정할 필요가 없었다. 2년 만에 이루어진 NASA의 우주선 발사 임무가 진행되는 동안 해적단의 시스템은 결함 모니터링의 중추 역할을 했다. 모든 것이 완벽하게 작동해 발사 임무를 성공적으로 수행했다. 무라토어는 "1988년에 우리 컴퓨터 시스템을 실행시켰고, 그 후로 모든 발사 임무에서 사용하고 있습니다."라고 말했다.

해적단의 작업에서 기술자의 행동과 습성 말고도 모든 업시프터에게 공통으로 나타나는 요소들을 발견할 수 있다. 그들은 일종의 창작 불안, 자신의 전문 지식에 이의를 제기하려는 의지, 현상에 대한 불만을 보여주었다. 그들은 도전을 기회로 보는 **사고방식**을 지니고 있었다. 해적단은 업시프트에 도전하기 훨씬 전부터 사물이 실제로 작동되는 방식에 매료되었다. 주변 세계의 복잡한 기술적, 사회적 작용에 흥미를 느꼈다. 즉, 그들은 **독창적인 사고**를 하고, 일의 수행 방식을 재고하고 재구성하는 데 가장 적합한 사람들이었다. 대체 시스템을 개발할 기회가 생겼을 때 일이 실제로 어떻게 돌아가는지 내부를 들여다보는 그들의 오랜 습관이 크게 도움이 되었다.

마지막으로 그들에게 **목적의식**이 있었다는 점이 아마 가장 중요할 것이다. 무라토어는 다음과 같이 말했다.

사람이 우리의 가장 큰 자원은 아닙니다. 사명감이 가장 큰 자원이죠. 사명감을 잃을 때 우리는 가장 큰 위험에 처하게 됩니다. 사명감이 강하면 어떤 장애물도 극복할 수 있습니다. 사명감을 잃을 때 곤경에 처합니다. 정치에 몰두하고, 예산과 일정에 얽매일 때입니다. 개인적인 문제에 빠져 있을 때입니다. NASA를 위해 최선을 다하고 싶다면 사명감을 유지하고, 사명이 무엇인지에 집중해야 합니다. 우리의 활동이 그 사명을 분명하게, 명백하게, 절대적으로, 가장 효과적으로 지원하지 않는다면 하는 일을 바꿔야 합니다. 아무리 고통스럽거나 힘들어도 말입니다. 사명감 없이 일하고 있다는 것을 사람들이 알게 되면 그들도 더 이상 최선을 다하지 않게 되기 때문입니다.

해적단이 임무를 성공적으로 수행한 것은 간과되지 않았다. 시험 가동 직후 해적단은 NASA 전체의 비행 관제를 위한 데스크톱 기반 시스템을 새로 개발하는 임무를 맡게 되었다. 나중에 NASA가 메인프레임에서 완전히 벗어난 새로운 우주 관제 센터를 구축해야 했을 때도 무라토어가 전 과정을 책임졌다. 그의 팀은 첫 번째 작업에서 개발한 코드와 프로세스 상당 부분을 고쳐 썼고 새로운 센터는 건물만 있던 상태에서 18개월 만에 첫 비행을 시작했다. 두 번째 성공 이후로 1992년 해적단은 인류가 시도한 가장 크고 복잡한 엔지니어링 프로젝트인 국제 우주정거장의 관제 업무를 맡아달라는 요청을 받았다.

그들의 시스템은 수많은 초기 우주왕복선 임무와 우주정거장 건설을 지원했다. 또, NASA가 우주정거장 승무원에게 제공한, 무중력 상태와 사용 가능한 전력 조건에 맞게 개조한 상용 노트북 네트워크 기술에도 영향을 미쳤다.

1996년 해적단은 뛰어난 혁신과 성능 향상, 기존 아폴로호 시대의 시스템을 사용했을 때와 비교해 1억 달러 이상의 비용을 절감한 공로로 고어 부통령이 만든 해머상을 수상했다. 비밀 반란 모임으로 시작한 것 치고는 참으로 영예로운 일이다. 그들의 철학과 사고방식은 실리콘밸리의 애자일 소프트웨어 개발 관행에도 큰 영향을 미쳤다. 주요 경영학자들은 다음과 같이 지적했다.

> "조금만 만들고, 조금만 테스트하고, 조금만 수정한다."라는 해적단의 모토, 지속적인 개선과 실험을 장려하는 정기적인 단기 목표, 결과 중심, 관료주의 배제, 개인의 책임과 의무 장려, 규칙에 얽매인 대규모 조직에서 일하는 동안 관습을 향한 도전은 애자일이라는 용어가 유행하기 전부터 그 근간이 되었다.

90일 테스트 후 구매 규칙을 만든 사람들은 의도치 않게 NASA의 미래를 변화시킬 창의적인 문제 해결 과정을 촉진했다는 사실을 알고 깜짝 놀랐을 것이다. NASA 해적단 이야기는 관심 범위와 이해력 사이의 격차를 메운 아주 좋은 예가 된다.

천국이 왜 있는지 정확히 아는 사람이 있을지 모르겠지만 NASA가 누구보다 천국에 가까이 다가간 것은 분명하다. 무라토어의 말로 이 장을 마무리한다.

> 꿈을 실현하려면 일 처리 방식을 바꿔야만 합니다. NASA는 꿈꾸는

사업을 하고 있기 때문입니다. 우리가 해야 할 일은 계속 도전하는 것입니다. 매우 어려운 일이죠. 하지만 계속 도전하면 방법을 찾을 수 있습니다.

3장
결합자

경계를 넘나들며
재조합하는 이

식물과 동물의 경계에 존재하는 이상한 녀석

미국 동부 연안의 차가운 바닷물에는 지구를 **빛내주는** 특이한 생물이 살고 있다(빛내준다는 말을 가볍게 한 게 아니다). 이 생물은 무지갯빛 수초처럼 움직이며, 물살에 따라 부드럽게 펄럭인다. 이보다 매혹적으로 자연의 아름다움을 보여주는 예를 떠올릴 수 있을까?

나는 왜 수생 생물이 육지 생물과 매우 다른 감정 반응을 불러일으키는지 오랫동안 궁금했다. 친한 친구가 새우는 "원래는 바다의 바퀴벌레"라고 말하는 바람에 2년 넘게 즐겨 먹던 팟타이 요리를 먹지 못했던 적이 있었다. 하지만 푸른민달팽이가 불러일으키는 경이로움은 육지 민달팽이에게 쏟아지는 많은 비방과는 전혀 다르다. 심미적 경탄을 자아내는 이 생물도 같은 민달팽이인데 말이다.

푸른민달팽이의 마법은 외형에 머무르지 않는다. 선명한 녹색은 푸른민달팽이의 놀라운 생명 주기가 의존하는 녹조류에서 생겨난다. 이 바다 민달팽이는 녹조류 줄기에 길고 끈적끈적한 관 모양으로 알을 낳는다. 부화했을 때 붉은 반점이 있는 검은색을 띤 새끼는 해조류를 게걸스럽게 먹기 시작한다. 해조류 없이는 성체가 되지 못할 것이다. 하지만 해조류와의 관계가 정말 특별해지는 것은 성체가 된 후다. 푸른민달팽이는 작은 이빨이 달린 혀로 해조류를 섭취한다. 특별히 진화한 이빨은 해조류의 세포 구조를 파고들 수 있을 만큼 가늘고 날카로워서 해조류의 생명 에너지를 생성하는 녹색 엽록소를 빨아들일 수 있다.

푸른민달팽이는 단순히 엽록소를 소화하는 대신 소화관 내벽에 흡수해 몸 전체를 선명한 에메랄드색으로 바꾼다. 녹조류를 섭취하고 흡수해 소화관 전체가 녹색으로 변하면 푸른민달팽이는 조류에서 떨어져 나와 바다에 떠다닌다. 여기에서 기적이 일어난다. 더 이상 필요 없는 입이 봉해지는 것이다. 푸른민달팽이는 다음 1년 동안 광합성을 통해 에너지를 생성하며 살아간다. 이 놀라운 사실을 다시 설명하자면, 푸른민달팽이는 하루 12시간 조명만 비춰주면 수족관에서 먹이 없이 최대 1년까지 살 수 있다.

푸른민달팽이가 자신의 몸에 통합하는 것이 엽록소만은 아니다. 푸른민달팽이는 먹이를 먹는 동안 해조류에서 염색체도 추출해 유전적 재설계를 거쳐 모든 동물 중에서도 가장 독특한 생물이 된다. 해조류 유전자는 자손에게 전달되어 휴면 상태로 있다가 성체가 되면 동식물의 경계를 넘나드는 생체 주기를 다시 시작한다. 푸른민달팽이 두 마리가 짝짓기를 하고 한 마리가 알을 낳자마자 이상하고 아름다운 마법은 사라진다. 성체는 전문가들이 이 식물과 동물의 융합에 중요한 역할을 한다고 믿는 바이러스에 압도되어 죽는다. 어떻게 이런 일이 일어나는지 세부적인 과정은 아직 완전히 파악되지 않았지만, 대강의 생물학적 과정은 분명하다. 푸른민달팽이는 식물과 동물의 경계에 **걸쳐 있고**, 이를 가능하게 하는 유전 물질의 형태로 엽록소를 비롯한 중요한 자원과 해법을 **변환하고**, 식물과 동물의 잡종이라는 완전히 새로운 결과물로 **재조합한다**. 진화생물학자들은 푸른민달팽이가 광합성을 하는 유일한 다세포 동물이라고 믿는다.

장으로 엽록소를 흡수하는 것만으로는 광합성을 할 수 없다. 육지 민달팽이도 풀을 먹으면서 엽록소를 섭취한다. 동물 내부의 생물학적 환경은 식물과 매우 다르다. 푸른민달팽이의 놀라운 위업은 단순히 엽록소를 흡수하는 데 그치지 않는다. 푸른민달팽이는 엽록체의 기능을 변화시킨다. 너무 많은 빛은 시간이 지나면서 잎을 손상시킬 수 있는데 이는 동물에게도 좋지 않을 수 있다. 푸른민달팽이는 빛을 열로 변환하여 추진력을 얻는 방법을 찾아냈고, 주름진 날개 같은 가장자리를 펄럭거려 열을 발산한다. 또 동물에게 해로울 수 있는 광합성 부산물도 있는데, 식물은 정맥에 해당하는 수관을 통해 이것을 배출한다. 수관이 없는 푸른민달팽이는 독성을 또 다른 화합물로 비활성화시킨다. 이 모든 과정은 해조류 엽록소 세포의 효율성을 감소시키긴 하지만, 그것들이 일반적으로 기능하는 환경과는 완전히 다른 환경에서 이용되기에 적합하게 만든다.

생물학자들은 푸른민달팽이에게서 관찰한 현상들이 완전히 새로운 진화의 시작일 수 있다고 통찰한다. 본래 엽록체는 독립적인 박테리아였는데 햇빛을 에너지로 변환하는 능력 덕분에 다른 세포에 의해 포획되어 '길들여졌을' 수 있다는 것이다. 우리 몸과 다른 동물의 모든 세포의 엔진인 핵에서도 비슷한 결합 과정이 일어났다. 따라서 동식물의 결합이라는 경이를 보여주는 푸른민달팽이는 부자연스러운 방식이 아니라 사실은 생명체의 본질에 따라 행동하는 것이다.

과학자이자 발명가인 캐서린 모어는 푸른민달팽이의 이야기에 별로 놀라지 않을 수도 있다. 열혈 다이버인 그녀의 몸 일부도 성게이기 때문이다.

결합자가 되는 첫걸음

제대로 읽은 게 맞다. 모어는 갈라파고스 앞바다에서 다이빙하다 성게에 손을 찔렸고, 손가락에 가시 일부가 남게 된 사연을 TED에서 매력적인 애니메이션으로 보여준다. 가시를 제거하는 수술 날짜를 잡았지만 그 직전에 말을 타다 떨어져 골반이 부러지는 부상을 입었다. 어느 정도 회복되고 성게 가시제거 수술이 가능하게 되었을 때는 이미 가시가 사라지고 없었다.

뼈가 부러지면 우리의 놀라운 몸은 가능한 모든 곳에서 칼슘을 끌어모으려고 노력한다. 모어의 손가락에 박힌 성게 가시도 칼슘이었던 까닭에 골반 일부가 된 것이다. 하지만 모어와 푸른민달팽이의 유사점은 종을 잇는 혼성체라는 사실에 그치지 않는다.

세계적인 엔지니어이자 외과 의사인 그녀는 인간 지식의 경계를 **포괄하고, 변환하고, 재조합하는** 하이브리드 분야 전문가로 경력을 쌓아왔다. 푸른민달팽이와 아주 유사하게 그녀의 경력은 예상치 못한 변화의 연속이었다. 그녀는 원래 세계에서 가장 빠른 자동차를 만들어 호주 사막에서 열리는 경주에 내보는 것을 목표로 둔 엔지니어였다. 그 후 수년간 대체 에너지 차량과 고고도 항공기 개발에 매진하던 그녀는 전환점을 맞이하게 되었다. 기술 분야에서 실적이 좋았던 덕에 승진을 해 다른 업무를 맡은 것이다.

하지만 그녀는 승진 후에도 계속해서 도전 과제를 찾는 자신을 발견했다. 기업 임원이 되고 싶은 마음이 없었다. 그 때문에 연료 전지 혁신 프로그램을 맡아달라는 미국 정부의 근사한 제안도 거절했다. 대학 시절 의료 공학 분야에서 겪었던 긍정적인 경험으로 그녀는 보건의료기술을 탐색해보기로 했다. 매사추세츠종합병원에 근무하던 친구가 수술과 의료 장비 사용을 참관할 수 있게 주선해주었다. 그리고 처음 참관한 수술에서 그녀는 인생의 변화를 가져올 명확한 미래 비전을 갖게 되었다. 그녀 자신의 수술처럼 그 수술도 계획대로 진행되지 않았다.

문제의 환자는 복부대동맥류를 앓고 있었다. 우리 몸에서 가장 큰 혈관인 대동맥은 심장에서 복부를 통해 신체의 나머지 부분으로 이어지는 주요 혈관이다. 그러나 특정 상황에서 대동맥벽이 약해져 부풀어 오를 수 있다. 그러다 대동맥이 터지면 치명적인 내출혈이 일어난다. 외과 의사들은 이 문제를 해결하려 스텐트 이식술을 개발했다. 스텐트를 사타구니 동맥으로 삽입하고 환자 신체 내부의 X선 영상을 봐가며 부푼 대동맥 위치에 자리 잡게 하는 수술이다. 스텐트는 부푼 혈관 주위에 '보호관'을 형성하여 혈관이 파열될 가능성을 줄여 준다.

그날 모어가 참관한 수술에서는 새로 개발한 스텐트가 사용되었고, 이를 설계한 엔지니어도 수술실에 함께 있었다. 그런데 스텐트가 제대로 작동하지 않자 외과의들은 수술 도중 개복해 부풀어 오른 대동맥 부분을 잘라내고 인조 혈관을 이어 붙이는 기존 수술법으로 바꿔야 했다. 다행히 환자는 살았다.

수술 후 모어는 외과의들과 엔지니어들이 참석하는 보고회에도 들어갔다. 엔지니어들은 그녀에게는 익숙한 '공대생 언어'를 썼고, 외과의들은 거의 알아들을 수 없는 '의료인 언어'를 썼다. 그녀는 "양쪽 다 서로를 이해하지 못하는 것이 분명했다."라고 설명한다. 이는 두 그룹뿐 아니라 모어 자신에 대해서도 이해하게 해준다. 모어는 '이 2가지 전문 언어와 인체의 작동 원리를 모두 이해한다면 양측과 명확하게 소통하고 효과적인 장치를 설계하는 팀의 일원이 될 수 있을 것 같다.'라는 깨달음을 얻었다. 이는 그녀의 인생을 바꿔놓았다.

이전에 바다 생물과 해프닝이 있기는 했지만, 모어가 결합자의 길로 들어서게 된 계기는 그 순간 얻은 깨달음이었다. 그녀는 34세에 의과대학을 졸업하고 세계 최초로 로봇 수술 보조 장치를 개발하고 발전시키는 데 일조했다. 이어서 전 세계 저소득 빈곤 국가의 수술 치료를 혁신하기 위해 노력했다. 나는 전시戰時 및 재해 수술 혁신 프로젝트를 추진하는 동안 그녀와 인연을 맺었다.

캐서린 모어가 무작정 미지의 세계로 항해를 떠났던 것은 아니었다. 마른하늘에 날벼락이나 유탄 같은 출발을 한 것이 아니었다. 그녀는 엔지니어와 외과의 사이의 중개자가 되려면 무엇이 필요한지 제대로 이해하려 조사부터 시작했다. 우선 의대에 진학해 의학과 공학의 결합을 위해 무엇이 필요한지 이해해야 했다. 한 분야의 아이디어를 다른 분야에 접목하기 위해 노력하는 사람들에게 배울 필요도 있었다. 중요한 점은 모어가 의학과 공학을 결합할 필요성의 '존재 증명'을 위해 정확히 같은 항해를 한 사람을 찾으려고 하지 않았다는 것이다. 단지 항해의 단계와 경유지에 대한 감각을 얻고자 했다.

그녀는 자신에게 필요한 학습 과정만 면밀히 조사하는 데 그치지 않았다. 자격을 제대로 갖춘 결합자가 되기 위해 첫발을 내디디면서 모어는 자신의 동기를 점검하고 끈기에 의문을 제기하는 시간도 자주 가졌다. 이를 위해 스스로 테스트와 장애물을 설정했다. 예컨대 29살에 의학 공부를 실제로 시작할 만한 동기가 있을까? 기초 학문, 특히 실험과 생물학 공부가 필요했던 그녀는 부족한 부분을 채우기 위해 UCLA의 야간 강좌에 등록했다. "밤 10시에 유기화학을 공부하는 건 전념 중이라는 아주 좋은 증거죠"

하지만 실제로 경력 전환을 이루려면 몇 가지 다른 요소들이 더 필요했다. 지적 탐구에만 의존할 수 있는 여정이 아니었다. 우선 학비를 충당해야 했다. 미국에서 의과대학 지원자는 여전히 부모의 소득세 신고서를 제출해야 했다. 그녀는 인맥을 활용해 세계적인 명문 스탠퍼드의과대학의 외과 과장과 면담을 잡을 수 있었다. 우연히도 그는 새로운 바이오 디자인 프로그램을 준비하고 있었다. 거기서 학비를 조달할 수 있을 듯했다. 내시경 수술 수요를 평가하는 작업을 해줄 학생에게 수업료의 50퍼센트와 생활비의 50퍼센트를 제공하겠다는 회사가 있었다. 모어가 선발됐다.

모어는 의대생이 된 첫 주부터 독특한 위치에 놓였다. 화요일 아침 다른 학생들이 모두 핵심 과목을 수강하고 있을 때 그녀는 자원하여 수술장에 들어가서 손과 팔을 꼼꼼히 씻고 연구 조교로 일했다. 그녀는 의대에 입학한 후 3주째부터 화요일 아침마다 매번 공학 노트를 가지고 수술장에 들어가기 시작했다.

덕분에 궁금한 것들을 물어볼 수 있었습니다. "이 도구는 무엇인가요? 언제부터 쓰였나요? 왜 이런 식으로 사용되나요?" 사람들은 질문 공세에 시달렸지만 제 질문에 매료되기도 했습니다.

그녀의 성숙함과 전문성도 도움이 되었다. 처음부터 그녀는 결합자의 색깔을 분명히 가지고 있었다. 늦은 나이에 의과대학에 왔고, 엔지니어로 일한 경력이 있으며, 질문을 던지고 문제를 해결하려고 노력했고, 위계질서를 두려워하지 않았다.

저는 임상의들에게는 없는 기술과 지식을 가지고 있었기 때문에 수술장에서 발언권이 없다고 느끼지 않았습니다. 저는 학생이었지만 수술 도구의 설계, 제작, 수정 분야에서는 협력자이자 동료였습니다.

그녀는 유급 업무를 이용해 공학과 수술의 접점을 탐구하면서 핵심 수술 지식도 넓혔다. 학업도 소홀히 하지 않았다. 사실 여러 면에서 앞서나갔다. 하지만 일과 학업을 병행하기 위해 학습 과정을 조정해야 했다. 스탠퍼드대학교가 수업 구성과 출석 방식에 매우 진보적이었기 때문에 모어는 다양한 연령대의 학생들과 수업을 들었다(그녀가 언급했듯이 그녀 학번에는 30세 이상인 여성이 6명이나 있었다). 따라서 다양한 생활과 학습 양식에 맞춘 유연성이 필요했다. 차세대 의료 지도자를 양성하기를 원했던 스탠퍼드대학교는 시스템이 이를 방해하는 것을 원하지 않았다. 저녁에 녹화된 강의 스트리밍으로 강의를 따라잡고는 했던 모어에게 안성맞춤이었다. 1학년이 끝날 무렵 그녀는 일주일에 서너 번 수술장에 갔고, 저녁에 2배속으로 그날 강의를 들었다.

1995년, 그녀는 스탠퍼드대학교에서 설립한 인튜이티브 서지컬 Intuitive Surgical에서 컨설팅 업무를 시작했다. 로봇 보조 수술을 공상과학소설 소재가 아닌 과학적 사실로 바꾸겠다는 꿈으로 설립한 인튜이티브 서지컬은 여러 로봇 수술 해법을 찾고 있었다. 모어는 인간 외과의에게 고되고 힘든 수술에 로봇을 활용할 법을 모색하여 회사가 비만인을 위한 위 우회술 같은 수술에서 외과의와 로봇의 물리적 특성을 재고하도록 도왔다. 그녀는 이렇게 말한다.

모든 수술에서는 외과의의 신체적, 정신적 능력이 환자 몸의 생물학적 특성에 적용됩니다. 이러한 사실이 수술의 가능성과 한계를 정합니다. (…) 여기에 로봇 시스템을 도입하면 갑자기 새로운 것들이 가능해집니다. (…) 위 우회술에서 로봇은 90도로 돌릴 수 있습니다. (…) 저는 로봇의 움직임과 인체의 생물학적 특성을 더 정확하게 일치시킬 수 있다는 것을 깨달았습니다.

분명 굉장한 순간이었다. 인튜이티브 서지컬은 공학적 측면에서 로봇을 잘 알고 있었지만, 작동 방식을 개선할 수 있을 정도로 수술 절차에 대해서는 충분히 알지 못했다. 외과의는 로봇에 대해 잘 알지 못했다. 두 세계를 하나로 모으는 과정이 결합자의 핵심 역할이었다.

> 로봇은 이런 식으로 설계되고 수술 절차는 저런 식으로 설계되므로 다음과 같은 질문들을 해야 합니다. 어떻게 해야 2가지를 재조정해서 이점을 극대화하고 단점을 최소화할 수 있을까? 어떻게 하면 각 세계의 규칙을 충분히 이해하여 규칙을 깨뜨릴 수 있을까? 임상 측면에서 가능한 절차를 방해하는 공학적 측면의 규칙은 무엇이고, 개선할 방법을 생각해낼 수 있을까? 그 반대의 경우는 어떨까?

모어는 인튜이티브 서지컬의 의학부 최고 책임자 미리엄 큐렛과 함께 일할 행운을 얻었다. 큐렛은 뛰어난 외과 의사 출신으로 수술 절차에 변화를 일으킬 경험과 소신을 갖추고 있었다. 그들은 동료 외과의들이 전통적인 복강경 우회술과 새로운 로봇 수술법 둘 다를 배울 수 있도록 돕고, 학습을 촉진하기 위해 2가지 수술을 번갈아 배정함으로써 수술법을 결합하는 기술을 개발할 수 있도록 지원했다. 새롭게 설계된 접근법은 수술 시간을 크게 줄이고, 합병증 발생률을 낮추는 동시에 외과의의 신체적 부담도 줄여줬다.

의료와 수술에 대한 요구가 더 복잡해지고 다각화되었기 때문에 기술을 사용할 줄 알고 정밀한 작업을 수행할 역량을 갖춘 엔지니어가 새로운 변화의 최전선에 서게 된 것은 어찌 보면 당연한 일이다.

결국 인튜이티브 서지컬은 미국 식품의약국의 승인을 받은 최초의 로봇 보조 수술법을 개발했다. 모어는 졸업 후 그곳의 연구 책임자가 되었다. 모어는 학생 시절에도 단순히 외과의와 엔지니어가 서로 대화할 수 있게 하는 것 이상의 일을 했다. 그녀는 그 분야를 재창조하는 데 도움을 주는 결합자였다.

경계가 없는 게 아닙니다. 넘나드는 거죠

결합자의 특징을 잘 설명하는 비유가 있다. 결합자는 아이디어들이 '섹스하게 하는' 사람들이다. 결합자는 경계가 **없는** 게 아니라 경계를 **넘나드는** 혁신가다.

결합자의 핵심 능력은 세상을 '재현 및 결합' 가능한 일련의 상호작용과 강화 패턴으로 바라보는 것이다. 결합자는 이러한 패턴들을 발견하고, 그것들을 활용하려면 단순히 한 곳에서 다른 곳으로 잘라 붙여넣기만 하면 되는 게 아니라는 것을 안다.

내 친구이자 협업 상대인 영국 혁신학자 존 베산트는 압박과 위기에 직면했을 때 결합자가 갖는 고유한 가치는 단순하다고 이야기한다. 그들은 처음부터 다시 시작하지 않고 해결책을 빌려와 적용한다. 결합자는 시간과 비용을 절약하고, 이전에 생각하지 못했던 새로운 가능성을 열어준다.

캐서린 모어와 푸른민달팽이 사례에서 보았듯이 효과적인 결합은 그냥 이루어지지 않는다. 특정 기술과 역량 개발이 필요하다. 다양한 맥락에서 연구한 베산트는 결합자의 행동과 직접 대응되는 3가지 능력이 **포괄, 중개, 재조합**임을 확인했다.

포괄과 탐색: 다른 세계에서 유사한 해결책을 발견하려면 먼저 '추상화의 사다리'를 타고 올라가야 한다. 그리고 그곳에서 같은 문제가 다른 맥락에서 해결되는 것을 볼 수 있어야 한다. 이것은 본질적으로 문제를 해석하거나 재구성하는 일이다. 재구성하고 재조합하는 법을 배우는 것이 이 과정의 핵심 기술이다. 우연히도 베산트는 수술장과 카레이싱 경주에서 모두 문제가 되는 회전 시간이란 훌륭한 예를 들었다. 모어도 분명 동의했을 것이다.

> 병원에서는 수술장 같은 값비싼 자원을 최대한 효율적으로 사용해야 한다. 수술 후 환자를 신속하게 이동시키고, 수술장을 청소·소독한 후 다음 환자의 수술 준비와 진행을 최대한 빨리 해야 한다. 그 점은 다른 세계와 공통점이 많다. 포뮬러 원[17] 팬이라면 그랑프리 경주에서 피트 스톱 작업이 느리면 카레이서가 우승할 기회를 날릴 수 있다는 사실을 알 것이다.

모든 기록을 깨고 역대 최고의 포뮬러 원 선수가 된 영국의 카레이서

---

17 포뮬러 자동차 경기 중 하나로, 경주용 자동차를 이용한 온로드 경기.

루이스 해밀턴은 이 사실을 누구보다 잘 알고 있다. 해밀턴은 주행의 통찰을 제공하는 것으로 만족하지 않는다. 그는 최고의 결합자답게 주행의 예술과 기술 모두 마스터하려고 노력한다.

세월이 흐르면서 우리는 점점 더 열린 마음을 갖게 되었습니다. 엔지니어들은 상당히 폐쇄적일 때가 많습니다. 과거에 해본 적이 있고 효과가 있었던 방식을 반복하는 데 익숙합니다. 그래서 지난 몇 년 동안은 엔지니어들을 익숙하지 않은 영역으로 밀어붙여야 했습니다. 덕분에 그렇게 하지 않았다면 결코 발견하지 못했을 것들을 발견했죠. 고정관념을 깨고 새로운 아이디어에 눈을 뜨게 하는 것은 정말 멋진 일이었습니다. 훌륭한 기록도 세울 수 있었습니다. 남들과 똑같이 하지 않고, 틀에 박힌 생각에서 벗어나고, 남들보다 먼저 혁신하는 그들의 모습을 보면 정말 기운이 납니다.

중개: 어떤 해결책을 다른 상황으로 가져갈 때 중요한 것은, 연결이 실질적으로 유용하지 않을 정도로 상위 수준에서 포괄과 탐색 작업을 하지 않는 것이다. 최고의 결합자는 매우 다른 분야들을 연결하고, 필요와 수단 간의 적합성을 파악하는 능력을 개발한다. 캐서린 모어는 프로 카레이서에 대한 인식이 어떻게 변했는지 이야기한 적이 있다.

포뮬러 원 선수들을 '로봇 인간' 비슷하게 생각했던 때가 있었습니다. 그 시절에 혁신은 엔지니어, 즉 엔진과 물리 법칙을 이해하는 사람들이 하는 것이었죠. 카레이서는 놀라운 반사신경, 체력과 기량, 명민한 정신력을 가졌지만, 기술적인 면에서는 뛰어나지 않았습니다. 그들은 로큰롤의 엘비스 프레슬리처럼 순전히 공연만 하는 간판 같은 존재였습니다. 사고에 관여하라는 요구를 받지는 않았습니다. 그런데 데이터, 실시간 정보, 팀 역학의 증가로 비틀스처럼 직접 자신들의 곡을 작곡하고 연주할 수 있는 환경이 만들어졌습니다. 카레이서의 역할이 중요해졌죠.

루이스 해밀턴 같은 신세대 카레이서는 이러한 변화를 잘 보여준다. 어떤 직업보다 심한 압박에 직면할 그들은 기계와 인간 능력의 경계에서 일해야 한다. 최고의 카레이서는 자동차 역학, 최신 운전 전문지식, 경쟁 스포츠 선수의 심리 사이를 능수능란하게 넘나드는 중개자다.

재조합: 결합이 한 맥락에서 잘라내어 다른 맥락으로 붙여 넣는 것일 경우는 드물다. 결합은 '한 세계의 원리를 다른 세계의 실천으로 바꾸는' 것을 의미하며, 학습하고 수정하는 과정 또는 베산트가 '순환적 적응'이라고 부르는 과정을 포함하고 있다.

다음은 2019년 여섯 번째로 포뮬러 원 챔피언십에서 우승한 해밀턴의 인터뷰다. 질문자가 다음 시즌에는 운전 기법을 바꿀 필요가 없겠다고 하자 그는 이렇게 답변했다.

개선할 것은 언제나 있죠. 작년에는 모든 경기에서 우승하지 못했습니다. 저희가 실수한 부분도 있었고 우승에는 여러 요소가 작용하니까요. 개선할 부분은 늘 있습니다. 레이서로서 팀과 정비사, 공장 엔지니어들과 소통을 어떻게 개선할 수 있을까? 레이서로서 어떻게 하면 더 나은 성적을 낼 수 있을까? 매년 고민합니다. 해마다, 그리고 시즌이 진행되는 동안에도 기술은 발전합니다. 올해도 작년과 같은 타이어를 사용하고 있지만, 작년에는 1년 내내 타이어와 관련된 문제가 있었습니다. 제가 여전히 적응해야 하는 미묘한 기술도 있고, 차가 다르면 적응해야 할 것도 있습니다. 적응 능력도 경기력의 일부죠. 새 차가 들어왔는데 어떨지 모르겠지만 성능이 뛰어났으면 좋겠네요.

결합자가 '흡수 능력', 즉 새로운 자원과 지식을 발견하고, 흡수하고, 이용하는 능력을 갖추지 않으면 이 모두가 불가능하다.

푸른민달팽이의 소화관이 해조류의 엽록소를 흡수하는 것도 물리적인 흡수 능력이다. 인간의 흡수 능력에 중요한 것은 정신적, 지적 능력, 그리고 잠재적인 결합 능력을 활용할 수 있게 해주는 주변 환경이다.

업계 최고인 해밀턴은 이 점을 누구보다 잘 이해하고 있다. 그는 압박감에 직면하여 변화를 주도해야 한다. 하지만 비용을 치르지 않고는 변화를 이룰 수 없다.

다이아몬드는 압력을 받아야 만들어집니다. 그렇죠? 저는 마침내 적절한 균형을 찾은 것 같습니다. 저는 제가 제일 잘 압니다. 언제 스스로를 다그쳐야 할지 압니다. 어디까지 밀어붙여야 하는지도 압니다. 하지만 숨을 돌릴 필요가 있다면 물러설 겁니다.

압박감이 심한 상황에서 루이스 해밀턴 같은 결합자가 대단히 가치 있는 이유는 바로 그들이 경계를 가로지르며 시간을 보내기 때문이다. 깨달음의 순간이 우연히 찾아오는 것처럼 보일 수 있지만, 실은 결합자가 다른 영역들 사이를 오가는 연습을 정기적으로 하면서 가장 필요한 순간 그러한 연관성을 발견할 가능성이 크기 때문이다.

성공적인 업시프트는 결합자가 예기치 않은 연관성을 우연히 종합하여 이뤄낸 결과일 경우가 많다. 투유유가 아주 오래된 전통 의학에 대한 지식과 서양의 약학 지식을 결합해 미국 연구팀보다 먼저 말라리아 치료법을 찾아냈던 일, 프랑스 영양학자 앙드레 브리엥이 누텔라 성분을 영양실조 치료식과 결합해 플럼피넛을 만들어냈던 일 등 앞서 살펴본 업시프터들의 작업을 떠올려 보라.

포괄, 중개, 재조합이 간단한 일처럼 들릴지 모른다. 하지만 그 효과는 엄청나다. 일단 살펴보기 시작하면 이 과정이 첨단 과학, 공학, 의학뿐 아니라 기본 의식주 방식에 미친 영향을 알 수 있다.

언어 발달, 요리법, 소프트웨어 개발 등 다양한 분야에서 수행된 연구를 보면 '크로스오버'는 그것이 일어나는 동안은 우연히 일어난 것처럼 보이지만 실제로는 특정 분야에서 혁신적 변화를 일으키는 주요 동인이 됨을 알 수 있다. 그리고 이러한 크로스오버의 배후에 반드시 결합자가 있다.

가장 영향력 있는 결합자는 새로운 아이디어나 해결책을 제시하는 데 그치지 않고 완전히 새로운 영역을 창조한다. 양조업자이자 제과업자인 한 프랑스인이 간단한 공정을 개발함으로써 인류 발전의 전 과정이 바뀌었던 사례가 있다.

전쟁과 통조림

1795년, 단명한 프랑스 정부(제1공화국 총재 정부)는 장기간 군사 작전을 펼칠 때 식량을 보존하는 혁신적 방법을 찾기 위해 공모전을 열었다. 상금으로 1만 2천 프랑이라는 거금까지 내걸었다. 여러 전문 요리사와 식품 보존 전문가가 도전장을 내밀었고 그중에는 파리 토박이 니콜라 아페르도 있었다.

아페르는 다양한 경험을 하며 살았다. 그는 가족 소유의 여관에서 자랐고 어려서 맥주 양조법을 배웠다. 20세에는 직접 맥주와 포도주 양조장을 열었고, 지금의 바이에른 지역으로 이주해 신성로마제국 백작의 식품 조달 담당자가 되었다. 파리로 돌아와서는 과자와 페이스트리를 만들어 팔았는데 인기가 있어 제과업자로 성공했다. 1789년 왕정 타도 당시 '혁명가'라는 수식어를 경력에 추가했고, 1793년에는 루이 16세의 처형을 도왔다. 그는 축출된 혁명군의 포로가 되었다가 너무 온건하다는 이유로 풀려났다. 감옥에서 풀려난 후 그는 식품 보존에 강박적일 정도로 집중하기 시작했다. 아마도 "로베스피에르 치하에서는 피를 흘려도 빵은 있었는데 현재는 피를 흘리지는 않아도 빵이 없다."라는 말이 나올 정도로 당시 정부가 직면했던 광범위한 식료품 부족에 대한 반작용이었을 것이다. 어쩌면 감옥에서 1년 동안 먹어야 했던 형편없는 음식 때문이었을 수도 있다. 아페르는 한 가지 방법이나 식재료만으로 실험하지 않았다. 그는 이미 다양한 경험을 했고 여러 가지 식품을 어떻게 보존할지에 독특한 관점을 갖게 되었다고 확신했다. 그는 나중에 포괄적 경험이 어떻게 도움이 되었는지 글로 썼다.

> 식료품 저장실, 양조장, 창고, 지하 저장고, 그리고 상점, 제과 공장과 창고, 증류주 양조장과 식료품점에서 일하면서, 45년 동안 이런 종류의 시설을 감독하는 데 익숙해진 나는 많은 사람이 갖지 못한 여러 이점을 활용할 수 있었다.

그는 의도적으로 이러한 모든 환경에서 경험한 공정을 중개하고 재조합하기 시작했다. 이렇게 시작한 조합 실험은 요리 세계를 훨씬 뛰어넘는 의미를 지녔다. 1790년대에 나폴레옹 보나파르트는 유럽 전역에서 전쟁을 벌였다. 나폴레옹 군대 보병들에게 굶주림은 일상이었다. 야코프 발터 같은 나폴레옹 시대 보병이 진정으로 원했던 것은 끔찍한 부상을 입지 않고 충분한 식량을 확보하는 것이었다. 병사 대부분은 자신이 먹을 음식을 사거나, 징발하거나, 빌리거나, 약탈해야 했고, 그러지 못하면 쓰레기 더미라도 뒤져야 했다.

발터의 일기에는 어느 전투 도중 군인들이 주워 온 음식을 나누어 먹기로 하고 얼어 있는 비계 한 덩어리를 녹여 완두콩을 요리하는 장면이 묘사되어 있다. 하지만 안타깝게도 그것은 비계가 아니라 비누여서 귀중한 완두콩마저 먹을 수 없게 되었다. 러시아 원정에서는 절박한 병사들이 화약으로 양념한 쓰러진 말 고기를 서로 먹겠다고 싸웠다고 했다.

나폴레옹 원정대의 발터와 동료 병사들에게 큰 위안은 못 되겠지만 그들이 목숨을 부지할 음식을 필사적으로 찾는 동안 그들의 곤궁함을 해결할 해답이 치열하게 개발되고 있었다. 나폴레옹이 말했다고 여겨지는 "배가 불러야 군대가 진군한다."라는 유명한 격언은 병사들의 텅 빈 배만큼 공허하게 들렸을 것이다. 이 말에 의미를 부여해준 것은 니콜라 아페르였다.

'와인에 효과가 있다면 음식에도 효과가 있지 않을까?'라는 조합적 통찰이 그의 노력을 뒷받침했다. 하지만 단순히 음식을 병에 담으면 끝나는 간단한 문제가 아니었다. 아페르는 두 영역 간 아이디어를 **중개**하는 데 시간을 들여야 했다. 포도를 발효된 상태로 병에 보존할 수 있는 방법을 오랫동안 연구한 뒤 아페르는 여러 종류의 식품을 철사로 보강한 병에 넣었다. 그런 다음 코르크 마개를 끼우고 왁스로 밀봉했다. 그러고는 유리병을 캔버스로 감싸고 끓는 물에 넣어 식품을 익혔다.

각 단계마다 세심한 주의가 필요했다. 아페르는 식품마다 다르게 취급해야 한다는 것을 알게 되었다. 그가 사용한 코르크의 재질적 특성과 코르크를 병목까지 끼우는 속도와 방식이 매우 중요했다. 아페르는 수개월 동안 와인 제조업자들에게 코르크 마개에 대해 자세히 배웠다. 유리도 어떤 종류는 열을 가하면 쉽게 깨져서, 아페르는 강도와 휴대성이 좋은 샴페인 병이 가장 좋다고 일찌감치 판단했다.

아페르는 샴페인 병의 모양도 아주 마음에 들었다.

실험을 시작한 지 1년 만에 아페르는 사업을 접고 파리 남부 도시 마시Massy로 이사했다. 그곳에는 살림집과 작업실 네 동, 과일과 채소를 재배할 마당이 있었다. 그는 새로운 '실험실'에서 육류, 채소, 과일, 허브, 우유, 유청 등 다양한 식품을 테스트하고 실험했다. 완두콩이 특히 어려웠던 것 같다. 완두콩의 까다로운 특성을 여러 페이지에 걸쳐 토로한 것으로 보아 돼지비계인 줄 알고 비누를 넣고 완두콩을 요리했던 때만큼이나 짜증이 났던 게 분명하다.

당시 다른 사람들과 달리 아페르는 "계획을 세워 체계적으로 실험하고 정확한 관찰과 논리적인 결론의 도출로 검증해야만" 아이디어를 발전시킬 수 있다고 믿었다. 과학적인 방식으로 식품, 재료, 공정을 다양하게 조합해보는 체계적인 재조합은 그의 방법론이 궁극적으로 성공하는 데 필수적이었다.

훨씬 나중에 캐서린 모어가 그랬던 것처럼 아페르는 조합과 재조합이 그가 완성하려는 가공 처리의 기초라고 생각했다. 그는 '채소와 육류 부위의 조합을 바꿔보는' 탐구에 착수했다. 다양한 식품으로 방법과 공정을 테스트한 뒤 그는 보존의 기본 원리는 보편적이라는 판단을 내렸다. "모든 식품 재료에 예외 없이 똑같은 방식으로 작용하고 똑같은 효과를 낸다."라는 것이다.

1800년대 초, 아페르는 병에 든 식품을 상점에서 팔기 시작했다. 주요 식품 박람회에서 샘플과 함께 제품을 전시하고, 가장 중요하게는 프랑스군과 협력하여 테스트를 진행했다. 프랑스 전 해군에서 '아페르식' 육류, 채소, 과일, 우유에 대한 실험이 진행되었고, 군함과 부상병을 치료하는 병원에서 병조림이 사용되었다. 회의적인 반응도 일부 있었지만, 긍정적인 반응이 압도적이었다. 그의 병조림을 시식한 기자는 이런 기사를 썼다.

> 아페르 씨의 제품은 아주 성공적이었다. 각각의 병에서 한겨울에 5월을 떠올리게 하고 종종 능숙한 요리사가 만든 것만 같은 앙트르메[18]가 나왔다. 특히 병조림 처리된 작은 완두콩은 제철에 먹는 완두콩만큼이나 파랗고 부드럽고 풍미가 있다고 해도 과언이 아니다. 아페르 씨는 제철을 바꾸는 기술을 발견했다. 정원사가 계절의 변덕에 맞서 유리 돔 아래 보호하는 섬세한 식물처럼 아페르 씨는 병 속에 봄, 여름, 가을이 존재하게 한다.

긍정적인 반응에 힘입어 1809년 아페르는 정부에 상금을 신청했다. 한참 후에야 도착한 답신은 병조림 공정 특허를 받고 판매 로열티를 받거나 공정을 공개하고 1만 2천 프랑을 받으라는 것이었다. 아페르는 "그 편이 내 성격에도 더 잘 맞고 더 중요하게는 인류에게 도움이 된다."라며 후자를 선택했다.

아페르의 병조림법은 여러 가지 중요한 결과를 낳았다. 가장 짜증스러웠을 첫 번째 결과는 그가 공정을 공개한 바로 그해에 피터 듀

---

18   주요리 사이에 나오는 간단한 곁들임 요리.

런드라는 영국 상인에게 공정법을 도용당했다는 것이다. 듀런드는 '깡통'을 포함한 다양한 용기를 사용하는 방식으로 영국 왕실에 특허를 출원했다. 이 통조림은 런던 남부의 돈킨, 홀 앤 갬블이라는 회사에서 대량으로 생산되어 1813년에 상용화되었다. 웰링턴 공작이 "돈킨의 소고기 통조림이 얼마나 맛있던지 해군과 육군 모두에 추천했다."라고 공개적으로 발언하면서 통조림은 일찌감치 군대로부터 지원을 받았다. 워털루 전투가 일어나기 1년 전인 1814년 영국 해군은 거의 1,400킬로그램의 통조림을 주문했고 곧 4,500킬로그램으로 주문량을 늘렸다.

돈킨, 홀 앤 갬블은 지금도 남아 있는 식품 회사인 크로스 앤 블랙웰에 합병되었다. 40년 후 캔 따개의 도입(1855년까지 통조림은 망치와 끌로 따야 했다).과 함께 통조림 생산의 기계화는 산업 시대에 급속도로 증가하는 도시민에게 대규모로 양식을 제공하는 데 중요한 역할을 했다. 연유 통조림은 상업적으로 대량 생산되어 상점에서 판매되는 최초의 제품이 되었다. 역사학자들은 사람들이 신선한 우유에서 통조림 우유로 옮겨가면서 도시 농장이 사라졌고, 이는 새로운 도시의 모습을 곧바로 바꾸어 놓았다고 이야기한다.

1차 세계대전에서 통조림이 핵심적인 역할을 하자 미국 정부는 "통조림으로 대포를 뒷받침하라."라는 구호를 내걸고 최전방에 있는 군인들에게 공급할 식량을 통조림으로 만들 것을 촉구했다. 오늘날에도 미국과 서유럽에서만 연간 400억 개 이상의 통조림이 소비되고 있다. 한 사람당 연간 40개를 소비하는 셈이다. 이로써 니콜라 아페르의 방법은 지구상에서 가장 널리 보급되고 복제된 공정이 되었다.

와인 제조에서 식품 보존까지 여러 방법과 과정을 조합한 그의 결합자 역할만 중요했던 것은 아니다. 아페르의 '위대한 공헌'은 이전에 누구도 하지 않았던 방식으로 화학, 실험, 영양, 제조의 세계를 연결한 것이라고 말하는 사람들도 있다. 아페르를 최초이자 가장 영향력 있는 **식품과학자**라고 해도 무방하다. 비록 그는 자신의 공정이 **왜** 작동했는지 완전히 이해하지는 못했지만 **어떻게** 작동했는지는 확실하게 이해하고 있었다.

50년 후 루이 파스퇴르는 아페르법에서 영감을 얻어 식품 분해에서 미생물의 역할을 규명하고, 새로운 지식을 응용해 자신의 이름을 딴 유명한 공정을 개발했다. 그러나 아페르 자신이 "이 제조업체가 나의 실험과 똑같은 실험을 했다는 것을 알고 있다."라고 썼듯이 멸균과 저온 살균법을 최초로 개발한 사람은 아페르였다.

아페르가 상금을 받기 위해 프랑스 정부에 공정을 제출한 지 200년이 지난 뒤 영향력 있는 식품학자들이 "아페르의 연구는 현대 사회의 산업 발전에 가장 중요한 단계"였다고 평가한 것은 놀랍지 않다.

니콜라 아페르의 업시프트는 그에게 영감을 주었을지도 모를 군 지도자와는 대조를 이룬다. 세상은 원대한 아이디어만큼이나 실제 현실 때문에 많이 바뀐다.

이는 알베르트 아인슈타인의 바이올린을 떠올리게 한다.

아인슈타인의 음악 사랑이 왜?

알베르트 아인슈타인은 독특한 방식으로 음악을 즐겼다. 유명한 인물이 되었던 말년에 그는 낡은 바이올린 케이스 없이는 아무 데도 가지 않았다. 그 안에는 약 10대의 바이올린이 번갈아 들어 있었고 매번 바이올린의 줄임말인 '리나'라는 똑같은 애칭으로 불렀다.

세계 어디를 가든, 과학계 인사나 정치계 인사와의 대담 자리든 가리지 않고 그는 새로운 동료들과 함께 저녁 연주를 즐기고 싶다는 바람으로 리나를 데리고 가곤 했다. 때로는 직업인 과학 연구에도 음악이 영향을 미쳤다. 그는 "음악이 없는 삶은 나로서는 상상할 수 없다"라고 단언하며 "나는 음악 속에서 백일몽을 꾼다. 음악의 관점에서 내 삶을 바라본다. 음악에서 인생의 가장 큰 기쁨을 얻는다."라고 했다.

현대 전기 작가들과 아인슈타인을 좋아하는 사람들은 아인슈타인과 음악의 관계를 꽤 상세히 탐구해왔다. 아인슈타인이 나치가 점령한 유럽을 탈출한 후 프린스턴대학교에서 보냈던 시간을 연구한 음악학자 네이트 캠벨은 "연주는 그에게 다른 모드로 들어가는 방법을 제공했다."라고 이야기한다. 엘사 아인슈타인은 남편이 일하는 모습을 이렇게 묘사했다. "남편이 이론을 생각할 때 음악이 도움이 됩니다. 그는 서재로 들어갔다가 나와서 피아노로 화음을 몇 번 치다 무언가를 적고는 다시 서재로 들어가고는 하죠."

아들인 한스 알베르트 아인슈타인은 아버지를 회상하면서 이렇게 말했다. "아버지는 과학자라기보다 예술가 같았습니다. 이론의 옳음이 아니라 아름다움을 가장 높이 평가하셨죠." 이를 반영하듯 한 동료 연구자는 아인슈타인이 특정 아이디어에 가장 자주 보인 반응은 비판이 아니라 "오, 정말 추하다."였다고 말했다. 그는 아인슈타인이 "이론물리학에서 중요한 결과를 찾는 데 가장 중요한 원리는 아름다움이라고 확신했다."라고 지적했다.

아인슈타인의 노벨상 수상자 생애 소개에는 그의 경력에서 음악이 수행한 역할이 자세히 설명되어 있다. "아인슈타인의 과학적 아이디어들은 먼저 이미지와 직관의 형태로 만들어졌다가 나중에 수학, 논리, 단어로 변환되는 경우가 많았다. 음악은 아인슈타인의 사고 과정에서 이미지를 논리로 전환하는 데 도움을 주었다." 아인슈타인 본인도 바이올린 없이는 어떤 물리학 문제도 풀지 못했을 것이라고 말한 적이 있다.

아인슈타인은 그의 예술적 감성에 대해 아들과 비슷하게 이야기하기도 했다. 한 번은 자신의 아이디어가 "우주의 대칭성, 내적 통일성, 아름다움을 반영하지 못하는" 기존 과학 이론에 대한 "심미적 불만"에 뿌리를 두고 있다고 말했다. 심리학자와의 또 다른 인터뷰에서는 이렇게 말했다. "상대성이론은 직관적으로 떠올랐고, 음악은 이런 직관의 원동력입니다. 부모님은 제가 여섯 살 때부터 바이올린을 배우게 하셨습니다. 저의 새로운 이론들은 음악적 인식의 결과입니다."

다음은 알베르트 아인슈타인의 서신에서 발췌한 것이다. 이 편지는 상징적인 한 문장으로 짧게 인용될 때가 아주 많다(그 부분은 굵게 표시해두었다).

글이나 말로 쓰이는 단어나 언어는 나의 사고 메커니즘에서 어떤 역할도 하지 않는 것 같습니다. 사고의 요소로 작용하는 것처럼 보이는 정신적 실체는 자발적으로 재생산되고 결합될 수 있는 특정 기호들과 어느 정도 명확한 이미지들입니다. (…) 최종적으로 논리적으로 연결된 개념에 도달하려는 욕구는 다소 모호한 이 놀이의 정서적 기반입니다. 심리적 기반에서 보면 이러한 **결합 놀이는 생산적 사고에 필수적인 특징으로 보입니다.**

역사상 가장 위대한 이론물리학자는 분명히 자신을 결합자로 보았다. 음악 물리학자, 엔지니어이자 외과 의사, 광합성을 하는 민달팽이 등 업시프트는 아이디어, 학문, 심지어 종 사이에 존재하는 경계를 넘나드는 조합 놀이의 사례들로 가득하다.

결합자는 단순히 두 분야를 살펴보고 유사점을 찾아내거나 서로 다른 주체 사이의 대화가 가능하게 하는 일만 하지 않는다. 캐서린 모어는 결합자가 단순히 다리를 놓아주는 사람 이상이라는 사실을 잘 보여준다. 그녀와 토론하던 중 결합자로서 학문 간 교량 역할을 하는 느낌이 어떤지 물어본 적이 있었다. 그녀의 대답은 늘 그렇듯이 사려 깊고 포괄적이고 솔직했다.

결합자의 본질은 서로 다른 지식 영역 사이에서 번역해줄 수 있다는 점입니다. 참신함은 그런 접점에서 나옵니다. (…) 공통의 언어, 데이터, 통찰로 시작해 의견과 전문성이 한쪽으로 고정되어 있다가 가능성을 실제로 살펴보기 시작하는 그 공간으로 들어갈 수 있습니다.

문제는 우리 대부분이 중간 지대에 고정된 전통적인 경로에 갇혀 있다는 것이다. 결합자가 되려면 포괄, 중개, 재조합뿐만 아니라 "내가 이 시스템의 일부가 되고 싶은가?"라고 개인적, 직업적 차원에서 자주 자문하는 용기가 필요하다. 결합자는 대체로 외부에서 부과하는 측정 기준, 지표, 성공 경로를 거부해야 한다.

결합자가 여러 학문 분야의 접점에서만 일해야 하는 것은 아니다. 모어는 직장이나 조직, 젠더 규범 같은 외부에서 부여한 온갖 기대와 그녀 자신의 높은 동기와 열정 덕분에 생긴 기대 사이의 경계를 넘나들었다.

그럴 때 기분이 어떤지 한 번 더 넌지시 물어봤다.

삶의 어떤 부분에서는 '초보자의 마음가짐'과 가파른 학습 곡선을 유지해야 한다는 거죠. (…) 결합자는 가면 증후군[19]에 매우 취약합니다. 결합자가 되려면 자신이 얼마나 배웠고, 아직 얼마나 더 배워야 하는지 인식하고 겸손해야 합니다. 그렇지 않으면 다양한 분야의 통찰을 한데 모을 수 없을 겁니다.

---

19   순전히 운이 좋아서 성공했는데 언젠가 무능함이 밝혀지지 않을까 불안해하는 심리.

4장
연결자

사회적 유대를
활용하는 이

"저는 사람들을 연결하는 것을 좋아합니다."

로스 에레이라의 조상은 스페인 종교 재판, 나치 독일과 동유럽의 박해를 피해 피난 온 난민들이었다. 그녀는 아동기와 청소년기에 전 세계 여러 나라로 여행을 다니며, 언어를 배우고, 새로운 인맥을 형성하고, 우정을 쌓았다. 유대인이라는 정체성 덕분에 그녀는 '타향에 사는 이방인을 도와야 한다.'라는 확고한 신념을 가질 수 있었다. 20대와 30대에는 TV와 영화계에서 일하면서 런던 북부의 유대교 회당에서 운영하는 난민 센터에서 자원봉사도 했다. 2015년 유럽 이주민 위기라는 결정적 순간에 로스는 난민들과의 연대를 보여주는 국내 및 국제 운동의 촉매제가 되었다.

마이아 마줌더는 젊었을 때 읽은 수인성 질병에 관한 책 한 권으로 인생이 바뀌었다. 마줌더의 가족은 "매년 수인성 질병인 콜레라의 유행으로 수천, 수만 명이 앓는" 나라라고 칭하는 방글라데시 출신이다. 그 책에서 영감을 받고 친척들에게서 지원과 동기를 얻은 마줌더는 공학 전공 학부생이었을 때 방글라데시 시골의 한 병원에서 일하면서 그 나라 가장 빈곤한 지역의 콜레라 확산을 더 잘 도표화하고 예측할 방법을 고안했다. 이를 계기로 그녀는 전염병을 다루는 공중 보건 연구 분야에서 경력을 쌓게 되었다. 2020년 코로나19 팬데믹의 위급한 순간 마줌더는 코로나바이러스에 관한 가장 까다로운 과학적 질문을 해결하기 위해 독특하게도 전 세계적인 다학제 연구 활동을 소집했다.

한 명은 유대인, 한 명은 이슬람교도지만, 둘 다 이민자의 딸로서 이민자들의 경험을 기억하고 기리는 데 열심이며, 국가와 조직, 지적 경계를 넘나드는 놀라운 공동 연구의 촉매제 역할을 했다. 온라인에서 두 사람의 이름을 검색해보면 유사한 점을 찾을 수 있다. 인터넷에 기록된 그들의 활동은 두 사람이 여러 세계를 넘나들었음을 보여준다. 마줌더는 공중 보건 전문가이면서 데이터 과학자, 네트워크 과학자, 과학 해설자, 유색 인종 인권 옹호가다. 에레이라는 난민 인권 운동가이면서 다큐멘터리 영화 제작자, TV 프로듀서, 역사학자, 작가, 동물 보건 전문가다. 두 사람 모두 전시회를 연 예술가이기도 하다. 한 사람은 디지털 아티스트이고 한 사람은 화가다.

나는 에레이라, 마줌더와 대화하면서 둘 모두에게 네트워크는 직업뿐 아니라 개인적 차원에서도 중요하다는 것을 분명히 알 수 있었다. 마줌더는 이렇게 말했다. "저는 이 영역에 대한 정식 교육을 받지는 않았지만 평생 조직가이자 네트워커로 살아왔습니다. 학생회 선거에도 출마했고, 모스크에서 청년회 회장을 맡기도 했어요. 이게 바로 저입니다. 저는 다양한 공간에서 이 일을 계속 반복하고 있습니다." 에레이라는 여러 분야에서 프리랜서로 활동한 경험 때문이라고 인정하면서 또 다른 동기도 작용한다고 강조한다. 바로 즐거움이다. 그녀는 "저는 사람들을 연결하는 것을 **좋아합니다.** 그들의 아이디어를 연결해주는 것도요."

마줌더와 에레이라가 전 세계 수많은 사람에게 중요한 의미를 갖게 될 업시프트에 착수했을 때, 매우 다양한 그들의 네트워크가, 그리고 위기가 한창일 때 그것들을 활성화하고, 동원하고, 변화시키는 능력이 중심에 있었다. 이 장에서 살펴볼 것처럼 그들의 경험은 다소 특이하다.

연결하고자 하는 마음

2015년 9월 1일 저녁 7시가 조금 지난 시각 내 소셜미디어 수신함에 메시지 하나가 들어왔다. 오랜 친구 하나가 로스 에레이라를 포함한 11명에게 이런 메시지를 보냈다.

맞아요. 나는 한 번도 시위를 조직해본 적 없어요. 하지만 유럽연합의 난민 정책 회의 이전에 뭐라도 해보려는 사람이 없어서 내가 해보려고 합니다. 어떻게 해야 할지 모르니 아마도 빗속에서 나 혼자 플래카드를 들고 있겠죠. 그래서 여러분 중에 이런 일을 해본 경험이 있어서 나에게 조언을 해줄 수 있거나, 이런 일을 해본 사람을 알고 있거나, 난민을 위한 시위에 참석하려고 준비했을 수도 있는 단체를 알거나(앰네스티라던지?), 언론이나 소셜미디어 계통 기술이 있거나, 일반적인 조언이라도 해줄 사람 있나요?

시간은 얼마 없고 난 아는 게 전혀 없어요. 제발 도와줘요!

그녀가 기억할 수 있는 순간부터 줄곧 로스 에레이라는 영국에 있는 난민들이 겪는 어려움에 연민을 느꼈다. 자신도 박해를 피해 피난 온 유대인의 후손이었기에 시간이 날 때면 전 세계에서 온 난민과 망명 신청자들이 이용하는 센터와 푸드 뱅크에서 자원봉사를 했다. 그녀는 많은 정치인과 언론 매체가 "자국의 끔찍한 상황에서 벗어나려는 실제 사람들과는 전혀 무관하게" 그들을 묘하사는 비인간적인 언어와 자신이 지원하려는 사람들의 삶 사이의 괴리에 충격을 받았다.

에레이라는 그날 저녁 12명 정도와 연락을 주고받았고 그 모임은 바로 활기를 띠었다. 연극인부터 언론인, 정치인, 연구자까지 직업도 다르고 신분도 다르며 공통점이라곤 에레이라와 아는 사이라는 것뿐인 사람들이었다. 그런데 대화를 나누다 보니 모두가 난민 지원에 열성이라는 사실이 분명해졌다.

2015년 시리아, 아프가니스탄, 이라크, 리비아에서 유럽으로 유입되는 난민이 급격히 늘어나면서 정계와 언론이 시끄러웠다. 그해 4월 리비아에서 이탈리아로 난민들이 타고 오던 배가 전복되어 수백 명이 익사했다. 에레이라가 메시지를 보낸 9월까지 30만 명 이상이 바다를 건너 유럽으로 피난 오려 했고 그중 거의 3천 명이 사망했다.

나와 긴밀히 협력했던 국제기구들은 머나먼 나라에서 겪었던 인도주의적 위기가 바로 자신들의 문 앞에 닥치자 그 반향을 감당하기 위해 고군분투했다. 멀리 떨어진 곳에서 인도주의적 임무를 수행하는 것과 국내의 험난한 정치 지형을 헤쳐 나가는 것은 결코 같지 않았다. 하지만 국경없는의사회, UN 난민기구, 적십자 등 몇몇 예외도 눈에 띄었다.

인간적 필요와 고통의 급증을 해결하려는 소규모 자선 단체와 자원봉사 운동이 생겨나기 시작했다. 그들은 유럽 전역의 난민 캠프에서 음식과 쉼터, 예술과 교육을 제공하고, 심지어 해안가를 순찰하며 난민들이 안전하게 도착하도록 도왔다. 하지만 난민을 고통받는 동료로 보는 영국과 유럽 전역의 많은 사람들에게 그들의 지지를 보여줄 실질적인 창구가 없었다. 이제까지는.

에레이라가 개설한 소셜미디어 페이지에 수많은 사람이 '좋아요'와 '공유하기'를 눌렀다. 그녀가 우리에게 메시지를 보냈던 그날 거의 천 명이 시위 동참을 신청했다. 그 수는 점점 늘어났다. 다음 날 런던 광역경찰청으로부터 정중한 전화를 받았다. 만 명 이상 참여할 것으로 보이는 시위를 조직하면서 경찰청과 상의도 하지 않은 이유가 무엇이냐는 전화였다. 빗속에서 외로이 플래카드를 흔들까 걱정하던 에레이라의 두려움은 거의 사라졌다.

단체 채팅방에서 캠페인 명칭, 시내를 통과하는 경로, 불러야 할 연사와 공연자, 행진에서 요구해야 할 사항 등을 빠르게 논의했다. 채팅 참가자가 늘어나면서 이 모든 것을 어떻게 조직해야 할지 토론이 이어졌다. 시위행진 참여를 신청한 사람의 수가 엄청나게 증가했는데도 토론은 놀라우리만치 예의 바르고, 정중하고, 공손하게 진행되었다. 그러다 9월 3일 목요일, 사진 한 장으로 난리가 났다.

그로부터 5년 뒤인 2020년 3월, 전 세계는 또 다른 위기에 휘말렸다. 절박한 사람들의 이동으로 촉발된 위기가 아니라 그 반대였다. 코로나19 팬데믹은 사람들이 다 같이 꾸고 있는 악몽 같았다. 모두 알다시피, 전 세계 거의 모든 나라에 내려진 봉쇄 조치는 집단과 개인의 정신 건강 측면에 매우 다양한 영향을 미쳤다.

당시 보스턴의 공중보건학자였던 마이아 마줌더에게는 2020년 3월의 코로나19 봉쇄령이 시작되면서 바뀐 근무 패턴이 특별히 혼란스럽지 않았고, 놀랍지도 않았다. 그녀는 1월 초부터 하버드의과대학과 보스턴아동병원의 협업으로 코로나19 연구를 하고 있었다. 그녀는 코로나19가 사라지지 않을 것이며, 바이러스의 전파 속도와 위력 그리고 필요한 의학 발전의 부족이 곧 지구상 모든 사람에게 영향을 미칠 것이라는 사실을 연초부터 분명히 알고 있었다. 계산역학을 전공한 마줌더는 하루 대부분 컴퓨터 앞에 앉아 있는 것이 이미 일상이었다.

그러나 그녀는 곧 자신만큼 운이 좋지 않은 연구자와 과학자들이 미국을 비롯한 전 세계 많다는 것을 알게 되었다. 하버드대학교와 보스턴아동병원이 제공하는 것 같은 시설이 없거나, 더 '아날로그적인' 학문에서 갑작스러운 디지털화를 해야 하거나, 팬데믹이 학자의 삶, 특히 초기 단계의 연구자에게 미치는 영향 때문이었다. 그녀의 말을 들어보자.

실험실들이 문을 닫고 있었습니다. 임상의들은 더 이상 환자를 볼 수 없었습니다. 박사 후 연구자들의 취업 시장은 갑자기 말라붙었고, 최근 졸업생 다수는 팬데믹으로 인해 이력서에 공백이 생길까 걱정하고 있었습니다. 직장을 잃지 않는 사람들 사이에서도 무력감이 감돌았습니다. 모두 코로나19와의 싸움에서 무언가 기여하길 바랐지만 혼자서 그럴 능력이 없다고 걱정하는 이들도 있었습니다.

마줌더가 보기에 이것은 '억눌려 있는 두뇌 능력'이었다. 코로나19 이전에 SARS(중증급성호흡기증후군)와 MERS(중동호흡기증후군)를 연구한 경험이 있는 마줌더는 코로나19 바이러스 연구가 복잡하고 난해하며, 초기 단계 대응에 의학적 대응만큼이나 사회적, 경제적 대응이 필요하다는 사실을 너무나 잘 알고 있었다. SARS나 MERS 때와 마찬가지로 공중 보건 전문가들의 질문은 역학적 측면을 넘어 인간적, 사회적 측면의 대응으로 빠르게 옮겨가고 있었다. 봉쇄 조치에 가장 큰 제약을 받은 것은 바로 과학자들이었다. '벤치 신세인' 학자들을 하나로 모을 수만 있다면 팬데믹 대응에 대한 중요한 아이디어와 생각을 내줄 터였다.

여기에도 선례가 있었다. 2003년 SARS 유행 동안 웹 기반 협업 기술과 전 세계 연구실험실 간의 개방형 협업 덕분에 기록적인 시간 내에 바이러스를 탐지하고 분석할 수 있었다. 마줌더의 개인적인 경험이기도 했다. 방글라데시에서 공부하고 일하면서 인생이 바뀌는 경험을 했던 마줌더는 미국 엘리트 학계의 자기 준거적 거품을 깨는 것이 얼마나 중요한지 이때 깨달았다. 그녀는 상황을 바꾸기 위해 무언가를 해야겠다고 결심했다.

　미국 전역에 공중 보건 비상사태가 선포된 지 5일 후 마줌더는 소셜미디어에 글을 올렸다.

　　코로나19 연구 관련 기술을 교육받은 사람이라면 이력서를 이메일로 보내주세요. 저도 연구 초반에 트위터에서 연구 협력자를 만났으니 이제 기회를 돌려줄 때입니다.

그녀는 이어지는 메시지에 "유일한 자격 요건은 관련 기술, 헌신, 정직, 친절입니다."라고 썼다. 결과가 어떻든 연구자들이 함께 모여 코로나19로 발생한 어렵고 복잡한 학제 간 질문에 답할 수 있게 하고, 기여하고 싶은 욕구와 기술, 자원은 있지만 필요한 네트워크가 없는 연구자들에게 플랫폼을 제공한다는 것이 마줌더의 비전이었다.

　마줌더의 요청에 의사, 심리학자, 수의사, 엔지니어, 변호사, AI 전문가 등 학문 분야와 국가의 경계를 초월한 다양한 사람들이 답신을 보냈다. 그녀는 답신의 규모와 속도를 보고 "정곡을 찔렀다는 것을 알았다."라고 말했다. 그녀는 남편, 친구와 함께 '코로나19 분산 연구 지원 네트워크'를 위한 관리위원회를 구성했다. 에레이라가 활용했던 난민 네트워크처럼 마줌더가 급히 결성한 네트워크도 결정적 순간, 크런치 포인트crunch point를 맞이한다. 그녀는 초기 회원들을 하나로 모으기 위해 온라인 해커톤[20]을 하기로 했다. 이는 사람들이 모이기만 하는 게 아니라 중요한 일을 시작할 수 있을지 살펴볼 수 있는 첫 번째 테스트가 될 터였다.

당신은 네트워크 지능이 높은가?

당신은 압박감과 스트레스를 느끼기 시작할 때 손을 내미는 유형인가 아니면 몸을 웅크리는 유형인가? 인지심리학자들은 상당 기간 이 질문을 던지며 여러 실험과 대규모 실증 연구를 거듭해 답을 찾았다.

가장 광범위한 연구 3가지는 최근 몇 년간 전 세계 많은 사람이 점점 더 자주 직면해야 했던 스트레스 요인, 즉 고용 불안, 금융 충격, 2020년의 코로나19 팬데믹으로 인한 광범위한 봉쇄 조치와 관련된 조사였다. 각 연구에서는 다양한 집단이 문제의 충격과 스트레스를 받기 전후와 도중에 소셜 네트워크를 어떻게 활용했는지, 일반 근로자들이 고용 불안에 어떻게 대응했는지, 전문직 종사자들이 예상치 못한 물가 충격에 어떻게 대응했는지, 일반 시민들이 봉쇄 조치에 어떻게 대처했는지 조사했다.

운 좋게도 불확실성과 실직의 위험을 경험해본 적이 없다면 알아두자. 그런 상황에서는 돈과 미래의 경력에 대한 걱정, 당혹감, 사회적 수치심, 쓸모없는 존재가 된 것 같은 느낌 등 복합적인 감정이 때와 장소를 가리지 않고 당신을 덮칠 수 있다. 다양한 업계, 직급, 근무 연차를 가진 사람들의 사회적, 심리적 데이터를 살펴보면 소셜 네트워크 사용 방식 측면에서 공통적인 대응 패턴이 보인다. 2가지 극

20　마라톤을 하듯 장시간 동안 연관 직업군의 사람들이 함께 프로젝트를 작업하는 것.

단적인 반응이 있었는데 하나는 일반적이고 하나는 덜 일반적이었다.

사람들은 대부분 소셜 네트워크를 걸러냈다. 그들은 상황을 받아들이고, 그로 인한 정서적 어려움 때문에 가장 가까운 사람들을 제외한 모든 사람에게서 멀어졌다. 하지만 소수는 현재 조직에서 고용 안정성을 높이거나 새로운 조직에서 기회를 찾는 등의 해결책을 찾기 위해 네트워크를 넓히고 확장하며 더 다양한 인맥을 적극적으로 활용하려 했다.

우리는 기이한 몇 년을 보내야 했다. 그것이 사회적, 개인적 삶에 미친 영향을 너무나 잘 알고 있을 것이다. 최근 한 연구에서는 코로나19 봉쇄 조치의 결과로 일반인들의 소셜 네트워크가 어떻게 변했는지 조사했다. 연구진은 팬데믹 이전인 2019년과 2020년 3월 봉쇄 조치 기간에 미국 시민을 대표하는 표본 네트워크를 조사했다. 그 결과 고용이 불안정한 집단과 동일한 패턴이 확인됐다. 대부분 네트워크를 축소했고 일부만 확대했다. 모든 집단에서 네트워크가 축소되었지만 성별에 따라 확연한 차이가 있었다. 여성의 네트워크는 평균 5퍼센트가 줄어든 반면 남성의 네트워크는 거의 29퍼센트가 줄어든 것으로 나타났다. 이러한 차이가 취업 성공 여부를 설명하지는 못했지만, 앞의 사례들과 같이 참가자들의 정신 건강에는 분명한 영향을 미쳤다.

연구 결과를 우리가 살아온 경험과 연관 지어 생각해보자. 어떤 문제들은 용기, 절망, 음주 또는 3가지 모두의 결합에 의존해 잠시 벗어나지만 개인 감옥처럼 느껴진다. 어떤 문제들은 사람들과 어울리고, 두려움과 불안감을 터놓고 이야기하고, 그것을 헤쳐 나갈 좋은 방법을 모색하면서 더 잘 처리할 수 있다. 나와 비슷한 사람이라면 스트레스와 압박감을 극복하는 사회적 경로가 문제의 성격과 이를 경험할 때 가까이 지내는 주변 사람들에 따라 달라질 것이다. 이런 우리의 경험은 연구 결과들을 강화해주는 것으로 보인다.

　　그러나 몇 가지 놀라운 사실도 있다. 우선 연구 결과에 기초해볼 때 나쁜 소식을 접한 가족부터 테러 공격을 막는 경찰, 자연재해에 대처하는 재난 대응팀에 이르기까지 크고 작은 종류의 스트레스를 경험하는 개인, 집단, 조직에서 동일한 패턴을 보일 것으로 추정되었다. 집단이나 당면한 어려움과 관계없이 사람들 대부분은 가까운 지인으로 네트워크를 좁히지만, 소수는 오히려 관계망을 열고 직면한 도전을 더 성공적으로 헤쳐 나가는 분명하고 일관된 패턴을 보인다. 다양한 환경에서 이러한 패턴이 나타나는 이유는 무엇일까?

　　네트워크 과학 분야의 세계적인 석학인 헝가리계 미국인 연구자 앨버트 라슬로 바라바시는 한 가지 대답을 제시한다(바라바시는 마이아 마줌더와 같은 과학 연구 집단 네트워크의 저명한 회원이다). 네트워크 과학은 이름에서 알 수 있듯 동적 네트워크를 연구하는 학문이다. 네트워크는 사회적, 생물학적, 또는 물리적일 수 있다. 소셜 네트워크에서 '노드node'는 각 개인을 나타내고 '링크link'는 개인 간의 연결을 나타낸다.

　　그는 네트워크가 다양한 분야에서 성공을 이끌지만, 불확실성 때문에 결과와 성공이 불분명하고 예측하기 힘들 때 특히 중요하다고 주장한다. 이는 압박감과 스트레스를 느끼는 상황에서 네트워크가 차이를 만들어낼 수 있는 차이점이라는 실직과 코로나19 봉쇄 연구의 결과를 뒷받침한다.

바라바시는 더 나아가 이러한 네트워크에서 차이를 만드는 요인이 **네트워크 지능**이 높은 개인의 존재라고 말한다.

네트워크는 기회로 가득 차 있다. 사람들과 자신이 가치를 두는 대의를 지원하기 위해 자신의 인간관계를 활용하고 싶어 하는 연결자가 네트워크를 유지해주기 때문이다. 그들은 다른 사람들이 놓치는 사회 구조 안에서 기회를 보는 데 특히 능숙하다.

나는 특별한 사건에 대응하는 사람들의 개별 사례를 조사하면서 동일한 패턴을 확인했다. 로스 에레이라나 마야아 마줌더 같은 소수의 연결자는 위기와 재난 상황에서도 네트워크를 유지하고 변화시키며 심지어 성장시킬 수 있다.

이러한 패턴은 **왜** 연결자들은 네트워크 지능이 높고 나머지 대부분은 그러지 않은지 질문하게 한다. 이런 의문도 이어진다. 연결자의 네트워크 지능은 분석, 이해, 복제될 수 있는 것인가? 네트워크를 걸러내는 사람이 네트워크를 확대하는 사람이 될 수 있는가? 우리는 더 나은 연결자가 되는 법을 배울 수 있는가? 정답은 '그렇다.'이다.

누군가는 인맥을 걸러내고 누군가는 넓힌다

'스트레스 상황에서의 네트워크 변화'를 연구하는 사람들은 충격에 대한 개인적 대응 범위를 분석했다. 그리고 무엇이 이러한 대응에 영향을 미쳤는지, 특히 평균치를 뛰어넘은 이들을 찾아내려 했다. 압박감을 느끼는 상황에서 네트워크 지능이 높은 사람들은 네트워크의 크기, 심지어 네트워크를 구성하는 사람에게도 영향을 받지 않았다. 대신 이러한 관계에 대한 **인식**이 중요한 요소였다.

사람들이 네트워크를 좁히는지 아니면 넓히는지를 가장 잘 나타내는 지표는 네트워크의 크기가 아니라 이용 가능한 네트워크를 어떻게 생각하고, 기억하고, 이용하는가였다. 연구 대상이었던 여성들의 네트워크 규모는 평균 천 명이었으나 봉쇄 기간에 50명 정도 줄었다. 반면에 남성들의 네트워크 규모는 거의 1,500명이었으나 평균 500명가량 줄었다. 연구진은 여성이 압박감을 느낄 때 네트워크를 기억하고 유지하는 능력이 더 뛰어나고, 남성은 대체로 네트워크를 걸러내기 때문인 듯하다고 말했다.

고용 불안이나 봉쇄로 인해 고립을 경험하는 사람들을 대상으로 한 다른 연구, 구체적으로는 급격한 시장 변화에 직면한 월스트리트 트레이더를 다룬 연구 결과도 이와 유사하다. 이기적이고 자기중심적인 임원들이 휴대전화에다 대고 "매도, 매수, 보유!"라고 외치고 뒤편 화면에는 붉은 숫자가 넘쳐나는 모습은 과열된 금융 부문의 상징이 되었다. 그러나 현실은 최고 트레이더들도 충격에 직면했을 때 그들만의 방식으로 네트워크를 걸러내거나 확대한다는 것이다. 어떤 트레이더는 더 많은 사람에게 연락해 상황을 파악하는 반면 어떤 트레이더는 당황해 벙커로 숨어버린다.

미국의 어느 중형 헤지펀드 내외부의 트레이더 9천 명가량을 대상으로 거래 행위를 심층 분석하고 회사 내외부 인물 약 9천 명이 보낸 약 2200만 개의 메시지를 조사했다. 그 결과 가격 충격에 대한 트레이더들의 반응 패턴도 실직 위협이나 사회적 봉쇄를 경험한 사람들과 똑같은 것으로 드러났다. 대다수 트레이더는 네트워크를 축소했다. 하지만 일부는 확대했다. 성공한 트레이더 대다수는 네트워크를 넓힌 집단에 속했다. 놀랍게도 네트워크의 활용 방식은 책무, 기존 재무 상태, 회사 내 서열, 경험 수준 등 측정 가능한 **어떤** 지표들보다 경제적 성공과 훨씬 더 밀접한 관계가 있는 변수였다.

그들의 사고방식, 즉 자신의 네트워크에 대한 긍정적 또는 부정적 태도, 그리고 당황하지 않고 분석과 통찰, 성찰로 극적 변화에 접근하는 능력이 주요한 차이를 낳았다. 흥미롭게도 트레이더들의 네트워크와 사고방식은 선순환 관계였다. 긍정적인 사고방식은 네트워크 활용 방식에 영향을 미치고, 네트워크의 활용과 함께 트레이더의 심리 상태와 긍정적 사고방식도 향상했다.

놀랍게도 최근 실험 연구에서도 이런 사실이 입증되었다. 압박감을 느낄 때 기존 사회적 네트워크가 희박하고 단절되어 있다고 상상하는 대신 그 밀도와 규모에 집중하면 삶의 스트레스 요인에 대처하는 능력이 향상된다. 단순히 주변에 친구 관계가 촘촘하게 형성되어 있다고 **마음속으로 그려보기만** 해도 내면의 회복력과 지지가 더 잘 구축된다.

모든 연구에서 압박과 스트레스를 받는 순간에 네트워크를 활용하는 방법에 가장 큰 영향을 미치는 것은 응답자의 **사고방식**이었다. 문제를 위협이 아닌 도전으로 인식한 연결자는 지지와 통찰력 네트워크의 가능성을 상상했다. 그들은 사회적 상상력의 힘으로 새로운 연합을 만들어냈다. 성공한 사람들은 말 그대로 위기에서 벗어나는 길을 **연결**해 나갔다.

위기 상황에서 사람들이 소셜 네트워크를 사용하는 다양한 방식은 업시프트의 핵심 개념 가운데 하나로도 설명된다. 1부에서 살펴본 것처럼 우리는 스트레스와 압박감을 도전의 틀로 볼지 아니면 위협의 틀로 볼지 선택할 수 있다. 그 선택은 사회적 관계를 포함해 우리의 사고와 행동의 여러 측면에 영향을 미치는 것으로 밝혀졌다.

하지만 이 연결자 업시프트는 정확히 어떻게 작동할까? 네트워크 지능을 갖춘 사람들은 어떻게 '사회 구조 속에서 기회를 알아볼까?' 당신이 그런 사람 가운데 하나이고 심각하게 스트레스를 받는 중이라고 상상해보자. 당신의 인지 상태는 다음 도표의 3단계 순으로 표현된다.

1단계는 위협이나 도전에 직면하기 전 연결자인 당신의 뇌 상태다. 매일 자기 일을 해나갈 때 마음속에 거대한 '잠재적 네트워크', 즉

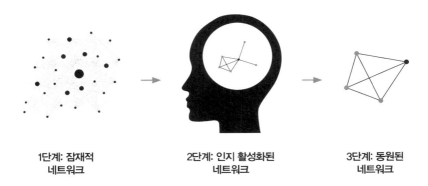

1단계: 잠재적
네트워크

2단계: 인지 활성화된
네트워크

3단계: 동원된
네트워크

주어진 상황에서 도움을 요청할 가능성이 있는 모든 사람을 나타내는 일종의 잠재적 사회적 구조가 존재한다.

2단계는 특정 시나리오, 가령 일자리 감축에 대한 상사의 이메일이나 임박한 코로나19 확진자의 급증과 다가오는 봉쇄 위협에 대한 잡담, 주식 가격의 변동이 있을 것이라는 조기 징후 등이 나타날 때 시작된다. 이 시점에서 잠재적 네트워크는 마음속에서 '인지 활성화된 네트워크'로 구체화된다. 당신이 긍정적인 도전으로 받아들이느냐 아니면 부정적인 위협으로 받아들이느냐에 따라 활성화되고 동원되는 네트워크의 규모와 구조가 크게 달라진다.

3단계는 아이디어, 지원, 조언을 구하기 위해 특정인에게 연락하면 어떤 일이 일어나는지 보여준다. 이때 연락을 취한 사람은 도표 오른쪽의 작은 연 모양의 '동원된 네트워크'가 된다.

3가지 인지 단계는 연결자가 스트레스와 압박감 속에서 소셜 네트워크를 어떻게 활용하는지 설명해준다. 내가 이 글을 쓰고 있을 때 아들 코비는 팬데믹 봉쇄 기간 동안 세 차례 있었던 비대면 수업을 받고 있었다. 아들은 내 어깨 너머로 도표를 보고는 친숙한 듯이 "아, 무지개 물고기."라고 말했다. 아들이 도표를 알아본 것 같아서 학교에서 소셜 네트워크와 관련된 활동을 해본 모양이라고 생각했다. 알고 보니 아이는 2단계의 네트워크 모양을 묘사했을 뿐이었다. 그러나 아들은 무심코 나에게 유용한 비유를 제공했다.

만약 우리가 위협 상태에 있다면 그것은 잠재적 네트워크를 강탈하는 역할을 할 수 있다. 코비의 비유를 확장하자면 작은 물고기 몇 마리만 걸러낼 수 있다. 반면에 도전 상태에서는 좀 더 확장된 시각을 갖고, 그렇지 않았다면 생각하지 못했을 가능성을 생각한다.

연결자는 코비가 제안한 것처럼 친구 물고기 한 마리만 생각하지 않고 크기와 모양, 관계의 성격이 서로 다른 물고기들을 빠르게 추려낸다. 어떤 사람들은 **물고기 떼**를 상상하기도 한다.

즉, 연결자는 새로운 사회적 구성과 조합으로 자신의 길을 업시프트할 수 있는 사람들이다. 네트워크 지능이라는 재능을 갖고 다른 사람보다 더 많은 네트워크 구성을 활성화하고 동원할 수 있다. 뇌는 종종 네트워크 범위를 축소하라고 말하는데, 안타깝게도 우리 대부분은 그 말을 잘 듣는다. 그래서 우리는 불확실성과 압박 상황에서 네트워크를 활용하지 못한다. 하지만 우리 가운데는 네트워크를 확대하는 사람, 즉 '사회 구조에 잠재된 가능성을 보고' 그것을 활용할 수 있는 사람들도 있다.

흥미롭게도 마이아 마줌더와 코로나19 연구 네트워크가 작동할지 어떻게 알았는지 이야기 나눌 때 그녀의 머릿속에 다양한 물고기 모양의 네트워크가 활성화되는 게 거의 보이는 듯했다.

가교, 결속, 연계

1990년대 초, 역사학자 데이비드 피셔는 미국 역사에서 중요한 순간, 바로 폴 리비어가 한밤중에 말을 달렸던 사건을 탐구해보기로 했다. 보스턴 대학살을 묘사한 유명한 판화로 입소문이 난 지 5년 후인 1775년, 은세공업자 폴 리비어는 영국군의 침공을 알리기 위해 말을 타고 출발했다. 그의 한밤중 여정은 미국 역사와 시에 영원히 남았다.

피셔는 대학원생들과 연구팀을 꾸리고 리비어의 여정에 대해 초기 데이터를 수집하다가 2가지 사실을 발견하고는 충격을 받았다. 첫째, 시와 민담에서 이야기해온 것보다 더 정확하고 섬세한 그림을 완성해줄 1차 자료가 엄청나게 많았다. 둘째, 미국 역사에서 아주 중요한 사건임에도 리비어가 말을 타고 달렸을 때 어떤 일이 있었는지, 그 결과는 무엇이었는지에 대한 진지한 역사적 조사가 이뤄진 적이 전혀 없었다.

물론 리비어는 오랫동안 영향력 있는 인물로 여겨졌다. 하지만 그 영향력의 성격과 그것을 얻은 과정에 피셔는 매료되었다. 리비어의 사연이 1860년대에 대중적으로 재조명되면서 그는 신생 국가 미국의 이익을 위해 행동한 고독한 영웅으로 그려졌다.

리비어의 이야기는 당시 남북전쟁을 둘러싼 정서에 반향을 일으키며 회자됐다. 피셔는 그의 이야기가 험한 세상에 변화를 일으키는 고독한 개인이라는 미국 성공 신화의 전형이라고 지적했다. 피셔는 리비어의 활약을 둘러싼 현실이 다소 달랐다는 것을 알아냈다. 피셔가 브랜다이스대학교 학생들과 함께 수집한 데이터를 종합하자 리비어의 영향력은 고독한 요원이 아니라 잘 짜인 네트워크의 조직원 역할에서 비롯된 것임을 보여주는 새로운 그림이 드러났다. 피셔는 기록을 검토하면서 그날 밤 전령 역할을 한 사람이 60명 이상이었고 리비어가 '공동의 목표를 위해 함께 싸우려고 모인 개인들의 통합된 네트워크'의 촉진자였다는 사실을 발견했다. 다시 말해 리비어는 연결자였다.

말을 타고 달려온 리비어의 행동은 그가 방문한 마을에 즉각적인 반응을 불러일으켰지만, 동시대인이었던 윌리엄 도스는 이와 달리 전혀 영향을 미치지 못했다.

폴 리비어가 달려간 북쪽 경로의 마을 지도자들과 중대장들은 즉시 경보를 발령했다. 윌리엄 도스가 달려간 남쪽 경로에서는 나중에야 경보가 발령됐다. 적어도 한 마을에서는 전혀 경보가 발령되지 않았다. 도스는 록스베리, 브루클라인, 워터타운, 월섬의 촌장이나 민병대 지휘관들을 깨우지 않았다.

피셔의 연구는 리비어와 그의 공헌에 대한 대중의 재평가로 이어졌다. 1994년에 피셔의 책이 출간된 지 몇 년 후, 말콤 글래드웰이 『티핑 포인트』에서 피셔의 설명을 인용한 것으로 유명하다. 그는 리비어를 전형적인 연결자로 언급하면서 네트워크가 그다지 광범위하거나 깊지 않았던 윌리엄 도스와 비교했다.

피셔와 글래드웰에 이어 네트워크 전문가를 포함한 다른 연구자와 학자들도 리비어가 사실상 '점점이 흩어져 있는 혁명가들을 연결할 수 있는' 유일무이한 인물이었음을 보여주었다. 리비어는 식민지 시대 보스턴의 어떤 사람보다 많은 저항 조직, 가령 그 유명한 자유의 아들단과 세인트 앤드루스 로지 등에 가입했다.

후속 연구자들은 피셔가 발견한 데이터를 수학적 기법으로 분석해 리비어가 자신의 인맥을 정확히 어떻게 활용했는지를 더 상세한 그림으로 그려냈다. 그날 자정 무렵 보스턴 지역 혁명가 250명가량의 네트워크 지도를 살펴보니 피셔와 글래드웰의 설명처럼 리비어가 여러 그룹을 연결하는 강력한 가교 노릇을 한 것으로 드러났다. 데이터상 그는 다음 순위인 사람보다 두 배 이상 중요한 가교였다.

피셔의 팀이 발견한 데이터는 거기서 그치지 않았다. 사회적 관계에서 여러 그룹 사이의 가교 역할만이 유일하게 중요한 것은 아니다. 특정 그룹 **내**에서 누가 가장 많은 사람과 가장 가까운지도 중요하다. 이는 가교 노릇이 아닌 **결속**을 필요로 하는 다른 종류의 영향력이다. 여기서도 리비어가 1위였다. 그는 단순히 다른 그룹의 사람들을 연결하기만 한 것이 아니라 각 그룹 **내**의 사람들을 남들보다 많이 알고 있었다.

누가 인맥이 가장 넓은 사람을 알고 있고, 따라서 그들의 영향력을 활용할 수 있는지도 중요하다. 이 **연계** 요소에서도 리비어는 보스턴 지역 혁명가 250명 가운데서 공동 선두에 올랐다. 피셔의 분석으로 우리는 리비어가 단독으로 활동한 게 아님을 알 수 있다.

리비어의 업적을 개인주의적 시각이 아니라 집단행동을 활용하는 능력으로 본다고 해서 그의 업적이 폄하되는 것이 아니다. 오히려 그가 얼마나 뛰어난 사람인지 정확히 보여준다. 그는 네트워크 지능을 활용하여 **가교, 결속, 연계**를 통해 사람들을 연결하면서 지속적으로 엄청난 효과를 냈다.

리비어는 관계, 동맹, 네트워크를 지능적으로 이용하여 미국 역사, 나아가 전 세계 역사를 변화시킬 연계 운동을 촉진한 "결합의 달인이자 연결의 명수"였다.

현대 과학 기술이 밝혀낸 폴 리비어의 실제 노력은 연결자가 매우 어려운 시기에 공동의 이익을 창출하기 위해 어떻게 움직이는지 명확하게 그려낸다. 다음에 살펴볼 것처럼 전 세계 어디서 언제 발생한 위기에서든 폴 리비어와 같은 사례를 찾아볼 수 있다.

위기 상황에 가장 필요한 게 무엇일까?

2004년 크리스마스 다음 날 일어나자마자 밤새 인도양의 쓰나미가 14개국을 강타해 거의 25만 명의 목숨을 앗아갔다는 끔찍한 소식을 들은 적이 있는가? 기록적인 참사였을 뿐만 아니라 며칠 만에 140억 달러 이상의 성금을 모금하며 역대 가장 많은 자원을 투입한 재난 대응 사례로 남아 있다.

당시 나는 즉각적인 재난 대응을 조율하고, 피해를 본 국가들이 학습과 혁신을 공유하도록 지원하는 활동에 관여했다. 빌 클린턴 전 미국 대통령이 의장을 맡았고 현재까지도 국제 사회가 수행한 가장 큰 규모의 위기 사후 조사로 남아 있는 국제 평가에도 일조했다.

이 조사에서 얻은 교훈은 내가 지난 수년간 수많은 강연과 행사에서 제기한 질문의 바탕이 된다. 위기나 재난 상황에서 가장 중요한 자원은 무엇일까? 어떤 이들은 의료 지원이라고 말한다. 음식, 담요, 현금, 시간을 꼽는 사람들도 있다. 좀 더 복잡한 대답은 제대로 작동하는 시장, 효과적인 정부, 자유 언론 등일 것이다. 좋은 답변들이지만 모두 틀렸다. 사실 정답은 '사회적 가교, 결속, 연계'다.

클린턴 전 대통령은 쓰나미 공동 평가 보고서 서문에 다음과 같이 썼다.

> 지역 기구들은 이미 구축되어 있으며 위기 발생 시 대개 그들이 '최초 구조대'가 된다. 국제 사회의 구호 및 복구 지원은 이러한 현지 주체들을 약화하지 않고 적극적으로 강화하는 방식으로 제공되어야 한다.

재난 전문 학자들은 위기 상황에서 사람들이 물리적, 경제적, 사회적 지원을 위해 사용하는 사회적 연대와 구조를 점차 '사회적 자본'이라고 부른다. 이는 사람들 사이에 존재하는 다양한 관계 **유형**을 더 잘 이해해야 한다는 아이디어에서 시작한다. 이는 관계가 그룹, 조직, 지역사회의 개인에게 가져올 수 있는 특별한 자질과 이점에 대한 통찰을 제공한다.

사회적 자본 개념은 하버드대학교 공공정책 대학원의 말킨 연구 교수인 로버트 퍼트넘이 처음으로 대중화했다. 그는 사회적 자본을 "개인들 간의 연계, 즉 사회적 네트워크와 그로부터 발생하는 호혜성과 신뢰의 규범"이라고 설명했다. 사회적 자본을 연구하는 학자들은 3가지 유형의 유대 관계를 확인했다. 아마도 당연하게도 이 세 유형은 바로 매사추세츠 혁명가들에게 미친 리비어의 영향력을 설명해주는 관계들이다.

가교형 유대 관계는 노동조합, 비영리단체, 자원봉사 단체 등 다양한 사회집단의 구성원을 연결하여 시민 참여를 촉진하고, 갈등과 폭력을 줄이며, 해당 집단 전체에 상호 지원을 제공한다. 당신은 자신이 속한 공동체에서 가교 역할을 하는 사람을 확실히 알게 될 것이다. 사실 주변 사람 모두가 그를 알 것이다. 그것이 그들의 활동 방식이기 때문이다. 여섯 단계 분리 법칙에 따르면 서로 모르는 두 사람이라도 **평균** 여섯 단계만 거치면 연결된다. 케빈 베이컨을 통해 연결된 할리우드 배우의 수든, 브루클린 주민을 통해 연결된 페이스북 사용자 수든 거의 모든 네트워크는 서로 다른 파벌과 집단을 망라하여 무작위적으로 보이는 관계를 맺고 있는 사람, 즉 가교 역할을 하는 소수의 사람에 의존하고 있다.

다양한 경험과 배경을 가진 핵심 인물들이 있을 때 많은 난제를 더 잘 이해하고 해결할 수 있다는 사실은 널리 알려져 있다. 전통적인 위계 구조는 예측 가능성과 반복 가능성을 강조하므로 압박감과 스트레스 속에서 작업할 때 이상적인 방식이 아니다. 강제로 변화해야 할 때까지 변화하지 못할 때가 많고 그때는 이미 늦다. 외부인의 개입을 두려워하지 않는 것이 상황을 뒤흔들 중요한 방법이며, 위기 상황에서 필수적일 수 있다.

결속형 관계는 가족, 이웃, 같은 민족이나 같은 종교 집단 등 동일 사회집단의 구성원들을 연결해준다. 결속의 힘은 그 집단들이 위기에서 살아남는 데 도움을 준다. 모호하고 복잡하며 불확실한 도전에 직면하고 목표가 정해져 있지 않고 유동적인 상황에서는 다양성에만 의존할 수 없고 믿고 의지할 수 있는 사람들에게 다가갈 필요가 있다.

마지막으로 **연계형 관계**는 일반인들을 권력과 영향력을 가진 사람들(지방, 지역, 국가 공무원처럼)과 연결해 다른 방법으로는 받을 수 없는 공공재에 접근할 수 있도록 돕는다. 이러한 영향력과 후원 연결은 위기 상황에서 사람들이 대처하고 번영하는 방식에 지대한 영향을 미친다.

허리케인이나 지진처럼 몇 분이나 몇 시간 만에 찾아오는 갑작스러운 재난이든, 분쟁이나 기근처럼 몇 달, 몇 년에 걸쳐 서서히 진행되는 위기이든, 비상사태가 발생할 때 사람들이 얼마나 잘 대처하고 살아남느냐에 사회적 연결이 가장 큰 영향을 미친다.

사람들은 위기 상황에서 친척, 이웃, 친구, 지역사회에 의지한다. 수단에서 시리아, 뉴올리언스에서 뉴욕에 이르기까지 내가 겪은 모든 인도주의적 위기 상황에서 사회적 연결은 필수적이었다. 물질적 자원이나 지원을 거의 접할 수 없는 가장 취약한 지역사회라도 의지할 수 있는 강력한 사회적 네트워크가 있다면 위기에 긍정적으로 대응할 수 있다는 사실이 거듭 밝혀졌다.

인도양 쓰나미에 대한 국제 공동 평가에서 가장 놀라웠던 결과는 구조된 사람의 97퍼센트가 국제 구호금이 모금되기도 전에 구조되었다는 사실이었다. 이런 경험으로 나는 지역 구조와 구호 제공이 기본적으로 3가지 형태의 사회적 유대에 기반한다는 사실을 한 번 더 깨달았다. 클린턴 전 대통령이 언급한 것처럼 사회적 유대는 위기 대응 이전부터 존재하고 있을 뿐 아니라 대응의 효과에 결정적인 영향을 미친다. 2011년 일본 도호쿠 지진과 쓰나미 이후 폐기물 관리의 효율성은 가교, 결속, 연계라는 3가지 유형의 사회적 유대가 재난 대응팀, 당국, 지역사회 사이에 얼마나 존재하는지와 직접적인 연관이 있는 것으로 나타났다. 위기 대응은 대응팀의 사회적 유대가 깊고 다양할 때 큰 영향력을 발휘한다.

그래서 이 장 첫머리에서 소개했던 로스 에레이라와 마이아 마줌더의 이야기를 한 번 더 살펴보려 한다. 이들은 최근 몇 년 사이에 닥쳤던 세계적 위기를 사회적 연결을 바탕으로 변화시켰다.

리더십의 본질

난민을 위한 행진에 참여하겠다고 서명한 사람이 만 명이 넘는다는 이유로 에레이라가 런던 경찰로부터 전화를 받았던 사실을 다시 떠올려보자. 그리고 9월 3일 목요일, 사진 한 장의 이야기다. 고조된 분위기 속에서 그 누구도 세 살배기 아일란 쿠르디의 죽음으로 촉발된 정치적 항의나, 그것이 행진에 대한 대중의 지지에 미칠 영향을 예상하지 못했을 것이다.

이미지 하나가 전 세계인의 문제 인식 방식을 바꾼 사례를 꼽기는 쉽지 않다. 아마도 1960년대 미국 민권 운동 시위자들이나 1940년대 인도 반제국주의 시위까지 거슬러 올라가야 여론을 운동가들에게 유리한 방향으로 변화시킨 상징적 이미지를 찾을 수 있을 것이다. 또는 1969년 달 궤도에서 찍은 지구 사진이 어떻게 현대 환경 운동의 촉매제가 되었는지 살펴봐야 할 것이다.

가족과 함께 지중해를 건너 유럽으로 탈출하려 했던 시리아 쿠르드족 어린이 아일란이 터키 해변에 엎드린 채 숨져 있는 사진도 사람들의 본능적 감정을 자극했다. 한 장의 사진에 사람들이 생각한 모든 문제 의식이 담겨 있었다. 그 사진이 불러일으킨 감정의 강도는 놀라웠다. 정치인들은 정파와 성향을 초월하여 난민 위기에 대한 우려와 분노의 수위를 크게 높였고 어떤 경우에는 견해를 완전히 바꾸기도 했다. 프랑스 대통령은 난민에 대한 세계의 책임을 상기시키는 사건이라고 말했다. 우파 언론도 그날 하루는 난민 반대 발언을 자제하고 더 많은 아이가 아일란처럼 가슴 아프게 목숨을 잃지 않게 하려면 무엇을 할 수 있는지 질문했다.

언론과 정계만이 아니라 대중의 인식과 양심도 변화했다. 아일란의 사진이 널리 퍼진 목요일 정오까지 에레이라가 시작한 행진에 등록한 사람의 수는 3만 이상으로 급증했다.

디지털 기술은 광범위하고 다양하며 다소 예측할 수 없는 움직임을 조성하고 촉진하는 데 도움을 주었고, 다른 방법으로는 불가능했을 속도로 행진의 규모를 키웠다. 런던과 전 세계의 주요 수도에서 다른 시위행진도 여럿 계획되었지만 '난민과의 연대'가 가장 규모가 컸고 선봉에 나섰다. 이 행진은 다른 여러 조직, 단체, 네트워크와 연합하면서 들불처럼 번져나갔다. 국제앰네스티와 세이브더칠드런 같은 거대 국제 비정부기구도 행진을 지원했고 소규모 지역 단체들도 동참했다. 멀리 떨어진 다른 나라 수도에서 열린 시위행진은 '난민과의 연대'를 영감의 대상이자 모범으로 삼았다.

난민과의 연대 행진에 언론의 관심이 집중됐다. 에레이라가 『가디언』에 기고한 글도 널리 공유되었다. 시작은 미미했지만 그녀가 시작한 난민 운동은 대중의 마음을 사로잡았고, 도덕적 지형의 변화를 대변하는 것으로 여겨졌다. 그녀는 클릭 모먼트를 통해 형성과 재형성, 연합을 거듭하는 역동적인 소셜 네트워크의 중심에 서게 되었다.

에레이라가 그런 책임을 맡게 된 것은 단지 운과 타이밍 때문이 아니었다. 그녀는 돈도, 권력도, 공식적 역할도 갖지 못했지만 여러 가지 책임이 따르는 복잡한 과업을 매우 촉박한 시간 안에 해내야 했다. 그녀는 이런 대규모 행진을 조직할 때 피할 수 없는 개인과 전체 네트워크의 충돌 상황에서도 다양한 종류의 관계를 엮어 전체 행진을 성공으로 이끌었다. 그녀의 정직하고 진정성 있는 리더십과 관리는 행진의 목표를 달성하는 데 꼭 필요했다.

어느새 유럽연합의 난민 대책 회의가 열리기 한 주 앞선 시위행진 전날이 됐다. 우리 모두 같은 의문을 품고 잠들었다. 과연 사람들이 올까? 소셜미디어에서 한 논의는 슬랙티비즘[21]의 표현에 지나지 않을까? 사고 없이 안전하게 끝낼 수 있을까? 우리가 원하는 만큼 영향력을 발휘할 수 있을까? 잠을 청하는 것 외에는 할 일이 없었지만 편안한 밤은 결코 아니었다. 결국 우리는 쓸데없는 걱정을 했던 것으로 밝혀졌다.

나는 다음날인 토요일 오후의 BBC 보도를 기억한다. 런던 항공사진 아래에 "난민에 대한 국가적 지지를 최대로 보여준 역대급 행진"이라는 자막이 붙어 있다. 경찰 추산으로 10만 명 이상이 참가한 행진은 아주 평화롭게 진행되었다.

---

21 게으른 사람을 뜻하는 slacker와 행동주의를 뜻하는 activism의 합성어로 온라인 공간에서는 치열한 논쟁을 벌이면서도 실제로 행동하지는 않는 게으른 행동주의를 일컫는 말.

내 친구이자 남아프리카공화국의 반 아파르트헤이트 운동의 베테랑인 린들 스타인은 그날을 회상하면서 에레이라의 연결자 자질을 예리하게 알아보았다.

현장에 도착해서 보니 공식 현수막이나 표지판이 없어서 누가 시위를 조직했는지 궁금했습니다. 가족적이고 친근한 분위기에 집에서 만들어온 현수막들로 가득했습니다. 규모도 정말 컸죠. 집회를 위해 수천 명이 의회 광장을 가득 메웠습니다. 시위를 조직한 사람이 점점 궁금해졌죠. 그때 젊은 여성인 로스 에레이라가 무대에 올라왔습니다. 그녀는 친구와 가족이 와주기를 기대하면서 페이스북에 시위를 요청하는 글을 올렸다고 설명했습니다. 9만 명이 '좋아요'를 누르자 그녀는 대규모 시민운동 단체에 도움을 요청하기로 결정했다더군요. 매우 흥미로운 변화죠. 보통 국제앰네스티나 옥스팜이 시위를 조직하고 개인들의 참여를 요청하곤 하는데, 반대로 개인이 조직한 시위에 그런 단체를 초대했다니 말입니다.

그녀는 집회에서 자신은 어떤 정당이나 조직에도 소속되어 있지 않고 독립적인 시민으로 행동에 나섰다고 했습니다. 고무적인 시위였죠. 오프라인에서의 관계들이 온라인에서의 네트워크 형성에 결정적이었습니다. 그 네트워크들은 복잡하게 얽혀 있어서 설명하거나 정리하기 어렵지만, 경계를 늦추지 않고 무한히 독창적, 대응적, 창의적으로 분노, 결단, 저항을 강력히 표출하는 과정에서 중요한 부분이었습니다.

여러 장애물이 있었음에도 우리는 환상적인 행진을 했다. 노동당, 자유민주당, 녹색당 지도자들, 국제앰네스티와 난민위원회 대표 등 훌륭한 연사들도 함께했다. 내 영웅 가운데 하나인 뮤지션 빌리 브랙도 와서 연주해주었다. 노르웨이 난민위원회 사무총장 얀 에게랜드와 영국 노동당 정치인 데이비드 밀리밴드를 포함해 전 세계 지도자들이 응원 메시지를 보내왔다. 그중 한 명은 이런 글을 보냈다. "인터넷에서 조직된 풀뿌리 운동인 '난민과의 연대' 행진은 단순한 시위가 아닙니다. 우리가 공유하는 인류애와 공유 가치를 지키기 위한 대중의 결집입니다."

가치의 공유는 마줌더의 네트워크에서도 매우 잘 드러났다. 그녀의 코로나19 해커톤은 성공적이었다. 몇 개월 만에 100명이 넘는 연구자가 23개 연구 프로젝트에 협조하면서 코로나19의 확산 예측부터 언론의 팬데믹 보도 수준 평가, 팬데믹 여파로 발생한 집단적인 심리적 트라우마 분석에 이르기까지 각종 연구를 진행할 수 있었다. 여러 프로젝트가 주요 과학 학술지에 실렸다. 마줌더는 네트워크를 활용해 평소라면 함께 연구하지 않았을 사람들을 한데 모아 강력한 연구를 진행했다.

마줌더는 『와이어드』에 기고한 글에서 네트워크의 가교 역할이 매우 중요하다고 강조했다. "분야와 기관, 인구통계학적으로 다양한 네트워크가 정말 중요한 문제들을 공식화하고 조사하는 데 긴요했습니다."

기관뿐 아니라 언어, 성별, 종교를 잇는 이런 가교 역할은 마줌더 개인 차원에서나 직업 차원에서 특히 중요했다. "관리위원회의

3분의 2가 유색 인종 여성이었습니다. 의료 종사자 대다수는 여성이지만 보건 과학자는 대부분 남성이라는 점을 고려할 때 아주 중요한 사실이었습니다."라고 말할 때 마줌더의 목소리에서 자부심이 뚜렷이 느껴졌다. 그녀는 덧붙였다. "그것은 간과하기 쉽지만 아무리 강조해도 지나치지 않은 네트워크 형성을 가능하게 했습니다."

이런 네트워크는 건설적인 마찰이 어느 정도 있을 때, 즉 경쟁과 협력이 균형을 이룰 때 가장 잘 작동한다. 마줌더와 동료 주최자들은 이 점을 예상하고 모든 네트워크 구성원에게 2가지를 서약하게 했다.

첫째, 각 구성원은 편견 없고 다양한 배경을 가진 연구자들에게 열려 있는 공간을 유지하기 위해 노력한다. 둘째, 네트워크에서 논의된 주제와 쟁점은 아이디어를 내놓은 사람이 외부에 공유할 준비가 될 때까지 네트워크 내로 국한한다. 이 2가지 원칙은 개방적이고 참여적이며, 다학문적이고, 위계와 분야, 국가 경계를 넘는 가교 역할을 적극적으로 지원한다는 네트워크의 공유 가치로 정해졌다. 마줌더는 내게 이렇게 말했다.

서약 덕에 네트워크에서 자유롭고 개방적인 대화가 가능했고, 아주 안전한 공간이 만들어질 수 있었어요. 다양한 관점을 얻고 가치 있는 공유 자산을 개발한다고 믿을 수 있는 공간 말입니다.

또 마줌더는 자신의 네트워크를 활용하여 멘토, 상사, 전 동료들을 참여시킴으로써 가능한 한 네트워크 구성원들을 전문 지식과 명성을 가진 사람들과 연결하려고 했다. 중진 학자들이 네트워크를 돕기로 한 데에는 마줌더가 과거 참여와 협업으로 쌓은 호감도도 작용했지만, 네트워크가 제공하는 이점, 즉 의욕적인 후배 연구원들과 양질의 논문을 쓸 수 있고 그들의 참여로 네트워크 신뢰도가 커졌다는 점이 크게 작용했다.

마줌더의 작업에서 가장 감동적인 부분은 지적 성격이 강했던 네트워크 안에서 유대감이 생겼다는 점일 것이다. 팬데믹에 직면하고 시간이 흐르면서 구성원들 사이에서 진정한 우정과 지지가 생겼다. 한 구성원은 이렇게 말했다. "팬데믹의 그늘에서 더 깊은 배려심이 생겨나고 있습니다. 몇 개월 전만 해도 말하지 않고 넘어갔을 어려움을 이제는 터놓고 대화합니다."

연휴인데도 집에 갈 수 없었던 2020년 크리스마스에 마줌더와 동료 관리자들은 구성원 모두가 함께 들어와 영화를 볼 수 있는 24시간 줌^{zoom} 룸을 마련했다. 마줌더는 "이런 작은 행동이 변화를 가져옵니다. 사람들에게는 무언가의 일부라는 느낌이 필요했거든요."라고 말했다.

나는 조직에서는 그런 느낌이 어떻든 생기지 않냐고 물었다. 그녀는 이렇게 대답했다. 나는 마줌더가 구성원들의 이익을 위해 이 네트워크를 만들었지만, 이곳은 동시에 그녀가 소속감을 느낄 공간이기도 하다는 느낌을 받았다.

다른 공식적인 조직의 네트워크 공간에서도 사람들이 몰두하지만 그런 느낌이 들지 않을 때가 많습니다. 기관은 항상 여러분의 일부 모습만 요구합니다. 궁극적으로 우리는 사람들이 인간다움을 느낄 수 있는 공간을 만들어야 합니다. 이 네트워크는 온전히 자신일 수 있게 해주는 데 성공한 거죠. 사람들은 부모이고 손자이며, 음악가이고 예술가, 요리사이기도 해요. 그런 것을 논의할 공간이 있다는 것은 매우 중요합니다.

우리는 일자리나 경제적, 건강상 위협에 직면했을 때 삶을 지탱하게 해주는 소규모의 일상적인 네트워킹 과정에서 사회적 유대를 활용하는 데 연결자가 어떤 영향을 미치는지 살펴보았다. 에레이라와 마줌더의 사례에서 알 수 있듯, 사람들의 삶을 변화시키고 세상을 바꿀 수 있는 대규모 활동에서 연결자는 대단히 중요하다.

리비어, 마줌더, 에레이라 같은 연결자들은 개인과 팀이 엄청나게 밀려드는 정보와 사회적, 직업적 관계의 끊임없는 변화에 압도당하지 않고 역동적이고 다양한 방식으로 연결되고 유대감을 형성할 수 있도록 보장했다.

이로써 관계와 네트워크를 형성하고 촉진하는 그들의 역할은 특히 중요해진다. 연결자는 고도의 네트워크 지능을 갖추고 있어야 하며, 언제 어떻게 다양한 유형의 사회적 유대, 즉 가교형, 결속형, 연계형 유대를 활용해 변화를 끌어내야 할지 잘 이해하고 있어야 한다.

그들이 그저 적절한 때, 적절한 장소에 있었던 것이라고 생각할 수도 있다. 하지만 이 장에서 살펴보았듯이 연결자들의 행운은 준비된 상태에서 기회를 만나 만들어진 것이다.

많은 이들을 효과적으로 연결하는 것은 단순한 리더십 역량이 아니다. 적절한 환경과 맥락에서 그것은 리더십의 **본질**이다. 앨버트

라슬로 바라바시의 말처럼 이것이 의미하는 바는 "기업의 경력 사다리를 사회적 가교로 대체"해야 한다는 것이다.

5장

입증자

인과의 사슬에 집중하며
늘 의심하는 이

먼저 생각하고 나중에 행동하려는 경향

1987년 개봉한 공상과학 영화 「프레데터」에는 준군사 조직 구조팀의 마지막 생존자인 아널드 슈워제네거가 포식자 외계인을 처치하기 위해 함정을 치밀하게 설치하는 장면이 나온다. 중앙아메리카 정글 깊은 곳에서 길을 잃은 더치 역의 슈워제네거는 큰 나뭇가지 사이에 팽팽하게 밧줄을 고정하고, 큰 열대 식물에 화약을 뿌리고, 외계인의 적외선 시야에 보이지 않게 온몸에 진흙을 두껍게 바른다. 마침내 모든 준비를 끝낸 그는 햇불에 불을 붙인 후 포효하듯 거칠게 울부짖는 소리를 낸다.

이어지는 모든 장면은 더치가 외계인의 반응을 얼마나 세밀하게 고려했는지 보여준다. 그는 외계인의 모든 조치, 의도, 행동의 순서를 예상하고 정글의 자원을 이용해 외계인을 처치하려 한다. 복잡하게 계획된 부분들이 맞아떨어지면서 우리는 성공할지 실패할지 마음을 졸이는 동시에 그의 선견지명에 감탄한다.

「프레데터」가 상영된 지 약 10년 후, 한 십 대 소녀가 웨일스 뉴포트의 버려진 건물 안을 돌아다니며 하룻밤 잠을 청하기에 가장 좋은 장소를 찾고 있다. 숲이 무성한 정글이 아니라 콘크리트 건물이 빽빽한 정글이라는 점이 다르지만. 소녀는 슈워제네거가 연기한 군인처럼 정확하고 치밀하게 자신이 선택한 지점의 주변 환경을 조작하기 시작한다. 그녀의 목표도 같다. 포식자의 발길을 막는 것이다.

페인트 통을 출입구 옆에 쌓아두어 공격자가 침입하면 던질 수있게 한다. 장애물로도 좋고 여차하면 집어던져도 유용할 신문지도 주요 지점마다 쌓아둔다. 마침내 잠자리를 정하면 무거운 나무판자를 무기처럼 가까이에 두고 잠을 청한다.

사브리나는 15살이고, 노숙자다. 자신도 모르게 할리우드 영화속 주인공을 따라 하고 있다는 사실이 위안을 주지는 못할 것이다. 몇년 후 그녀는 이렇게 말했다. "저는 아주 공격받기 쉬운 상태였어요. 사방에 위험이 도사리고 있었죠."

아버지가 뇌종양으로 돌아가신 후 사브리나는 집을 떠나 거리에서 생활했다. 노숙 생활을 하면서도 그다음 해까지 학교에 다녔다. 그녀가 수업이 끝나면 돌아갈 집도 없이 혼자 살아가고 있다는 사실이 명백한데도 한심한 교사들은 그녀에게 주의를 기울이지 않았다. 그녀는 책을 전부 들고 다니며 학업을 계속하려고 노력했고, 매일 밤잘 곳을 찾아야 했다. 불행한 사고를 몇 번 겪은 후 사브리나는 조각 퍼즐에서 떠올린 전략을 개발하기 시작했다.

> 안전을 지키려면 모든 것을 알아차리는 수밖에 없었어요. 초긴장 상
> 태에서 늘 퍼즐에 추가할 또 다른 조각을 찾아내고, 테스트하고, 또
> 테스트했습니다. 그리고 퍼즐 조각을 분리해보며 한 번 더 확인하고
> 는 했죠. 매우 중요한 일이었죠. 제 안전이 달려 있었으니까요.
> 머릿속으로 위험한 시나리오와 대처법을 퍼즐 조각처럼 그리는 데
> 많은 시간을 보냈어요. 잠재적 위협 하나하나가 퍼즐 조각이었죠. 끔
> 찍한 상황을 예측하고 상황이 어떻게 전개될지 예상해서 피할 수 있
> 게 해야 했습니다. 모든 일과 모든 사람에게 의구심을 갖도록 배웠습
> 니다.

이런 식으로 상황 조각을 맞추는 것은 모두에게 익숙한 일이다. 우리
는 세상과 우리의 결정을 이해하기 위해 끊임없이 그렇게 한다. 나중
에 사브리나가 했던 말대로다. "조각 퍼즐은 삶의 모든 측면에서 중요
합니다. 일상에서 내리는 모든 결정과 행동은 우리가 무엇을 다루고
있다고 믿는지에 따라 달라집니다. 특정 방식으로 사물을 보기 시작
하면 그것이 우리의 렌즈가 됩니다. 세상을 이해하는 나만의 방식이
되죠."

실제 조각 퍼즐과 마찬가지로 의사 결정을 하는 두뇌는 빈 곳을
채운다. 뇌가 증거와 정보, 경험을 바탕으로 틈을 메울 때도 있다. 만
약 방금 당신이 조심스럽게 화려한 건물의 모서리가 그려진 퍼즐 조
각을 맞췄다면 건물의 갓돌 부분에 들어갈 다음 조각은 퍼즐 상자와

주변 조각들, 현실에서 유사한 건물을 봤던 기억을 신중히 검토하여 찾아낼 것이다.

뇌가 현재 보고 있다고 추정하는 것을 기초로 빈 곳을 채울 때도 있다. 입수할 수 있는 증거를 참조하는 대신에 먼저 첨탑이 있는 교회 그림이라고 확신하고 그 추정에 맞는 조각을 찾는 식이다. 더 빈번하게는 뇌가 분석과 직감 능력을 결합하여 사용한다. 대부분의 의사 결정 퍼즐 조각은 분석과 직감으로 구성된 합성물이란 뜻이다.

사브리나가 거리에서 안전하게 지내려고 노력할 때, 영화 속 더치와는 다르게 그녀의 조각 퍼즐은 극단적이고 너무나 현실적이었다. 하지만 우리 대부분은 압박감이 심할 때 그렇게 체계적으로 행동하지는 않는다. 스트레스는 정보를 흡수하고 이해하는 능력과 전략적으로 생각하고 행동하는 능력을 방해한다. 대신 먼저 행동하고 나중에 생각하려고 한다. 심지어 그런 경향은 **정당**하다.

사브리나가 거리에서 살아남은 비결은 퍼즐 조각을 찾는 '감각 렌즈'를 운에 맡겨선 안 된다는 깨달음에 있었다. "의심 없이 받아들이거나 100퍼센트 의존해서는 안 됩니다." 사브리나는 거리에서 살아온 경험으로 간파했다. 압박이나 스트레스를 받아서 본능과 직감에 굴복할 가능성이 가장 클 때가 바로 우리가 가장 엄격해야 할 때라는 사실을 말이다.

사브리나의 여정을 따라가면서 우리는 다섯 번째 업시프터의 전형인 입증자에 대해 배울 것이다. 입증자의 존재 이유는 명백한 것 이상을 보는 데 있다. 우리는 대개 먼저 행동하고 나중에 생각하는 반면 입증자는 진지하게 아이디어들의 실행 가능성을 평가하고, 논리적이고 비판적인 사고를 거쳐 결정에 도달한다.

입증자는 특정 행동으로 일어나는 인과관계의 사슬을 이해하는 데 매달린다. 성공적인 입증자는 스트레스와 압박감 속에서도 비판적 사고 능력을 잃지 않으며, 심지어 그 압박감 때문에 새롭고 창의적인 방법을 찾아내는 사람들이다. 입증자의 방법을 이해하려면 1부에서 배웠던 업시프트의 신경과학적 기초로 돌아가야 한다.

'욕구'냐 '당위'냐

나는 클릭 다섯 번이면 30분 안에 다양한 음식과 요리를 배달해주는 웹사이트를 휴대전화로 보고 있었다. 지금 이야기하려니 부끄럽지만, 직접 요리하는 음식보다 건강에 좋지 않은 음식을 맛볼 생각에 비합리적으로 흥분하며 약간 침까지 고였다. 몇 시간 전까지만 해도 배달음식 대신 건강 식단을 택하겠다며 "대체 왜 그런 쓰레기 같은 음식을 섭취하고 싶겠어?"라고 열성적으로 말했는데 말이다.

정말 왜일까? 나와 비슷한 사람이라면 이런 상황이 낯설지 않을 것이다. 1980년대에 리처드 탈러는 2017년 노벨 경제학상을 받게 해준 연구에서, 의사 결정에 이성과 감정이 미치는 영향을 이해하게 하는 '이중 자아' 개념을 내세우며 우리의 의사 결정이 두 개의 자아, 즉 **행동하는 자아**와 **계획하는 자아**의 영향을 받는다고 주장했다. 두 자아 개념은 깔끔한 은유를 넘어 탄탄한 신경과학에 기초하고 있다.

행동하는 자아 또는 '행동가'의 사고는 진화적으로 더 오래되고 더 깊숙이 자리한 뇌 영역인 뇌간, 소뇌, 변연계에서 이루어진다. 이 영역은 상향식 처리, 즉 정서적, 생리적 수준에서 일어나는 경험에 대한 비자발적이고 무의식적인 반응에 특화되어 있다. 따라서 행동가는 욕구나 필요의 즉각적인 만족을 위해 행동한다. 배달 음식 사진을 본 나처럼.

계획하는 자아 또는 '계획가'의 사고는 뇌의 신피질 층에서 이루어진다. 생물학적으로 더 나중에 진화한 이 부분은 고차적인 뇌 기능, 즉 주변 세계에 대한 자발적이고 의식적인 인지 반응을 담당한다. 주의를 기울이고, 집중하고, 정보를 기억·유지·수정하며, 의식적인 학습을 하고, 정보와 학습을 의사 결정에 적용하도록 돕는다. 또 충동적 행동을 통제하고 감정을 조절하며, 스트레스에 대한 반응을 조절하는 역할도 한다.

또 다른 노벨상 수상자인 대니얼 카너먼도 행동가 사고는 "비자발적이고, 극도로 강력하며, 의식적인 인식의 밖에서 끊임없이 일어나는"(빠른 사고) 반면, 계획가 사고는 "숙고와 의식적인 사고로 특징지어지는 더 느리고 더 노력이 들어가는 의사 결정 경로"(느린 사고)라고 구분했다.

금요일 저녁 식사 선택처럼 나의 경우 열에 아홉은 '욕구'가 '당위'를 앞선다. 바쁘고 스트레스가 많은 한 주를 보냈거나 친구들과 함께 식사하거나 술을 한두 잔 마신 경우에는 특히 더 그렇다. 최선의 의도가 있는데도 행동가 뇌가 계획가 뇌를 추월하는 순간들이 반복된다. 한편으로는 행동하는 대신 생각만 과도하게 많이 하는 상황에 직면할 수도 있다. 그럴 때는 생각의 무게에 짓눌려 무력해지며 아무

행동도 하지 못한다.

행동하는 자아와 계획하는 자아의 대결은 자제력의 강화, 강박적인 행동의 대처, 중독의 극복을 다루는 여러 글과 주장을 뒷받침하는 개념이다. 이런 내적 투쟁에 대처하는 여러 가지 전략을 담은 자기계발서들이 수백만 부 이상 팔렸다. 하지만 대니얼 카너먼이 증명하려고 애썼듯, 계획가 자아와 행동가 자아 어느 하나가 우위를 점해서는 안 된다. 압박과 스트레스를 받는 상황에서는 특히 그러하다. 계획가와 행동가 둘 다 불완전하기 때문이다.

사브리나 이야기로 다시 돌아가보자. 그녀는 2년 동안 노숙을 하며 학교에 다녔다. 학교에 갈 수 있는 것은 그녀가 의지할 수 있는 몇 안 되는 일이었다. 교육은 그녀가 어느 정도 통제할 수 있는 영역이었다. 어디를 가든 교과서와 학용품을 가지고 다녔다. 하지만 사브리나가 잠자리로 삼았던 한 건물에서 수상쩍은 사람 하나가 그녀에게 인종차별적인 욕을 하고 주먹을 휘두르며 그녀의 소중한 책이 있는 곳을 막아섰다. 그가 깨진 병을 들고 달려들었을 때 사브리나의 친구인 피터와 다른 노숙자들이 겨우 막아줬지만 안전은 일시적일 뿐이었다. 사브리나는 도망쳐야 했으나 책을 두고 떠날 수가 없었다.

저는 도망치고 싶지 않았지만…, 정말이지 다시 공격받고 싶지 않았습니다. 공부하고 싶었고 시험에 합격하고 싶었어요. 시험은 이 난장판에서 벗어날 수 있는 티켓이었죠. 책을 가져와야 했습니다. 하지만 그 남자는 흉기를 들고 있었죠….

지금 생각해보면 특별히 어려운 결정이 아니었습니다. 하지만 선택의 무게가 너무 무거웠습니다. 단순히 머물지 떠날지 결정하는 게 아니라 그에 따라 일어날 결과와 영향을 견줘봐야 했으니까요.

다행히 피터가 저 대신 결정을 내려줬습니다. 우린 떠났죠. 그래서 제가 아직 살아 있는 거고요.

긴박한 상황에서도 명확한 정보를 기다리려 한다면 행동할 기회를 놓치기 쉽다. 도망가려다 잠시 멈췄던 순간 사브리나는 책과 학업을 뒤로하고 떠난다면 앞으로 어떻게 될지 생각했다. 당장 탈출할 수는 있지만, 더 큰 함정에 빠져 삶의 기회가 더 줄어들 수도 있었다.

그러나 때때로 우리의 행동가 뇌는 잘못된 가정이나 직감을 따른다. 그녀는 학업을 위해 싸우겠다고 결정하고 돌아갔다 치명적인 상처를 입었을 수도 있다.

이상적인 세계라면 직접적인 관찰과 데이터를 기반으로 퍼즐의 빠진 곳을 채울 수 있을 것이다. 이미 맞춰놓은 퍼즐 조각들을 자세히 들여다보고, 빠진 부분을 살펴보고, 아직 남아 있는 조각들을 살펴볼 것이다. 하지만 압박감을 느끼거나 위기 상황에서 흔히 그렇듯 큰 퍼즐 조각들이 없을 때 우리 뇌는 그것들을 채우려 한다. 우리는 추정, 신념, 반쯤 형성된 생각에 의지한 채 빠진 조각이 무엇인지 직감으로 판단한다.

이러한 상황에서 무엇을 더 잘할 수 있을까? 인지심리학과 신경과학 영역에서 나온 가장 좋은 답은 서론에서 설명했던 역 U자 업시프트 그래프에서 찾을 수 있다. 스트레스 자극 수준이 낮을 때는 집중력과 유능함을 발휘할 만큼 자극을 경험하지 못한다는 사실을 기억

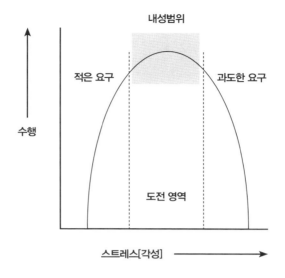

내성범위

적은 요구

과도한 요구

수행

도전 영역

스트레스[각성]

할 것이다. 반대로 스트레스 수준이 높으면 눈앞의 과제에 집중할 수 없고 스트레스 자체를 더 염려하게 된다. 그 중간이 바로 긴장을 늦추지 않을 만큼 스트레스를 받지만 압도될 정도는 아닌 업시프트 영역이다.

스트레스와 트라우마 전문가인 엘리자베스 스탠리는 이 업시프트 영역을 신경생물학적 내성범위라고 설명했다. 압박감 속에서도 최적의 성과를 유지하기 위해 스트레스 수준을 높이거나 내릴 수 있는 범위다.

이 그래프를 다시 살펴본 이유는 간단하다. 행동가 뇌와 계획가 뇌의 처리를 효과적으로 통합할 가능성이 가장 큰 곳이 바로 이 업시프트 영역이기 때문이다. 이 내성범위 안에서 뇌의 두 부분은 동맹군처럼 협력한다. 그리고 압박감 속에서 이를 가장 잘하는 사람들이 바로 입증자다.

증거에 따르면 업시프트 곡선 영역에 따라 우리의 행동가 뇌와 계획가 뇌는 다르게 반응한다. 행동가 뇌는 모든 스트레스 수준에서 작동하지만, 스트레스가 심할수록 생존 본능이 더 강하게 작용하므로 스트레스의 증가와 함께 더 잘 작동한다. 이는 스트레스가 심했던 상황에 기억이 고르지 못한 것을 부분적으로 설명해주기도 한다. 계획가 뇌는 중간 영역에서 가장 잘 작동하지만, 스트레스 수준이 높아지면 작동이 저하된다. 흥미롭게도 한 유명한 아동 치료사가 키스 재럿의 쾰른 연주회와 망가진 피아노를 내성범위에 비유한 적이 있다.

> 재럿이 연주가 불가능한 저음과 고음 건반을 피하면서 중간 건반들만 써야 했다는 사실은 내성범위라는 개념, 그리고 아이들이 정서적으로 견딜 수 있는 그 중간 범위에 머물 수 있도록 해야 한다는 사실을 떠올리게 한다. 재럿이 연주했던 피아노의 고음역은 거칠고 양철 소리가 났으며, 저음역은 깊게 울려 잘 들리지 않았다. 마치 너무 혼란스럽거나 경직되어 장난스럽게 관계를 맺지 못하는 아이 또는 단절을 통해 살아남는 법을 배운 해리 장애가 있는 아이를 연상시킨다.

그에 반해서 내성범위 밖에서는 우리 뇌의 계획가와 행동가가 더 적대적으로 작동한다. 이는 우리 대부분이 너무나 잘 알고 있는 여러 방식으로 나타난다.

사고력이 저하된 뇌는 상황 인식 저하, 불안에 기반한 계획, 방어적인 추론, 주의 산만, 기억력 문제를 일으킨다. **행동가가 주도권을**

잡으면 감정과 스트레스에 편향된 인식이 주의력을 앗아가고 결정과 행동을 좌우한다. 이 상태에서는 계획가가 행동가에 종속되어 행동을 정당화하기 위해 작동한다('이번 주에는 정말 열심히 일했으니 배달 음식을 먹을 자격이 있어' 같은 식이다).

마지막으로 **사고에 압도되어** 본능, 감정, 신체적 신호와 단절된다. 이는 억압, 구획화, 상황 현실의 무시, 무조건 밀어붙이기 등으로 이어질 수 있다. 그러나 내성범위 안에서 입증자는 다음과 같이 행동할 가능성이 크다.

관찰, 데이터의 수집, 질문 제기	• 사건과 상황에 대한 내부 및 외부 단서를 인지한다. • 적절한 정보를 획득하고 흡수한다. • 정보를 객관적으로 평가하고 통합한다. • 특정 현상을 기회 또는 위협으로 정확하게 평가한다.
접근 방식의 조사, 탐색, 테스트	• 행동 측면의 모든 선택지를 찾아본다. • 각각의 행동을 비용과 이점 측면에서 평가한다. • 각 선택지를 실험을 통해 체계적으로 비교한다. • 계획을 세우고 향후 예상되는 효과를 고려한다.
선택, 학습, 변화	• 최적의 행동을 전략적으로 선택한다. • 가치와 목표에 행동을 맞춘다. • 선택한 행동의 지속적인 결과를 의식적으로 평가한다. • 미래를 위해 적응하고 학습한다. • 필요한 변화를 옹호한다.

우리가 내성범위 안팎에서 어떻게 행동하는지는 특정 상황뿐만 아니라 우리의 삶 전체에 지대한 영향을 미친다. 실제로 일부 심리학자들은 우리의 성격 전체, 행동, 진로, 심지어 파트너와 친구 선택까지 우리 머릿속에 있는 계획가와 행동가 시스템의 갈등과 협력으로

결정된다고 주장하기도 한다.

다음은 스탠리의 주장이다. "개인의 내성범위가 넓을수록 스트레스와 강도가 높은 상황에서도 계획가 뇌와 행동가 뇌를 효과적으로 통합할 수 있는 능력을 유지할 가능성이 높다."

이는 어린 사브리나에게 분명한 사실이었다. 그녀는 극복할 수 없는 난제와 교사들의 충격적인 무관심에 맞닥뜨리자 16살에 시험을 치른 후 학교를 그만두었다. 노숙자 신세에서 벗어나고자 했던 그녀의 희망은 사라졌다. 상황은 절망적으로 변했다. "노숙자 생활을 할 때는 투명 인간이 된 기분이었어요. 사회의 유령처럼 느껴져요. 길거리에서 누군가가 쓰러지면 사람들이 달려와 도와주지만, 배를 채울 음식도 없고, 살 곳도 없고, 깨끗한 옷도 없는 노숙자는 사람들이 아랑곳하지 않고 지나칩니다."

사브리나는 방향을 바꿔야 했다. 답은 계획가 두뇌나 행동가 두뇌가 아니라 그 둘의 융합에서 나왔다. 그녀는 사고방식을 바꿨다. 그녀의 조각 퍼즐은 '살아남는' 방법이 아니라 '살아갈' 방법으로 바뀌었다. 그녀는 관찰하고, 탐구하고, 질문하고, 변화를 시도했다. 절망적인 상황에서 벗어날 새로운 길은 학교가 아니라 장사였다.

"이게 나일 수는 없다. 이런 삶에 머물 수는 없다."라는 생각이 들었습니다. 『빅이슈』(노숙자들에게 소득 기회를 제공하기 위해 창간된 영국의 가판 잡지)를 팔기 시작했는데 뉴포트에서는 경쟁이 치열했습니다. 기껏해야 하루에 15파운드 정도를 벌었죠. 그래서 매일 아침 버스를 타고 몬머스로 가서 오전 7시부터 오후 7시까지 일하며 잡지를 전부 팔아 치웠어요. 몇 번을 시도한 끝에야 거리에서 벗어나 안전한 숙소로 들어갈 수 있었어요. 결국 사우스웨일스의 가난한 동네, 리스카의 작은 임대 아파트 보증금 낼 돈을 마련했습니다. 저를 알아볼 사람이 없는 먼 동네였죠. 아무도 저를 불쌍히 쳐다보지 않는 곳이었어요. 새로운 시작이었죠.

새로운 시작의 의미는 매우 분명했다. 그녀는 내성범위가 넓어진 순간을 이렇게 설명한다. "문을 닫고 안전하다고 느낄 수 있었던 곳은 그곳이 처음이었어요. 저는 처음으로 단지 살아남기 위한 전술이 아니라 살아가기 위한 전략을 짜기 시작했습니다. 그때부터 제 인생에서 또 무엇을 할 수 있을지 생각하기 시작했습니다."

하지만 사브리나의 대답을 알아보기 전에 한 세기 반 앞서 삶의 목적에 대해 매우 비슷한 질문을 던졌던 또 다른 여성의 이야기를 살펴보자.

나이팅게일은 도표의 여인

플로렌스 나이팅게일은 어려서부터 사물을 수집하고, 정리하고, 분석하기 좋아했다. 조개껍데기, 식물, 나비 등을 수집하고 종이에 꼼꼼하게 기록했다. 여섯 살이 되던 1826년에는 기도한 내용을 기록하고 응답받은 기도와 응답받지 못한 기도를 체계적으로 비교해 기도의 효과를 계산하기도 했다.

그녀는 수학과 물리학 같은 과목에 깊은 열망과 관심을 보였는데 어머니의 완강한 반대에도 수업을 받으려고 애썼다. 특이하게 이름도 그녀가 태어난 이탈리아의 아름다운 중세도시를 따라 플로렌스라고 지어주었건만(그리고 장차 그녀의 명성으로 플로렌스는 인기 있는 여자아이의 이름이 되었지만) 유럽 여행을 통해 젊은 숙녀에게 어울리는 좀 더 세련된 관심사로 인도하려던 부모의 노력은 역효과만 냈다.

그녀는 방문했던 여러 도시에서 문화적, 예술적 감상력을 높이는 것이 아니라 각 도시의 인구 통계, 주민들에게 보건 및 사회 서비스를 제공하는 병원과 자선 단체의 규모와 위치를 길고 상세히 일기장에 기록했다. 거기서 그치지 않고 정치가 평범한 사람들의 일상에 미치는 영향에 주목하기 시작했다. 죄수, 군인, 가난한 여성, 거지, 객실 청소부 등 모든 사람과 대화를 나누고 그 내용을 기록했다. 그녀는 정치가 인간의 삶을 조직하는 방식으로 매우 부족하다는 사실을 발견하고는 일기에 이렇게 썼다. "1832년에 이런 제도가 존재하다니!"

그녀의 언니는 유명한 기념물들을 그린 그림과 스케치, 거장들의 작품을 모사한 그림들로 공책을 가득 채웠지만, 나이팅게일은 공책 여백에 작은 항아리 하나만 그릴 정도로 굳건하고 확고하게 교양 없는 모습을 유지해 어머니에게 실망을 안겼다.

그녀가 선택한 간호사라는 직업도 부모의 바람과는 어긋났다. 당시 간호사는 그녀 정도의 신분에 어울리지 않는 천하고 우세스러운 직업으로 여겨졌기 때문이다. 하지만 그녀는 "하느님께서 봉사의 소명을 주셨다."라고 말하며 단호한 태도를 보였다. 1837년 2월 7일에 부름을 받았다고 정확한 날짜까지 댔다. 정확히 어떻게 봉사할지 알아내기까지는 몇 년이 더 걸렸지만 말이다.

그녀가 아직 30대였던 1850년대, 유명한 그녀의 모습을 담은 그림 두 점이 전한다. 첫 번째 그림은 그녀가 커다란 종이를 들고 분주한 방 한가운데 서 있고, 그 옆에 제복을 입은 남자가 종이에 적힌 정보에 짜증이 나거나 괴로워하는 듯한 손짓을 하는 모습이다. 그보다 더 유명한 두 번째 그림은 불이 켜진 램프를 든 그녀 주위로 붕대를 감은 남성들이 침상에 누워있는 모습을 보여준다. 이 두 번째 그림 때문에 '램프를 든 여인'으로 널리 알려졌지만, 나이팅게일은 '목록과 도표의 여인'으로 알려졌을 수도 있다. 분명 그녀는 그쪽을 훨씬 더 인정했을 것이다.

1856년 나이팅게일이 여성 동료 40명과 함께 크림 전쟁이 한창이던 튀르키예의 영국군 병원에 도착했을 때 그녀는 위기 속 재앙을 맞닥뜨렸다. 크림 전쟁은 기독교의 두 종파가 성지에 대한 권리를 찾는다는 구실을 내세웠지만, 그 중심에는 전통적인 토지 및 권력 쟁탈전이 있었다.

러시아 정교회와 로마 가톨릭교회는 협정을 맺었지만, 당사자인 프랑스와 러시아 지도자들은 전쟁을 강행했다. 유럽 전역 여러 나라를 끌어들인 이 분쟁은 폭발성 포탄과 같은 현대 군사 기술을 사용한 최초의 전쟁이었던 데다가 사진과 전신 기술의 발달로 광범위하게 기록되고 보도되었던 까닭에 '끔찍하게 무능한 국제 학살'로 악명을 떨치게 되었다.

영국인들은 영국과 프랑스의 간호 수준 격차에 특히 주목했다. 『런던 타임스』주필 윌리엄 러셀은 이렇게 한탄했다.

영국에는 동방의 스쿠타리 병원에 가서 병들고 고통받는 병사들을 돌볼 능력과 의지가 있는 헌신적인 여성들이 없는가? 영국의 딸들 가운데는 극도로 어려운 이 시기에 그런 자비로운 일을 할 각오가 된 사람이 없는가? 우리는 자기희생과 헌신에서 프랑스인보다 훨씬 뒤떨어져야 하는가?

나이팅게일과 간호사 팀은 전쟁 장관 시드니 허버트에게 직접 의뢰를 받아 스쿠타리 병원에 도착했다. 군인과 의사 모두 집단 트라우마에 시달리고 있었고, 그런 상황은 불결함과 즐비한 시신, 혼돈으로 가득한 병원에서 극명하게 드러났다. 1854년 1월과 2월에만 45센티미터 간격으로 6킬로미터 이상 이어진 병상에서 3천 명의 군인이 이질, 동상, 괴저로 사망했다.

나이팅게일은 여성 간호사들의 관리자로서 병원에 절실한 질서와 간호 방법을 확립하기 시작했다. 처음에 그녀의 노력은 전통적으로 여성이 가정에서 하던 역할인 음식과 의복 관리에 머물렀다. 그러나 이를 통해 그녀는 기본적인 영양과 위생 2가지 문제를 사실상 해결할 수 있었다.

그녀는 곧 '여성 대장'으로 불렸는데, 그녀가 데이터와 증거로 뒷받침되는 명확한 주장을 했기 때문이다. 우선 그녀는 자신에게 자연스러운 일, 즉 사람들에게 의견을 묻는 일을 시작했다. 병사들의 의견을 들은 뒤에는 음식과 위생에 관해 세세하게 목록을 기록했다. 이 작업은 많은 저항에 부딪혔다. 그녀는 환자에게 어떤 음식을 실제로 제공했는지 정확히 기록하는 것이 중요하다고 역설했지만, 의사들은 식단표를 보고 환자들에게 제공했어야 할 음식을 다음 날 그대로 옮겨적는 관행을 바꾸지 않아 애를 먹었다. 실제로 많은 의사들이 그날 식사 기록은 이미 작성되어 있고 다음 날 식사 기록란만 비어 있어서 그런 변화가 물리적으로 불가능하다고 주장했다.

더 많은 데이터, 분석, 수학적 결과를 원하는 나이팅게일의 갈증에 의사들은 당황스러워했다. 그들은 통계가 "가해자를 상대로 자신의 주장을 입증하려는 강압적 관리들에게는 유용할지 몰라도 병자를 치료하려는 실무자에게는 쓸모없는" 것으로 생각했기 때문이다. 기록을 남긴 의사들은 나이팅게일을 달래기 위해 그랬을 뿐이었다. 게다가 "압박이 심한 시기에는 그런 기록을 포기할 수밖에 없었다." 그녀가 런던의 전쟁부 당국에 "의료 통계가 매우 혼란스러운 상태여서 정확한 결과를 얻기가 거의 불가능합니다."라는 편지를 보낸 데서 알 수 있듯 영국군의 통계 부재는 그녀에게 계속 절망감을 안겼다.

좌절감을 느낀 그녀는 다른 의사와 병원과 교류하게 되었고, 특히 프랑스 병원은 그녀에게 '감탄과 부러움, 놀라움'을 안겨주었다. 한 프랑스 군의관은 그녀를 환자 막사에서 자신의 막사로 데려가 '환자별로 식사 기록뿐 아니라 매일 의학적 관찰을 메모해놓은 완전한 기록'을 보여주었다. 프랑스 의사와 대비되는 영국 의사들의 태도는 불행히도 거기서 그치지 않았다. "정치인이나 성직자들과 마찬가지로 영국 의사들은 올바른 행동이 올바른 생각에 기초해야 하고, 자유로운 탐구와 결과에 대한 세심한 주의를 통해서만 가능하다는 것을 깨닫지 못했다."

그녀에게 이것은 행동으로 이어지지 않는 탐구와 생각은 무용

지물이라는 것만큼 자명한 사실이었다. 프랑스 의사가 존경받아야 할 점은 정확한 진료기록과 함께 강렬한 에너지와 인간적인 태도였다. "감정은 말로 허비될 게 아니라 결과를 가져오는 행동으로 승화시켜야 한다고 생각한다."라는 그녀의 말처럼 이성과 감성을 융합한 이러한 정신은 그녀 스스로 열망하는 것이었다.

왕족과 정치인, 대중의 사랑을 받는 세계적인 유명 인사가 되었을 때에도 나이팅게일은 크림 전쟁 이전과 마찬가지로 사교계의 명사로 나다니지 않았다. 대신 통계를 활용하여 완전히 새로운 군 의료 방식을 옹호하기 시작했다. 그녀는 열병, 폐결핵, 기타 질병으로 인한 평균 병자의 수로 각 연대의 평균 전력 데이터를 매달 수집해 전군으로 집계하기를 원했다. 그녀는 이를 통해 전쟁부 장관이 "시계를 보고 시간을 알 듯 군의 건강 상태 동향을 명확하게 알 수 있을 것"이라고 생각했다.

이러한 완벽한 통계 시스템이 있어야만 보건 법칙을 시행할 수 있을 것이었다. 하지만 데이터만으로는 충분하지 않았다. 나이팅게일은 의학과 통계뿐 아니라 정보를 가장 잘 전달할 수 있는 방법을 찾는 데도 혁신가였다. 여기서 그녀는 이성과 직관 모두에 호소하는 법에 대해서도 높은 이해도를 보여주었다.

어린 시절 그녀의 도표 사랑이 여기에 도움이 되었는지는 확실하지 않지만, 그녀는 오늘날 파이 그래프와 비슷한 다양한 유형의 그래프를 개발해 복잡한 통계 결과를 시각적으로 보여주었다. 그중 가장 유명한 것은 콕스콤coxcomb이다. 각 파이 조각의 면적이 데이터의 비율을 나타내는 파이 그래프와 달리 콤스콤은 중앙에서부터의 길이로도 데이터를 전달한다.

아래 콕스콤은 크림반도에서 근무한 2년 차(왼쪽 그래프)에는 첫해(오른쪽 그래프)에 비해 모든 사망 원인이 얼마나 감소했는지 보여준다. 나이팅게일이 근무한 첫 2년 동안 스쿠타리 병원의 사망 원인을 보여주는 아래의 콕스콤은 12개월을 나타내는 12개의 조각으로 균등하게 나뉘어 있고, 각 조각의 크기는 해당 월의 사망률에 비례하며, 사망 원인마다 다른 색깔로 표시되어 있다. 월별로 데이터를 세분화함으로써 그녀는 표나 단락으로는 읽히지 않았을 내용을 시각적으로 즉시 보여줄 수 있었다. "귀를 통해 대중의 뇌로 전달하지 못할 내용을 눈을 통해 전달하고 싶다."라는 분노와 희망이 뒤섞인 글에서 그녀의 야망이 보인다.

그것은 효과가 있었다, 1850년대 영국군은 불필요한 사망자 수가 지나치게 많다는 최악의 기록을 가지고 있었다. 그런데 1860년대 후반에 와서는 세계 최고 수준으로 인정받았다. 나이팅게일이 입증

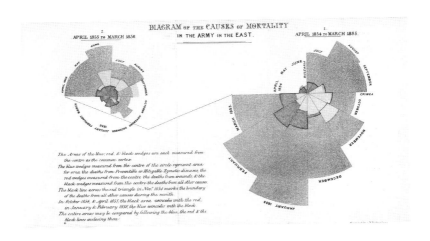

자의 열정을 쏟아 연구한 덕분이다.

　그녀가 통계를 옹호한 것은 통계의 한계를 깊이 인식하고 이를 극복하는 방법을 수년간 연구했기 때문이다. 특히 그녀는 다른 유형의 환자들을 비교하고, 충분한 맥락의 고려 없이 사망률 같은 단일 측정값을 사용하는 문제점은 물론 데이터 조작의 가능성도 잘 알고 있었다. 그녀는 통계적 확증을 학문적으로 발전시키기 위해서만이 아니라 약하거나 부실한 연구를 폭로하는 데도 이러한 통계 기술을 유용하게 썼다.

　예를 들어 한 병원에서 숙련된 간호사를 고용했지만 사망률이 감소하지 않았다고 주장하는 연구가 나왔다. 간호가 나이팅게일이 주장하는 의료 서비스의 해결책이 아님을 보여주는 것처럼 보였다. 그러나 나이팅게일은 가장 복잡한 사례, 즉 사망할 확률이 가장 높은 환자에게 간호사가 배치되므로 이것은 잘못된 사고에서 나온 결과라고 주장하고, 그것을 입증했다. 더 나은 연구 방법은 선택적으로 보고하지 않고, 간호받은 환자와 간호받지 않은 환자를 더 자세하게 비교하고, 단일 측정치(이 경우 사망률)에 초점을 맞추지 않는 것이었다.

　그녀는 "개선된 통계는 현재 확인할 수 있는 어떤 수단보다 특정 수술과 치료 방식의 가치를 비교해서 알려줄 것이며 그렇게 확인된 진실은 생명과 고통을 구하고 병자의 치료와 관리를 개선할 수 있게 해줄 것이다."라고 주장하면서 통계를 이용한 모든 의료 행위의 전면적인 변화를 계속해서 주창했다.

　거의 한 세기가 지나고 잔인한 분쟁을 한 번 더 겪고서야 그녀의 아이디어가 실현되면서 그녀는 선지자임이 증명되었다. 1941년 스코

틀랜드의 젊은 의사 아치 코크란은 그리스에서 전쟁 포로 치료에 가장 효과적인 방법을 알아내기 위해 농업 연구자들이 즐겨 사용하는 통계 방법을 적용했다. 나이팅게일이 제시한 원칙을 바탕으로 그가 주장한 무작위 배정 임상 시험은 증거 기반 의학의 주축이 되었다.

나이팅게일이나 그녀가 그토록 존경했던 프랑스 의사들 같은 사람들은 위기와 압박감, 스트레스 속에서도 내성범위를 유지하고 더 넓힐 수 있다. 하지만 그러한 일에는 개인적인 대가가 필요하다. 모든 업시프트 중에서도 이것이 가장 혹독한 비용을 치르는 듯하다. 다음에 살펴볼 것처럼 업시프트 영역에서 논리적이고 직관적인 사고를 오랫동안 유지하기 위해서는 특별한 종류의 에너지가 필요하다.

나이팅게일은 다른 업시프터들처럼 "두려운 마음으로 할 수 있는 것은 거의 없다."라는 사실을 잘 알고 있었다. 그러나 그녀는 두려움을 견뎌내느라 피로, 스트레스, 불안에 평생 시달렸다. 훗날 "내 인생에서 고통 없이 돌아볼 수 있는 부분은 하나도 없다."라고 말했을 정도였다.

나이팅게일은 평생 독실한 신앙인으로 살았다. 나이가 들면서 신앙심은 더욱 깊어져 성경과 기도서를 항상 가까이에 두고 매일 기도했다. 말년에 그녀는 수학적 분석이 사회 영역의 성문화된 법칙의 발견을 목표로 하는 종교 활동과 비슷하다고 생각했다. 그래서 이런 글을 썼다. "하느님의 생각을 이해하려면 통계를 공부해야만 한다. 그것들은 그분의 목적을 나타내는 척도이기 때문이다." 기도의 효과를 신중하게 도표로 작성했던 6살짜리 소녀는 틀림없이 이 말에 동의했을 것이다.

마음 챙김 훈련을 오해하는 사람들

최근 몇 년 동안 우리 삶이 대단히 힘들고 스트레스가 극심했던 탓에 많은 이들이 서서히 정신 건강 문제를 경험하게 되었다. 그것도 모자라 2020년에는 코로나19의 확산으로 전 세계가 불안에 휩싸였다. 그런 가운데 마음 챙김과 명상은 정신 질환의 의학적 치료를 대신하거나 보완하는 방법으로 많은 신뢰를 얻었다.

이는 마음 챙김 훈련 강좌와 앱 시장이 성장한 데서 잘 드러난다. 2018년에는 미국 고용주 절반 이상이 직원들에게 여러 방식으로 마음 챙김 교육을 제공했다. 2021년 1월 기준 마음 챙김 앱은 수십억 달러 규모로 추정되는 글로벌 산업이며, 향후 몇 년 안에 4배로 성장할 것으로 예상된다. 물론 이런 움직임을 '전 세계로 번진 히피의 허튼수작'이라고 보는 반발과 냉소적 반응도 어느 정도 있다.

사실 이러한 훈련과 학습 자료는 대부분 저명한 학자들의 연구에 기반하고 있다. 그중에서도 대표적인 인물은 매사추세츠대학교의 존 카밧진이다. 1970년대에 만성 통증 환자들을 치료했던 카밧진은 환자들에게 마음 챙김 명상의 기초를 가르치는 8주짜리 강좌를 개발했다. 그는 마음 챙김 명상을 "의도적으로 판단을 배제하고 현재 순간에 주의를 기울임으로써 발생하는 자각"이라고 정의한다. 익숙하지 않은 사람들을 위해 설명하자면 마음 챙김은 호흡에 주의를 집중하여 명상자가 시시각각 변하는 자기 몸과 마음을 더 알아차리게 하는 것이다.

그의 강좌는 인기를 끌며 곧 산업재해 환자, 암 환자, 하반신 마비 환자, 우울증을 앓는 사람들에게도 제공되기 시작했다. 인상적인 점은 증거 자료들이다. '히피들의 허튼수작'이라고 비난하는 사람들도 받아들일 수 있을 만큼 마음 챙김의 이점이 엄청나다는 연구 결과들이 이어졌다. 마음 챙김 명상으로 만성 통증 환자들은 주관적인 통증 경험을 줄일 수 있었을 뿐 아니라 증상에 더 잘 대처할 수 있었다. 마음 챙김을 치료 과정에 포함할 때 우울증 재발 확률은 최대 3분의 1까지 낮아졌다. 또 정기적으로 마음 챙김 명상을 하면 복잡한 과업에 집중력과 주의력을 유지할 가능성도 더 커졌다. 카밧진의 강좌는 여러 직업에 맞춰 다르게 활용되었다. 흥미로운 점은 극한 상황과 압박감 속에서 일하는 사람들에게 마음 챙김이 유용하다고 입증된 것이다.

이 장 앞부분에서 소개했던 것처럼 내성범위 확대를 연구해온 엘리자베스 스탠리는 마음챙김의 이점을 외쳐온 사람 가운데 하나다. 군인 출신인 그녀는 카밧진의 연구에 기초해서 '마음 챙김 기반 마인드 피트니스 훈련MMFT, Mindfulness-based Mindful Fitness Training' 프로그램을 만들었다. 국방부는 이 프로그램을 파병 전 훈련의 핵심 과정으로 만들었고, 마음챙김이 전투 병력에 미치는 영향을 엄격히 검토하는 신경과학 및 심리학 연구에도 연구비를 지원하고 있다.

기존의 파병 전 훈련을 연구해보니 일반적인 훈련이 사실상 군인들에게 도움이 되기는커녕 불안과 스트레스를 높이고 인지 능력을 떨어뜨린다는 결론이 나왔다. 이와 달리 스탠리의 마음 챙김 훈련은 뚜렷한 효과가 보이는 것으로 나타났다. MMFT에 참여한 병사들은 인지 능력이 향상되었으며, 특히 스트레스 속에서 계획가 뇌와 행동가 뇌의 균형을 유지할 수 있었다. 그들은 파병 전에 스트레스 수준이 더 낮다고 보고했으며, 더 놀랍게도 전투 훈련 전후에 스트레스 각성이 훨씬 더 효율적이었다. 훈련 중 최고의 성적을 낼 가능성도 더 컸으며, 훈련 후에는 더 빨리 평온한 상태로 회복할 수 있었다. 모든 성과는 훈련 전후에 병사들이 착용한 바이오하네스bioharness와 혈액 샘플 분석으로 측정되었다. 심리적 측면에서도 MMFT를 받은 병사들은 전투 상황을 위협이 아닌 도전으로 인식할 수 있음을 스스로 보고했다. 마음 챙김은 실제로 병사들이 업시프트 영역에서 임무를 수행할 수 있게 했다.

스탠리와 오랫동안 공동 연구를 해온 아미시 자는 이완 훈련과 마음 챙김 훈련을 둘 다 받은 소방관들을 대상으로 유사한 연구를 하면서 스트레스를 경험하고, 처리하고, 헤쳐 나가는 데 마음 챙김이 정확히 어떻게 도움을 주는지 탐구했다. 그녀는 소방관들이 계획가와 행동가의 조합을 사용하는 것을 발견했다. 소방관들은 어떤 때는 느리게, 노력하고, 의도적으로 통제하고, 어떤 때는 빠르게, 자동으로, 감정적으로 행동했다.

마음 챙김 훈련 덕분에 소방관들은 반응적, 충동적 행동을 덜 하게 되었다. 마음 챙김이 최상의 효과를 발휘할 때 소방관들은 퍼즐 조각을 더 명확하게 파악하고 개선해나갈 수 있었다. 마음 챙김 훈련을 받은 소방관들은 단순히 내부의 행동가를 죽이고 계획가를 강화하는 게 아니라 사고에 대응하는 동안 스스로를 더 잘 관찰할 수 있게 되었다. 신경학 차원에서 그들은 이전 경험에 따라 생성되고 스트레스로 촉발된 뇌의 자동적인 행동가 경로를 일시적으로 멈출 수 있었다. 즉,

사고가 발생했을 때 순간순간 입력되는 실제 정보를 관찰하고, 따져보고, 의사 결정에 통합할 수 있었다. 그러면서 스트레스와 압박감에 적응 반응을 떠올리고, 생각 실험과 시나리오를 활용해 가능한 대응의 함의를 따져볼 가능성이 더 높아졌다.

데이터와 증거를 사용해 자신의 행동과 감정을 더 잘 따져볼 수 있게 되면서 개인 생활 면에서도 웰빙 수준이 향상되고 인간관계가 개선되었다고 답한 소방관들도 많았다. 또 스트레스 상황을 겪은 후 더 빨리 회복될 가능성도 더 높았다. 특정 스트레스 상황뿐만 아니라 외상 후 스트레스 장애 같은 장기간의 스트레스로 고통받는 상태에서도 마찬가지였다.

엘리자베스 스탠리는 마음 챙김 훈련이 그녀가 주장하는 사고 뇌와 생존 뇌가 '동맹을 맺고 협력하게 만드는 훌륭한 방법' 가운데 하나라고 주장한다. 하지만 그녀는 결과를 빨리 내려는 마음 챙김 산업이 마음 챙김의 실천과 이점을 불완전 판매하고 있다는 주장도 한다. 그녀는 선禪 수련법에 가까운 마음 챙김 기법을 옹호한다. 즉각적인 성공을 목표로 하지 말고, 나아지기 전에 더 나빠질 것을 예상하고, 꾸준히 연습하고, 가치 있는 능력을 기르고 있다고 믿으며 수련하기를 제안한다. 자기 계발 쪽의 내용이라기보다는 1부에서 살펴봤던 최정상 운동선수들이 최고 기량을 발휘하는 방법을 상기시키는 아이디어다.

이것은 플로렌스 나이팅게일이 매일 실천했던 기도에 대한 흥미로운 해석을 새롭게 제시하기도 한다. 나이팅게일은 자신이 알고 있는 최고의 방법인 명상에 가까운 묵상, 현대적 용어로는 마음 챙김을 통해 크림 전쟁 당시 격렬한 경험에서 회복했다고 할 수 있다.

마음 챙김이 최대 효과를 발휘하면 행동가 뇌와 계획가 뇌를 통합할 수 있는 상황의 범위와 내성범위를 확대할 수 있다. 심지어 가장 극단적인 상황에서도 이러한 효과를 발휘할 수 있다.

다시 사브리나의 이야기로 돌아가보자.

균형은 어떻게 잡는 것인가?

앞서 사브리나가 자신만의 아파트로 이사한 뒤 앞으로 어떻게 살아야 할지 고민하고 있다는 이야기를 살펴보았다. "거의 매일 인생 최악의 날처럼 사는 게 어떤 기분인지 알고 있었기 때문에 비슷한 상황에 놓인 사람들을 돕고 싶어 뭐든 하고 싶었어요. 아무도 저를 구해준 적 없었지만 우습게도 저는 어떤 식으로든 사람들을 구해주고 싶었던 것 같아요."

어떤 자격 조건이 아니라 '어떤 사람이 될 수 있다고 믿는가'에 따라 평가받는 직업을 갖는 게 해결책이 됐다. 그녀가 정착한 작은 마을 리스카에는 비상근 소방서가 있었다. 그녀는 면접을 거쳐 그 마을 최초의 여성 소방관이 될 수 있었다. 영국 전역에서 그녀의 이야기가 화제가 됐다.

그러던 중 그녀의 경력 궤도를 바꿔놓은 극적 사건이 발생했다. 어느 날 사브리나의 약혼자가 속한 소방팀이 화재 현장에 출동했는데 소방관 한 명이 심한 화상을 입었다는 보고와 함께 사브리나의 팀에도 출동 명령이 떨어졌다. 약혼자가 다친 게 아니길 간절히 바랐던 사브리나는 부상자가 다른 대원임을 알고는 죄책감과 안도감을 동시에 느꼈다.

죄책감에 시달리던 사브리나는 왜 그런 사고가 발생하는지 이해하기 위해 많은 시간을 보냈다. 그녀는 안전과 사고에 관한 연구에서 설렌버거 기장이 내렸던 것과 같은 결론을 내렸다. 즉, 사고는 대부분 사람의 실수 때문에 일어난다는 것이었다. 이것을 계기로 그녀는 카디프대학교에서 사고 지휘 의사 결정을 살펴보는 연구팀을 만들었다. 그녀는 '궁극적으로 사람들의 생사에 영향을 미치는 결정을 내릴 때 우리는 어떻게 움직이는가'라는 기본 문제를 연구했다.

소방 당국은 이 문제에서조차 군대나 항공 분야 같은 다른 고위험 분야보다 훨씬 뒤처져 있음을 드러냈다. 뇌종양으로 시름시름 앓다 돌아가신 아버지의 영향도 있어 사브리나는 특히 신경과학을 연구하고 싶어 했다. 그녀는 생사를 가르는 결정을 내릴 때 소방관들의 뇌신경에서 일어나는 작용에 매료되었다. 사브리나 전에는 이러한 의사 결정을 실시간으로 살펴본 연구가 거의 없었다. 기존에는 대부분 사고 발생 이후 진행된 인터뷰와 분석을 바탕으로 연구했는데, 사후 인터뷰에는 왜곡과 편견이 개입될 수 있었다.

사브리나는 동료 한 명과 함께 사고 지휘관의 헬멧에 비디오카메라를 부착해 대응 상황 전체를 녹화했고 이 영상을 인터뷰와 연구의 기초 자료로 사용했다. 이는 사고가 진행되는 동안 실제로 어떤 일이 일어났는지 파악하는 데 유용했을 뿐 아니라 사고 지휘관들이 실시간 영상을 보고서 자기 인식을 높여 행동을 조정할 수 있도록 했다.

이 연구는 지휘관이 '계획가' 모드에서 고도로 분석적이고 합리적으로 처리하리라고 추정하지만, 사실 진화 활동 시간의 20퍼센트만 그렇게 처리한다는 사실을 밝혀냈다. 나머지 80퍼센트의 시간 동안 지휘관은 '행동가' 모드에서 직감에 따라 결정을 내렸다. 사브리나는 긴급 상황에 대응할 때 그녀가 생각하는 계획가와 행동가의 균형을 어떻게 하면 더 잘 맞출 수 있는지에 특히 관심을 갖게 되었다.

> 단순히 어떻게 의사 결정이 이루어지고 있는지 설명하고 잠재적 함정을 알아내는 데 그치고 싶지 않았습니다. 지휘관들이 더 나은 결정을 내릴 수 있게 돕고 싶었습니다. 지휘관들이 무의식을 의식화하고, 자신의 행동이 목표와 어떻게 연결되는지 질문하기를 바랐습니다. 그들이 조각 퍼즐을 맞춰 보기를 바랐습니다.

그녀는 뇌가 실제로 어떻게 작동하는지 인식하고 의사 결정을 최적화하도록 도와줄 수 있는 체제인 '의사 결정 제어 프로세스'를 개발했다. 의사 결정 제어 프로세스는 마음 챙김보다 직접적으로 훈련과 평가에 사용할 수 있는 단계별 방법론을 제공할 수 있다. 의사 결정 제어 프로세스는 기본적으로 지휘관이 분석적, 직관적, 또는 2가지의 조합인 결정을 내려야 할 때마다 다음 3가지를 스스로 질문하게 한다.

1. **목표**: 이 결정으로 무엇을 달성하고자 하는가? 이 질문은 대응 활동의 전반적 목표와 연결되는 결정을 내리게 해준다.

2. **예상**: 결과적으로 어떤 일이 발생할 것으로 예상하는가? 이 질문은 상황 인식을 높인다. 팀이 함께 이 질문을 하면 대응팀 전체가 공유할 조각 퍼즐을 만들어낼 수 있다.

3. **위험 대 이점**: 이점이 위험보다 얼마나 큰가? 이 질문은 더 효과적이고 확고한 결정을 하도록 해준다.

수많은 시도 끝에 사브리나와 동료들은 의사 결정 제어 프로세스의 효과를 확인했다. 지휘관들은 자신의 행동을 계획과 연결 지었고, 상황 인식도 크게 향상시켰다. 가장 중요한 것은 이 기법을 써도 의사 결정 속도가 느려지지 않았다는 점이다. 이 기법은 현재 영국 전체의 긴급 의사 결정 원칙과 강령을 알리기 위해 사용되고 있으며, 미국, 유럽, 호주, 홍콩을 비롯한 전 세계에서 채택되고 있다.

　빠르게 진행되고 예측할 수 없는 상황에서 선택지들을 평가하고 결정을 내릴 수 있게 해주는 이 간단하고 효과적인 접근법을 개발한 덕분에 사브리나는 인간이 직면하는 가장 극심한 압박 상황에 관한 전문가로 인정받게 되었다. 그동안 그녀는 카디프대학교에서 행동신경과학 박사학위도 취득했다. 현재 그녀는 소방관들이 자주 직면하는 심한 압박 상황을 조사하고, 생사를 가르는 일선 소방대원들의 의사 결정을 개선하려는 연구를 진행하고 있다.

　하지만 사브리나는 입증 능력만큼의 결과만 얻을 수 있음을 인정하며 다음과 같이 말한다.

　연구를 통해 개발한 기법은 화재 진압과 소방관의 안전을 지키는 데

기여했습니다. 하지만 그 기법들은 항상 연습할 때만 효과가 있습니다. (…) 우리가 변화하기로 결심하고, 지속적이고 적극적인 비판을 믿고, 알고 있다고 생각하는 현상에 도전하고, 여러 겹의 추정을 벗겨내고, 새로운 관점, 새로운 각도, 새로운 아이디어를 찾으려 했기 때문입니다.

이 장에서 여러 번 살펴보았듯 입증에는 정신적인 대가가 따른다. 사브리나의 솔직한 발언이 이해를 돕는다.

요즘에는 그렇게 심하지 않지만 예전 습관의 일부가 제 몸에 깊이 배어 있습니다. 저는 제가 가진 그림에 결코 만족하지 않습니다. 이게 강력한 자산이 될 수 있는 때도 있지만, 거기에만 정신을 빼앗기기 전에 스스로 멈추려 의식적으로 노력해야 할 때가 있습니다. 여전히 지나치게 생각하고 최악의 상황을 가정하는 경향이 있어요. 그런 생각은 저를 불필요한 불안에 빠지게 합니다.

사브리나 코헨-해턴 박사는 영국의 최연소 소방대장이면서 의사 결정 신경과학 분야 박사이기도 하다. 압박감 속에서 엄격한 결정을 내리는 그녀의 능력은 자신의 삶뿐 아니라 영국과 전 세계 긴급구조대의 대응 방식을 변화시켰다. 그녀는 탁월한 업시프터다.

놀랍지 않나요, 슈워제네거!

6장
지휘자

변화를 지휘하는 이

성과를 뒷받침하는 압박감

누구보다도 이 책에 담긴 아이디어의 촉매제가 되어준 사람을 소개하고자 한다. 에티오피아, 수단, 르완다, 코소보, 소말리아 등 심각한 위기 상황의 최전선에서 일하며 UN에서 화려한 경력을 쌓아온 랜돌프 켄트다. 함께 일한 적이 있는 동료의 인맥 덕에 공항에서 우연히 그를 만났던 나는 2004년 런던에서 그와 함께 일하기 시작했다. 그는 나를 인도주의 활동에 관한 흥미로운 연구개발 프로그램의 부책임자로 채용했다. 이 프로젝트는 전 세계적 위기에 대응하는 구호 활동을 21세기에 맞게 개혁하려는 시도였다. 여기에는 내 상상력을 자극하는 무언가가 있었고, 지금도 그렇다.

　아마도 그의 임무가 처참한 실패에서 비롯되었기 때문일 것이다. 켄트는 1994년 4월부터 6월까지 80만 명이 학살당한 르완다 대학살 직후 UN 인도주의 활동을 이끌었다. 많은 원조가 있었지만, 냉소적인 관점에서 볼 때 세계 각국 정부는 대량 학살을 막으려는 조치를 제대로 취하지 않았다. 원조도 '너무 늦게, 너무 적게' 제공했다.

랜돌프는 이때 UN 원조 활동이 공포에 내몰린 난민들의 물질적 필요만 충족시키는 활동이었음을 깨달았다. 난민들의 심리사회적 필요를 해결해주는 노력은 거의 없었다. 그는 최근 인터뷰에서 이렇게 말했다.

> 돌이켜 보면 한 국가에서 3개월 동안 80만 명이 넘는 시민들이 죽어나갔을 때 심리적, 사회심리적 지원을 제공할 필요가 분명히 있었습니다. 새로운 유형의 필요성에 제가 좀 더 민감했어야 했습니다. 결국에는 좀 더 예측적이고 적응을 고려한 방식으로 새롭게 생각해야 한다는 사실을 인식하기 시작했습니다.

이런 업시프트를 거쳐 그는 인도주의 활동 부문의 운영 방식에 대대적인 변화를 일으키기 위해 헌신적으로 노력하게 되었다. 그는 활동가가 계획하고, 전달하고, 심지어 생각하는 방식까지 바꾸고자 했다. 오늘날 이 부문에 대해 잘 알고 있는 사람이라면 새로운 계획, 새로운 정책, 심지어 고위 지도자들의 연설에서도 켄트의 흔적을 찾을 수 있을 것이다.

2004년에 켄트를 처음 만났을 때 나는 세계 최악의 위기 상황에서 그가 인도주의 활동을 어떻게 이끌었는지 더 알고 싶었다. 그의 명성과 네트워크도 놀라웠지만 그가 실제로 어떤 활동을 했는지 알고 싶었다.

하지만 우리의 업무 관계와 우정이 시작될 때부터 그는 늘 자신의 경험에 대해서 말을 아꼈다. 어떤 식으로든 우아하게 능치며 말을 돌려서 자신의 이야기를 하기보다 내게 더 많은 질문을 하고, 경청하고, 캐물었다. 그런 모습이 재미있기도 하고 약간 실망스럽기도 했지만, 나는 그것이 그가 회의실과 회담장뿐만 아니라 위기의 최전선에서 실제로 일하는 방식의 핵심임을 깨닫게 되었다. 나는 주로 다른 사람들을 관찰하고 그들과 이야기를 나누면서 켄트의 업적을 알게 되었다. 그가 직접 자기 경험을 내게 털어놓기까지는 사실 거의 20년이 걸렸다.

다른 동료들은 흔히 켄트를 '인도주의 구호 분야에서 최고의 진행자'라고 이야기했다. 하지만 우리 모두는 그에게서 그 이상의 모습을 보았다. 그는 단순히 유능한 진행자만은 아니었다.

우리는 앞서 윌리엄 러더퍼드와 케이트 오핸런이 트러블 기간 동안 로열빅토리아병원의 운영 방식을 바꾸기 위해 환자 이송 기능원부터 간호사, 뇌외과 의사까지 다양한 직종의 직원들을 하나로 모으려 어떤 노력을 했는지 살펴보았다. 그들의 존재 자체가 주변 사람들에게 변화를 가져왔다. 인도주의 활동 부문에서는 바로 켄트가 그랬다. 이런 사람들은 업시프터들의 오케스트라에서 가장 중요한 역할을 수행한다. 바로 전체 공연을 지휘하는 지휘자 역할이다.

켄트와 로열빅토리아병원의 리더들, 그리고 이 장에서 소개할 다른 리더들이 다른 사람들과 구분되는 점은 그들 스스로가 아니라,

다른 사람들이 업시프트할 수 있는 조건과 환경을 조성한다는 점이다. 나는 르완다 대학살 이후 뜻밖의 출처에서 켄트의 지휘자 역할에 대해 더 명확하게 알게 되었다.

르완다 대학살 당시 대응을 국제적으로 조사하면서 외교 정책, 외교 활동, 평화 유지, 원조 활동 면에서 거센 비판이 일어났다. 재앙 수준의 정치적, 군사적 대응은 인도주의 기관의 대응 실패로 더욱 악화되었다. 보고서에 따르면 그들은 혼란에 빠져 있었고, 조율도 준비도 되지 않았다. 보고서는 강력한 리더십이 있어야 할 구호 시스템의 중심이 텅 비어 있음을 보여줬다. 하지만 조사위원장 가운데 한 명은 몇 년 후 내게 그래도 희망은 있었고 켄트도 그중 하나였다고 말했다. 사실 켄트의 성공은 나머지 구호 시스템의 심각한 실패가 두드러져 보이게도 했다.

나는 그의 성공에서 업시프트의 원형을 포함해 이 책 전체에 영향을 미칠 아이디어의 싹을 발견했다. 켄트는 나의 훌륭한 멘토이자 동료였다. 무엇보다도 내가 나 자신을 믿도록 도와주었다. 수년 동안 나와 같은 감정으로 그를 바라보는 업계 사람들을 많이 만났다. 그중에는 매우 중요한 직책에 있는 사람도 여럿 있었다. 나는 그들을 통해 리더의 진정한 자질이란 권력의 강화가 아니라 권력의 공유임을 깨달았다. 켄트는 리더를 만드는 리더였다.

그는 대학살을 겪은 르완다의 끔찍한 상황 속에서도 리더를 길러냈다. 그의 후배 한 명은 대학살 이후에도 아프리카와 아시아 전역에서 분쟁과 평화 구축 활동 전문가로 계속 일했다. 15년 전 켄트와 함께 몇 개월 동안 일했던 그를 만나서 우리 둘의 멘토인 켄트와의 인연을 이야기하게 되었다. 그는 "지금도 나는 중대 상황이나 위기 상황에서 '켄트라면 어떻게 할까?'라고 자문합니다."라는 말로 내게 감동과 깨달음을 주었다. 어떻게 리더가 주변 사람들에게 지속적인 도전 정신을 심어줄 수 있는지 탁월하게 표현했다고 생각한다.

켄트를 알고 지내는 동안 그는 이 분야에서 창의적인 아이디어의 대변자 역할을 하면서 구호 활동 방식을 변화시킬 여러 접근법을 모색할 공간, 지원, 발언 기회를 제공했다. 실제로 켄트가 르완다에서 근무하는 동안 장려하고 지원한 수많은 창의적인 해결책들은 오늘날까지 흔적이 남아 있다.

켄트는 최초로 UN 인도주의 조정관 직책을 맡았던 사람이다. 신설된 직책이라 문서로 만들어진 직무 설명서도 없었다. 공식적으로는 조정관이었지만 급히 꾸려진 구호 기관이었다. 따라서 주변의 다른 기관은 물론이고 UN 조정관도 고려하지 않고 자신들의 활동만 하는 게 현실이었다.

어느 날은 정보를 제대로 입수할 수 없다는 문제에 부딪혔다. 누가 무슨 활동을 하고 있는지 정리된 데이터가 없었다. 켄트가 인도주의 구호 단체에 자신을 거쳐 정보를 전달해달라고 요청했을 때 돌아온 것은 정중하지만 단호한 거절이었다.

켄트는 비정부기구 사람들과 정보 공유에 관한 회의를 마친 뒤, 케냐 나이로비로 이동하는 화물기 뒤편의 곡식 자루에 기대앉아 정보 문제를 해결할 방법을 생각했다. 그는 '누가, 어디서, 어떤' 위기 대응 활동을 하는지 정보를 제공하도록 모든 비정부기구가 공동으로 사용할 시스템을 만들면 되겠다는 아이디어를 떠올렸다. 핵심은 지역 네트워크 공유였다. 지금은 그다지 획기적인 아이디어로 보이지 않겠지만 당시는 인터넷이 '차세대 혁신'으로 떠오르던 시절이었다.

이 시스템을 구축하자 몇 군데에서 정보가 들어오기 시작했다. 켄트는 구호 단체들 사이에 스며 있는 경쟁심을 이용해 은밀히 협조를 유도할 수 있겠다는(그의 표현을 빌리자면 "미묘한 자극을 통한 부드러운 독려") 통찰을 얻었다. 네트워크 아이디어가 더 널리 공유되자 플랫폼에 기여하지 않는 구호 단체들은 자신들의 불참을 확실하게 자각하게 되었다.

다른 단체들도 마찬가지였다. 처음에 네트워크를 차단했던 단체들은 플랫폼에 참여하지 않으면 잊혀 사라질 수 있다는 사실을 깨달았다. 곧 이 플랫폼은 위기 상황 정보를 활발히 교환하는 장이 되었다. 오늘날 이 지역 정보 네트워크는 세계 최고의 인도주의 미디어 플랫폼으로 확장, 발전했다.

하지만 그 끔찍한 상황에서 켄트가 이룬 가장 놀라운 성과는, 분산되어 있고 경쟁적이었던 구호 시스템의 구성원 모두가 공동의 목적의식 아래 협력하도록 만들었다는 것이다. 르완다에서 가장 큰 난민 캠프에서 대규모 폭력 사태가 일어나 많은 사상자가 발생한 후, 켄트의 팀은 그 여파를 수습하고 캠프를 다시 정상화하는 책임을 맡았다.

그의 방식, 즉 질문하고, 경청하고, 조사하고, 조율하는 방식으로 물류 배분, 부상자와 생존자의 신원 확인, 절실히 필요한 의료 지원의 적재적소 배치 등 국제 구호 시스템의 모든 요소를 제대로 작동시킬 수 있었다. 그는 자신이 "중심에 서서 모든 것을 하나로 모아야 하는"

사람임을 인식하고 있었다.

이 사실을 확실하게 증언해준 사람은 실은 르완다 대학살 조사 위원장이었다. "켄트가 오기 전에는 시스템이 없었어요. 중심이 없었죠. 어떻게 된 일인지 그가 그곳에 있는 동안 시스템이 기적적으로 작동했습니다. 물자와 사람을 하나로 모았습니다. 그리고 그가 떠난 후에는 시스템이 다시 사라졌죠."

수수께끼 같고, 매우 배타적이고, 극도로 효과적이었던 국제적 십자사의 르완다 지부장이 혼란과 극한의 상황에서 켄트에게 찾아와 "우리가 어떻게 도와드리면 될까요?"라고 물었을 때 켄트는 자신이 얼마나 성공적으로 임무를 수행하고 있는지 분명하게 알았다. 그가 이 일에서 몹시 큰 성취감을 얻고 있다는 느낌이 분명하게 전해졌다. 그리고 집단 목적의 지휘자로서 켄트의 역할에 대해 많은 것을 알게 되었다.

지금까지 이야기에 비춰볼 때, 켄트가 자신은 대단한 계획이나 비전 없이 그저 사람들에게 다가가고, 경청하고, 소통했을 뿐, 특별히 한 일이 없다고 단호히 일축했다는 이야기를 들어도 놀랍지 않을 것이다.

이토록 어려운 상황에서 지휘자로서의 성과를 뒷받침해준 것은 무엇이었을까? 그는 잠시 생각하더니 "아마 극심한 압박감이었겠죠"라고 간단히 대답했다.

통제가 아니라 지휘하는 것이다

1990년대에 경영학자 헨리 민츠버그는 별난 실험을 했다. 경영 활동과 리더십을 오케스트라 지휘자에 흔히 비유하는 것을 오래전부터 알고 있었던 그는 실제로 지휘자가 공연하는 도중과 공연과 공연 사이에 무엇을 하는지 관찰하기로 했다.

리허설에 들어가 지켜보기 전에 그는 먼저 음악계가 아닌 매우 다른 환경에서 일하는 리더 29명이 하는 일을 살펴보았다. 영국 국민 보건서비스의 수장과 하루를 보냈고, 탄자니아 난민 캠프를 감독하는 적십자 관리자의 업무도 관찰했다. 리더십에 관한 풍부한 데이터와 정보를 축적한 그에게 "오케스트라 지휘자와 하루를 보낸다는 생각은 거부할 수 없는 유혹이었다." 그는 자신의 관찰 결과에 큰 충격을 받고서는 전문가를 관리하고 이끄는 방법에 관한 논문을 『하버드 비즈니스 리뷰』에 게재했고, 이 논문은 널리 인용되어 왔다.

민츠버그는 위니펙 심포니 오케스트라 지휘자인 브램웰 토비를 며칠 동안 지켜보았다. 그는 오케스트라가 자신이 해야 할 일을 알고 수행하는 고도로 훈련된 개인들의 작업을 중심으로 구조화되어 있는 조직임을 발견했다. 사실 오케스트라는 많은 전문가 조직과 비슷했다. 그는 오케스트라를 컨설팅 회사나 병원과 비교한 적이 있다. 민츠버그는 브램웰 토비가 했던 말을 가져와 결론지었다. "이런 환경에서는 **은밀한 리더십이 공공연한 리더십보다 더 중요**할 수 있다."

은밀한 리더십은 여전히 많은 사람이 으레 연상하는 통제와는 전혀 다른 차원의 리더십이다. 하지만 이것은 앞서 살펴봤던 켄트가 구호 요원들을 조율한 방법과 확실하게 일치한다. 업시프트라는 넓은 맥락에서 볼 때 지휘자는 권위적으로 보이지도, 완전히 무력해 보이지도 않으면서 사람들을 이끈다.

민츠버그는 리더들이 지휘자에게 배울 점이 정말 많다고 이야기한다. 바로 '조용히 눈에 띄지 않게 행동하며 복종이 아니라 탁월한 연주를 요구하는' 것이다. 통제, 쇼맨십, 자부심이 아니었다. 2015년 덴마크의 작곡자이자 지휘자인 투레 라르센은 이를 시험해보기로 했다. 경험을 바탕으로 그는 지휘자들이 오케스트라를 위해 하는 3가지 일이 민츠버그가 브램웰 토비의 지휘에서 관찰한 내용과 매우 흡사하다는 것을 발견했다.

1. 스트레스와 불안에 대처할 수 있는 용기를 준다.(사고방식)

무엇보다도 지휘자는 단원들을 지지하고 스트레스, 압박, 위기에 맞설 용기를 심어준다. 유명한 오페라 지휘자 마크 위글스워스는 이렇게 말한다. "지휘자는 연주자들에게 완벽한 자신감의 메시지를 보내야 한다. 당연히 몇몇은 긴장하고 있을 것이다. 그런 연주자들이 확신과 신뢰를 가지고 연주할 수 있도록 하는 게 목표다. 아드레날린과 옥시토신이 완벽한 균형을 이루게 하는 것이다." 지휘자는 도전 정신을 가질 수 있게 하고 코치한다.

2. 도전에 직면했을 때 즉흥적으로 연주할 수 있도록 하고 격려해준다.(독창성)

지휘자는 경청하고 관찰한다. 그리고 연주자들이 합을 맞추고 음악에 대해 공동의 해석을 가능하도록 한다. 이로써 그들을 하나로 모으고 그들이 배우고 적응할 수 있는 공간을 제공해 창의적이고 독창적인 분위기를 공유하게 한다. 최고의 지휘자는 "지침을 주면서도 음악가들이 연주하고 표현할 수 있는 자유를 허용해 균형을 유지한다."

3. 지휘자라는 특별한 위치에서 도전 과제에 대한 큰 그림을 제시하고 해결책을 공유할 수 있게 한다.(목적)

마지막으로 지휘자는 연주자들의 기술적 역량과 인간적 역량을 예리하게 파악한다. 이를 바탕으로 일관되고 독창적인 공연이라는 공동의 목적의식을 형성하고 이 안에서 다양한 목표들을 통합하게 한다.

이를 업시프트 용어로 설명해보자. 오케스트라의 모든 연주자는 시각적, 청각적 신호와 단서를 분석해 상황을 파악하고 공유된 악보를 연주하는 입증자다. 최고의 독주자는 새로운 해석과 연주 방법을 찾고 완벽히 연습하기 위해 끊임없이 노력하는 기술자다. 현악기와 목관악기의 역할을 잘 알고 이해하고 있어서 교향곡 악장의 흐름에서 '가교' 역할을 하는 주요 금관악기 연주자는 연결자일 수 있다. 그리고 이제 지휘자는 오케스트라 전체에 집중하고, 속도와 리듬을 설정하여 관객에게 잊지 못할 특별한 경험을 선사한다.

이 모두는 지휘대 위에서 상황을 완벽하게 통제할 것이란 지휘자의 대중적인 이미지와 상반된다. 최고의 지휘자는 오케스트라를 자신의 뜻대로 끌고 가는 대신 다양한 기술과 역량을 조율해 다 같이 하나로 움직이게 한다. 라르센의 지휘자 경험은 그에게 영감을 주었다. 그는 자신도 모르게 우리가 업시프트의 주요 요소로 인식하는 것들을 자신의 강의에 녹여냈다. 하지만 가장 놀라운 점은 그가 이 지식을 바탕으로 위기 대응팀을 모아놓고 「프레르 자크Frère Jacques」[22]를 지휘하도록 가르쳤다는 것이다.

음악을 이용한 응급 상황 대응 훈련

응급 관리 분야에서 가르치기 어려운 것 하나는 위기 상황에서 리더십을 발휘하는 방법이다. 신입이 시뮬레이션과 훈련에 아무리 많이 참여하더라도 위기의 혼돈 속에서 처음 겪는 막중한 책임감을 준비시켜줄 방법은 거의 없다. 그래도 창의적인 훈련 방식은 많은데, 그중 상당수는 게임, 시뮬레이션, 가상 기술 등을 활용되고 있다. 하지만 미숙한 응급 의료인에게는 위기 상황 자체가 최고의 교실이라는 사실을 부인하기는 어렵다.

그러나 경험 많은 응급 의료진 사이에서는 외상이나 피를 보지 않아도 되는 심리적, 신체적으로 안전한 공간에서 똑같은 기술을 개

22　유명한 프랑스 동요로 간단한 멜로디와 반복적 가사로 이뤄져 있다.

발할 수 있는 상황이 초기 학습자에게 도움이 된다는 인식 역시 늘고 있다.

투레 라르센은 오케스트라에서 지휘자의 기여도를 확인하고 나서 음악이 응급 의료진에게 그런 안전한 공간이 될 수 있다고 확신하게 되었다. 라르센은 민츠버그의 연구를 비롯한 오케스트라 지휘와 리더십에 관한 최신 연구를 바탕으로 코펜하겐대학병원 중환자실 외과 의사들의 협조를 받아 임상 교수진과 직원들과 함께 의대생과 간호사, 기타 의료 종사자를 위한 위기 상황 리더십 기술 강좌를 개발했다.

그는 응급 의료 상황의 리더십에 관한 30여 년간의 연구를 살펴본 후 리더십 부족이 위급한 환자의 운명을 좌우한다는 놀라운 사실을 발견했다. 또 압박감 속의 침착함, 할 수 있다는 정신을 '발산하는' 능력, 목표 지향적인 태도 등 리더십에 필요한 자질을 보여주는 다양한 연구들도 알게 되었다.

하지만 더 깊이 파고들었을 때 응급 의료 상황의 최전선에 있는 사람들이 이러한 기술과 자질을 개발할 수 있게 해주려는 연구는 거의 없었음을 알게 되었다. 그전까지 연구는 대부분 리더십 기술을 측정하는 데 집중되었었다. 즉 리더십 기술의 향상보다는 증명에 집중되어 있었다.

라르센은 새로운 방식으로 예비 의료인의 위기 상황 리더십 기술을 개발할 가능성을 발견했다. 엘리트 운동선수와 프리다이버의 스트레스 예방 접종 훈련의 음악 버전이었다. 훈련 과정을 녹화한 영상이 온라인에 공개되어 있어 아주 흥미롭게 감상할 수 있다. 특히 한 영상은 스트레스와 압박에 대한 특정 참가자의 사고방식을 재구성하는 과정을 아주 잘 보여준다.

다음은 라르센과 의과대학 3학년생인 예넷이 나눈 대화의 녹취록을 편집한 것이다. 내가 관찰한 내용도 군데군데 들어가 있다.

> **라르센** 그렇게 무서워요?
>
> **예넷** 네!
>
> **라르센** 전혀 그렇게 안 보여요. 전혀요. 믿기지 않네요.
>
> **예넷** 끔찍한데요!
>
> **라르센** 떨려요?
>
> **예넷** 네.

이 순간 예넷이 허리를 숙여 머리가 교탁 아래로 내려갔다. 스트레스 때문에 말 그대로 몸이 접히는 듯했다.

> **라르센** 옆으로 물러서서 잠시 시간을 가져요. 괜찮아지면 다시 해봐요. 우리 때문에 짜증이 나기 시작하나 보군요. 더는 안 건드릴게요. 너무 깊게 파고들었나 봅니다.
>
> **예넷** 네, 아주 많이요! 말도 안 되는 도전이니까요!
>
> **랜디** 왜 그렇게 대단한 도전이라고 생각해요?
>
> **예넷** (울먹이며) 저는 정말 수줍음이 많아서 사람들 앞에 서는 게 싫어요. 너무 불편해요.

잠시 후 말 그대로 재구성이 일어나는 것을 볼 수 있다. 처음에는 라르센의 제안이 있었다.

> **라르센** 그거 알아요? 나도 수줍음 많은 사람이에요. 정말이에요! 늘 맨 뒷줄에 있는 학생이었죠. 뒷줄에서는 아주 잘할 필요가 없으니까요. 내가 지휘자가 됐다는 게 좀 웃기죠? 하지만 배우면 되더라고요. 「프레르 자크」 첫 음이 나오게 하는 데만 집중하면 돼요. 바로 거기요! 그리고 자신을 의식하지 말아요.

이것이 예넷의 클릭 모먼트였다.

> **예넷** 진짜…, 다시 해볼게요!
> **라르센** 지휘는 배워서 하는 거지만 제 비결은 음악이에요. 오케스트라 단원들을 보면 내가 어떻게 보일지 잊어버리게 돼요. 바로 음악에 집중하죠. 그럼 자신을 의식하지 않을 수 있어요.
> **예넷** (다시 교탁에 서서 낮은 소리로) 될 때까지 해보자.

예넷은 눈에 띄게 달라진 자세와 자신감으로 다시 지휘를 시작하고 열광적인 박수 속에 지휘를 마친다.

> **예넷** 그러네요, 모두 시도해보면 좋겠어요.
> **라르센** 얼마나 재미있는지 이제 알았으니 한 번 더 해볼래요?
> **예넷** (자리에 앉으려다 멈추며) 네!

그녀는 동료들의 박수 소리에 몸을 돌려 다시 교탁으로 나간다.

위의 장면이 우리에게 시사하는 바를 생각해보자. 예넷은 분명 어느 정도의 인성과 리더십 자질을 갖추고 있을 것이었다. 하지만 그녀가 뛰어나기를 기대할 수 없는 상황에 놓이게 하자 그녀는 사람들 앞에 서서 지휘하는 게 어떤 느낌인지, 끔찍하다고 이야기했다. 하지만 라르센이 그런 상황에 어떻게 대처했는지 조언을 듣고 나서 그녀 자신의 경험을 되돌아봄으로써 위협을 도전으로 재구성하고 리더 역할을 할 수 있었다. 중요한 사실은 지휘라는 과제는 말보다 몸으로 해야 하는 것이므로 변화가 말로만 그치지 않았다는 점이다. 클릭 모먼트가 왔을 때 그녀의 몸짓에서 그 변화를 확인할 수 있었다. 그녀는 유스트레스 현상, 최적 영역을 보여주었다. 그런 변화를 경험한 참가자는 예넷만이 아니었다. 라르센은 대부분의 참가자에게서 유사한 변화를 관찰했다.

피아노 반주에 의대생 동료들이 동요를 합창하도록 지휘하는 간단한 시뮬레이션이었지만 결과는 자명했다. 학생들은 응급 상황을 관리하는 방법에 대해 새로운 통찰을 얻었다고 보고했다. 또 연구자들은 이 강좌를 평가하면서 "지휘자들의 실력이 향상되면서 학생, 간호사, 레지던트들의 행동에 엄청난 변화가 있었다."라는 사실을 발견했다. 자신의 불안을 극복하고 자신이 지휘하는 사람들도 똑같이 불안을 극복하도록 침착함과 권위를 보여주어야 하는 오케스트라 지휘라는 방식을 사용한 덕분이었다. 그들은 압박감과 위기를 이겨내며 지휘함으로써 다른 사람들의 정신자세도 더 잘 변화시킬 수 있다.

긍정적 감정의 전염

겉으로 보기에 프로 축구팀과 클래식 오케스트라에는 공통점이 거의 없다. 경기장에서 구호를 외치거나 환호하는 관중들과 웅장한 콘서트홀의 점잖은 청중들은 너무나 달라 보인다. 적어도 이상적인 상황에선 오케스트라 연주자들은 모두 한 팀이지만 축구 선수들은 경기마다 다른 팀과 경쟁한다. 음악적 기교는 노년까지 계속 무르익는 반면, 축구 선수들의 경력은 길어야 18년 정도다.

앞에서 살펴봤던 '은밀한 리더십'이란 용어를 만든 지휘자 브램웰 토비는 '연주도 하는' 축구 코치와 비슷하다고 자신을 표현했었다. 축구인과 음악인 가운데 유사점을 발견한 사람은 토비만이 아니다. 맨체스터 유나이티드의 전설적 감독 알렉스 퍼거슨 경은 하버드 경영대학원 리더십 강연에서 오페라에 깊은 친밀감을 느꼈다고 말했다. "나는 평생 클래식 콘서트에 가본 적이 없었습니다. 하지만 그 공연을 보면서 한 명이 시작하면 한 명이 멈추는 조화와 팀워크가 정말 환상적이라고 생각했습니다. 나는 선수들에게 오케스트라가 얼마나 완벽한 한 팀인지 이야기합니다."

이러한 유사성을 지휘자들도 느낀다. 런던 심포니 오케스트라 지휘자인 사이먼 래틀 경은 자신이 축구 감독과 비슷하다고 여러 차례 말했다. 한 번은 자신을 '손동작만 쓰는' 위르겐 클롭 감독이라고 표현했다. "만약 손짓으로만 팀에 지시를 내릴 수 있다면 지휘자로서 우리 일이 어떤 건지 알 수 있을 것입니다. 그가 소속 선수들에게 얼마나 놀라운 변화를 가져왔는지는 아주 분명합니다."

팀에 변화를 가져오는 방법이라면 래틀이 잘 알고 있을 것이다. 16년간 베를린 필하모닉을 지휘했던 그는 마치 돌아온 탕자의 심정으로 런던 심포니에 부임했다. 당시 런던 심포니는 전임 지휘자의 부재에 익숙해져서 연주자들이 만약을 위해 지휘법을 배웠을 정도로 정체 상태였고 종종 '거칠고 불쾌한' 소리를 내곤 했다. 그러나 래틀이 지휘자로 있는 동안에는 '손가락에 새봄이 왔다'고 널리 인정받았다.

나는 지휘자에 관심을 갖고 이런 연관성을 더 자세히 알아보고 싶었다. 두 직업 사이에 더 깊은 유사점이 있을까? 한 가지 분명한 점은 대중의 인식이었다. 감독과 지휘자는 그들이 이끄는 팀의 성공에 분명히 중요한 역할을 하지만, 두 직업 모두 일반적으로 제대로 인정받지 못하고 있다. 래틀은 최근 다큐멘터리를 촬영하면서 "지휘자는 **실제로** 무슨 일을 하나요?"라는 질문을 여러 차례 받았다. 그리고 모든 축구 팬은 선수들의 패스 실수와 실축에 대해서는 한탄하지만, 명백한 논리와 상식에 반하는 감독의 결정과 팬들 자신이 지휘봉을 잡았더라면 분명 바로잡을 수 있었을 전략 실수에 대해서는 맹비난을 유보한다.

과학적 연구는 이 두 종류의 지도자와 그들의 플레이어 사이의 실질적인 공통점을 이 외에도 몇 가지 더 밝혀냈다. 가장 눈에 띄었던 점은 인지과학자들이 두 집단을 매우 유사하게 묘사하고 있다는 것이다. 두 연구에 나타난 협력적 경기와 연주에 대한 설명을 살펴보자. 어느 쪽이 오케스트라에 대한 설명이고 어느 쪽이 축구 선수에 대한 설명이라고 생각하는가?

1. 개인은 신의와 위계의 복잡한 그물망 속에서 동료들에게 맞추고 동시에 움직이면서 연쇄적으로 행동과 반응을 이어간다.

2. 자신이 활약하는 환경에서 능동적이고 반응적으로 적응한다. 전체적으로 신속하고, 복잡하며, 조율된 과업을 수행한다. 팀 구성원 간의 협력이 중요하다.

사실 첫 번째가 오케스트라 연주자들에 대한 설명이고 두 번째가 축구 선수들에 대한 설명이지만, 내용이 너무 비슷해서 서로 바꿔 써도 문제가 없다.

다음 유사점은 몰입 경험과 관련이 있다. 미하이 칙센트미하이가 대중에게 소개한 몰입 개념은 '초집중 상태'로 널리 알려져 있다. 그는 몰입을 이렇게 설명한다. "활동 자체에 완전히 몰두하는 상태이다. 자아가 사라진다. 시간은 쏜살같이 지나간다. 재즈 연주처럼 모든 행동, 움직임, 생각이 이전 활동에서 필연적으로 이어진다. 전 존재가 관여하고 자신의 기술을 최대한으로 활용한다." 투레 라르센은 응급의료진을 대상으로 교육을 진행하면서 거의 모든 참가자가 훈련 도중에 개인적, 집단적 몰입 상태에 도달하는 것을 발견했다.

네덜란드, 독일, 슬로바키아의 최정상급 축구팀을 살펴본 연구에 따르면 경기력을 이해하는 데에도 '집단 몰입'이 중요하다고 한다. 많은 축구 선수에게 이러한 집단 몰입 상태는 경기 상황의 압박에서 발생하는 업시프트다. 실제로 연구자들은 축구 선수들 사이의 몰입을 유스트레스 경험의 공유로 설명하며, 1장에서 배운 여키스–도슨 그래프의 역 U자형 정점을 향해 집단적으로 이동하는 것으로 묘사했다. 여러 증거들은 경기 상황에서 다 함께 몰입 상태에 도달하고 유지하는 것이 해당 팀의 승리 또는 무승부 가능성과 밀접한 상관관계가 있다고 이야기한다.

오케스트라 단원들을 대상으로 한 연구에서도 '다 같이 최상의 연주 실력을 발휘하는 절정 경험'으로 정의된 집단 몰입이 확인되었다. 이는 전문 오케스트라의 공연에 수반되는 과정을 이해하는 데 '놀랍도록 유용한 틀'로 여겨졌다. 실제로 집단 몰입을 최초로 발견한 학자는 재즈 연주자의 공연을 관찰하면서 이를 발견할 수 있었다.

축구 선수처럼 오케스트라 단원들의 몰입도 압박감과 스트레스와 관련 있다. 엘리트 음악가들은 공연을 압박감에 대한 집단적 반응으로 설명하며, 공연 때문에 일상적으로 겪는 스트레스가 그들을 새로운 정점에 도달하도록 만든다고 말한다. 한 연주자는 "이런 극한 상황에서 더 좋은 연주가 나오기 때문에 모두가 위험을 감수합니다."라고 말했다. 그의 말은 키스 재럿이 망가진 피아노로 예상을 벗어난 연주를 하는 위험을 감수했던 일을 떠올리게 한다. 솔로 즉흥 연주인지 또는 오케스트라 전체가 흐름을 타는지만 다를 뿐이다.

하지만 축구 선수와 오케스트라 연주자를 하나로 묶는 것이 집단 몰입 상태만은 아니다. 몰입 상태에 도달하게 하는 요소, 즉 팀이나 오케스트라 구성원들이 서로 관계를 맺는 방식, 감독이나 지휘자와 관계를 맺는 방식도 동일하다. 축구 선수의 경우 서로의 관계를 '상황 인식의 공유'로 설명할 수 있다. 이는 단서에 대한 공통된 해석 또는 팀원 개개인의 상황 인식 수준의 중첩으로 팀원들이 기대하는 행동을 정확하게 할 수 있는 것을 말한다. 그러므로 인지 차원에 머물지 않고 신체적으로 이어진다. 과학자들은 경기를 하는 동안 개별 선수들이 머리를 어떻게 움직이는지 분석해주는 기계를 사용했다. 이로써 주변 환경의 탐색과 연관성이 있는 머리 움직임의 빈도가 높을수록 선수의 개인 성적과 긍정적 관련이 있음을 밝혀냈다. 연구 대상이었던 축구 선수들에게 이러한 인식의 공유는 팀이 경기 중 몰입 상태에 도달할 수 있는지 결정하는 중요한 요인이었다.

비록 묘사는 다르지만, 음악가들이 최고의 연주 실력을 발휘하는 데도 이와 똑같은 현상이 매우 중요했다. 엘리트 교향악단 연주자들은 탁월한 연주에 도달하는 데 가장 중요한 기술을 흔히 '레이더'에 비유해 설명한다. '리허설과 공연 중에 앙상블의 다른 단원들의 연주를 듣고, 소통하고, 맞춘다' 점에서 말이다. 일정 수준 이상이 되면 연주 기교는 오케스트라 입단의 기본 요건이다. 최고 수준의 오케스트라 연주를 차별화하는 자질은 레이더다.

레이더는 시간이 지나면서 (연주자들 사이의) 친밀감이 커짐에 따라 미묘하게 발전하는 집단적이고 의식적인 과정이다. 이것은 '외부'에 있는 사람들은 감지할 수 없는 내부 과정으로 공연이라는 공공의 이익을 위해 앙상블 안에서 두드러진 부분을 조율하는 집단적 행동을 수반한다.

축구 선수의 상황 인식 공유와 마찬가지로 레이더는 연주자들에게 '만족스럽고 수준 높은 오케스트라 섹션의 연주를 달성하기 위한 필수 요소로서 집단적 차원에서 자발적인 음악적 표현을 촉진하는 메커니즘', 즉 집단적 독창성을 위한 경로로 인식되었다.

하지만 다른 선수나 연주자와의 연계만으로는 충분하지 않았다. 감독과 지휘자 역시 집단 몰입을 달성하는 데 꼭 필요했다. 상황 인식의 공유와 레이더는 집단적인 지도가 동반될 때 가장 빈번하고 효과적이다. 축구에서는 이를 감독의 '마스터플랜'이라고도 한다. 연구 결과는 실제로 감독과의 이러한 관계가 축구팀이 개인의 집합이 아닌 팀으로 성장하는 **주요 수단**이라는 것을 보여준다. 감독이 공유된 상황 인식을 팀 경험으로 안내하고 구조화하지 못하면 팀은 비효율적인 성과를 낳는다. 감독의 리더십은 몰입을 촉진하고 창의적인 팀 경기를 가능하게 한다. 어떤 연구는 이런 리더십은 심각한 부상을 예방하는 데도 도움이 될 수 있다고 이야기한다.

오케스트라에서도 지휘자의 소통 방식, 성격, 접근 방식이 연주자들이 서로 소통하고, 공유 레이더를 구축하고, 창의적인 몰입을 경험하는 방식의 기본을 형성한다. 조작적 수준에서 이는 경청, 주의력, 인식으로 요약된다. 더 전략적인 수준에서는 감독의 경기 전략에 해당하는 지휘자의 전략이 있다. 이것은 축구 선수들의 훈련에 해당하는 리허설을 하는 동안 개발되고 라이브 공연에서 드러난다. 최고의 지휘자는 음악을 이해하고 연구하며, 관객을 위해 오케스트라가 통일되고 독창적인 음악을 들려줄 수 있도록 연주자들의 창의성을 활용한다.

잠시 뒤로 물러서서 지휘자에 대해 좀 더 일반적으로 생각해보자. 압박과 스트레스 시기의 리더십에 대한 최신 증거(대부분이 코로나

19에 대한 대응에 집중되어 있다.)는 리더가 집단적인 '내성범위'를 구축하는 것이 기본 요건이라고 주장한다. 이는 리더 스스로 역 U자 그래프의 정점을 포함하는 업시프트 영역에서 활동할 때 가능하다. 또 그들은 '긍정적 감정 전염'을 통해 주변 사람도 내성범위를 넓힐 수 있게 한다. 래틀, 클롭, 켄트, 오핸런 수녀 등 최고의 지휘자는 주변 사람들에게 긍정적인 정서를 전염시키고, 경청하고, 그들의 관점과 견해를 듣고, 그들이 편안한 마음으로 '탐구하고, 배우고, 혁신하고, 실수하고, 성장하게' 한다. 이것은 인간의 기본 능력이므로 다른 업시프터 유형의 누구라도 시간과 연습을 통해 지휘자가 되어 주변의 다양성의 균형을 맞추며 중심을 잡는 법을 배울 수 있다.

특정 전문 분야나 직업 영역에서만 지휘자를 찾아볼 수 있는 것은 아니다. 영향력 있는 지휘자 몇몇은 긍정적인 사회적 전염을 통해 우리 사회 전체의 작동 방식과 사람의 가치를 평가하는 방식에 큰 변화를 가져왔다.

자전거로 해방된 여성들

1816년은 유럽 역사에 '여름이 없었던 해'로 기록됐다. 현재 인도네시아 땅인 숨바와섬의 탐보라 화산 대폭발 때문이었다. 탐보라 화산 폭발의 여파는 2010년 아이슬란드에서 에이야프야틀라이외쿠틀Eyjafjallajökull 화산이 폭발해 전 세계 항공기 운항이 일시적으로 중단됐을 때보다 훨씬 더 컸다. 비나 바람에도 흩어지지 않는 안개가 몇 달

동안 지속되었다. 일조량 부족으로 지구의 기온이 떨어졌다고 상상해보라. 1816년의 화산 폭발은 생활에 지장을 주는 정도의 사건이 아니었다. 참화였다.

지금까지도 1810년대는 기록이 시작된 이래 지구가 가장 추웠던 시기로 남아 있다. 뉴욕에서는 6월에 눈이 내렸다. 강과 호수, 어떤 곳은 바다까지 얼어붙었다. 수확할 게 없는 곳이 허다해 사람들은 굶주림에 시달렸고 수만 명이 아사했다. 귀리가 부족해 말 수십만 마리가 죽었다.

화산 폭발이 가져온 예상치 못한 결과도 있었다. 이 위기는 인류 역사상 가장 중요한 사회적 변화 하나도 촉발했다. 그리고 그 촉매제는 뜻밖에도 자전거였다. 광범위한 지역에서 말이 죽어 나가자 독일의 한 공무원은 말을 대체할 개인용 이동 수단을 실험하기 시작했다. 1817년 최초의 벨로시페드가 개발되었다. 이는 가장 오래된 자전거의 조상 격인데 페달이 없었다. 카를 드라이스는 훌륭한 기술자이자 왕성한 발명가였다. 그는 최초의 키보드가 있는 타자기, 최초의 고기 분쇄기, 오늘날까지 여전히 사용되는 발로 움직이는 철도 카트도 고안했다.

벨로시페드와 그 파생 제품들은 인기를 얻었다. 그러나 문제가 있었다. 드라이스의 기술자 정신이 낳은 발명품은 거기까지였다. 그는 시승을 위해 그 지역에서 가장 상태가 좋다는 도로에서 7킬로미터를 달렸다. 하지만 다른 도로는 대부분 곳곳이 울퉁불퉁 파여 있어서 그 후 몇 년 동안 그를 따라 벨로시페드를 타던 사람들은 거꾸로 처박히지 않기 위해 급히 방향을 틀고 비틀거려야 했다. 그래서 차도가 아닌 인도에서 벨로시페드를 타는 바람에 보행자들에게 상당한 위험을 초래했고, 그 결과 유럽 전역에서 벨로시페드가 금지되었다.

수십 년 후 드라이스의 발명품은 페달과 브레이크를 비롯한 안전장치의 도입으로 새로운 생명을 얻고 인기를 끌게 되었다. 1860년 대까지도 벨로시페드는 여전히 위험한 기구로 여겨졌다. 1880년대에 현대식 안전 자전거가 개발되면서 자전거의 진정한 혁신 효과를 볼 수 있었다. 그것은 단지 자전거의 용도 때문만이 아니라 자전거 이용자 때문이었다.

이전에는 2인승 자전거의 동승자로만 여겨졌던 빅토리아 시대 여성들이 대거 안전 자전거를 타기 시작했다. 많은 남성들이 경악했다. 이것은 아주 여러 차원의 변화가 동시에 일어났기 때문에 가능했다. 오늘날에는 상상하기 힘든 일이지만, 한 가지 기술 발전으로 성 규범이 이처럼 변화한 것은 피임약이 도입된 1960년대로 훌쩍 넘어가야 볼 수 있다.

자전거 설계자 외에도 여러 유형의 업시프터가 이 변화에 일조했다. 여성들이 자전거를 쉽고 안전하게 탈 수 있도록 기술자들이 여성복을 개조하면서 짧은 치마, 상하가 나뉜 드레스, 악명 높은 블루머, 심지어 바지가 점차 인기를 얻게 되었다.

빅토리아 시대 남성성과 여성성의 상징을 흐리는 이러한 변화는 잘 받아들여지지 않았다. 의사들은 자전거를 타는 여성들은 창백하고 여성스러워 보이지 않고 홍조가 생겨 건강해 보이지 않는다는 의견을 제시했다. 많은 사람이 자전거의 성적인 함축성을 놓고 논쟁했다. 여성이 자전거를 타면서 성적 쾌감을 느낄 수 있다는 생각은 당시의 관습으로는 충격이었다.

동시에 도전적인 여성들은 자전거가 여성의 근력, 체력, 정신 능력에 긍정적인 효과가 있다는 반론을 제기하는 도전자가 되었다. 미국의 위대한 여성 인권 운동가 수전 앤서니는 1886년에 이런 글을 썼다. "자전거 타기에 대한 내 생각을 이야기하려 한다. 자전거는 세상 어떤 것보다 여성 해방에 크게 기여했다. 나는 자전거를 타고 지나가는 여성을 볼 때마다 반가워서 일어선다."

전 세계의 입증자들은 자전거 타기의 이점에 대해 여성 잡지, 교회 간행물, 심지어 금주 협회 회보에도 글을 쓰기 시작했다. 놀랍도록 짧은 시간에 자전거는 서구 사회의 여성성 개념을 바꾸어놓았다. 이런 진전은 소박한 자전거에서 여성 해방의 기회를 발견한 여러 지휘자들의 영향을 크게 받았다. 그들은 열정적으로 자전거를 타는 사람들과 의류와 패션 디자이너, 여성 잡지 발행인, 직원 조합, 심지어 도로포장 회사의 노력을 조율하여 여성의 권익 신장에 나섰다. 목표는 단순했다. 이용하기 쉽고 저렴한 이동의 자유였다.

이 지휘자들은 상호작용과 협업의 바퀴에 기름칠을 했다. 그들은 생각과 의견, 삶의 경험이 다른 사람들을 한데 모아 혁신에 박차를 가했다. 경제학자들은 이를 '사회적 응집'이라고 부르기도 한다.

이 대규모 확산 운동에는 환상적인 사례가 많이 있지만, 특히 중요한 역할을 한 지휘자가 한 명 있다. 그녀는 자전거라는 물리적 혁신에 적응하여 어떻게 두려움 없이 이를 수용하고 사회의 모든 측면을 변화시키는 데 이용할 수 있는지 보여주었다.

그녀는 프랜시스 윌러드였다. 자전거를 타기 전에도 그녀는 미국 헌법의 많은 부분을 개혁하려고 노력한 덕택에 미국에서 굉장히 유명한 여성 중 한 명으로 꼽혔다. 여성기독교절제연맹을 이끌며 회장으로 있는 동안 이 단체는 세계에서 회원 수가 가장 많은 여성 단체가 되었다. 윌러드는 53세라는 비교적 늦은 나이에 자전거를 타기 시작했는데 자전거에 관한 책도 썼다.

한 학자의 말처럼 윌러드는 "제조업체, 논평가, 디자이너, 라이더 등 관련 주체들이 만들어낸 자전거 열풍이 주장만으로는 달성할 수 없는 변화를 여성들의 생활 환경에 일으켰다."라는 사실을 너무나 잘 알고 있었다.

윌러드는 자전거가 단순히 사회 변화를 반영하고 있다고 보지 않고, 자전거를 타는 여성들이 사회 변화를 가능하게 하는 새로운 주장을 적극적으로 만들어내고 형성하는 주체라고 보았다. "개혁은 간접적 행동으로 가장 빠르게 진행되며 (…) 1온스의 실천은 1톤의 이론보다 가치 있다."라는 말이 보여주듯이 그녀는 이 광범위한 변화 과정에서 자신이 지휘자로서 은밀한 역할을 맡고 있음을 잘 알고 있었다.

윌러드는 주변에서 일어나는 변화에 민감했고, 기술, 사회적 규범과 태도, 상업 관행 사이의 접점에 조심스럽게 자신의 위치를 찾았다. 그녀는 이러한 변화가 얼마나 취약한지, 그리고 이런 변화를 활용할 수 있으려면 여성들의 용기가 얼마나 중요한지도 잘 알고 있었다. 다른 학자의 말을 들어보자.

자전거 타는 법을 직접 배우고 자신의 경험을 회고록에 기술하는 것만으로도 윌러드는 변화의 취약성에 대한 인식을 보여주었으며 자신의 행동을 책으로 출판함으로써 다른 여성들이 집단적으로 자전거를 타면서 몸으로 변화를 실천하고, '사회 질서에 새로운 의미를 부여하도록' 영감을 받을 수 있게 했다.

나는 오래되고 낡은 윌러드의 책 한 권을 가지고 있다. 이 책에는 젊은 남성 두 명에게 도움을 받아야 했던 초반 연습 단계부터 친구들과 공공 광장에서 경주를 펼쳤던 후반 단계까지 그녀가 자전거를 배운 과정이 놀라울 정도로 자세히 설명되어 있다. 곳곳에 사진을 곁들여 설명해 두었지만 나에게 가장 인상적인 부분은 다음 구절이다.

> 높이가 낮은 기계에서 배우되 일단 숙달되면 '날듯이 달려라.' 뒷좌석에 탈 때보다 직접 몰면 바퀴에 더 많은 힘을 가할 수 있고 더 적은 힘으로 더 빠른 속도를 낼 수 있으니 말이다. **그리고 이것은 자전거만큼이나 세상에도 해당하는 말임을 기억하라.**

1894년 소설가 새라 그랜드가 이전 세대 여성들과는 구별되는 새로운 접근법과 사고방식을 가진 당시 여성을 묘사하기 위해 '신여성'이라는 단어를 만들었다. 윌러드는 여성들에게 자전거를 타라고 장려했을 뿐 아니라 자전거를 사회 변화의 도구로 확실하게 자리매김하게 했다.

그녀는 사회 변화를 위한 캠페인을 어떻게 벌여왔는지 오케스트라에 빗대 설명한다.

전투 소집 나팔 소리가 울린 지 20년이 흘렀다. 이것은 하나의 현에서 울려 퍼지는 하나의 곡소리였다. 그것은 전 세계인의 귀를 사로잡으며 수많은 수고와 고난으로 조직된 거대한 오케스트라의 건반을 울리고, 십자군 바이올린의 부드럽고 고상한 음색은 여전히 하늘로 치솟지만, 이제는 과학의 쨍쨍한 코넷, 법률의 묵직한 트롬본, 정치와 정당의 우레 같은 북소리에 의해 더욱 힘차게 울려 퍼지고 있다.

여기서 다시 그녀는 '모든 것을 해보라.'라는 정책을 옹호하는데, 이는 '전방위적인 옹호자'인 지휘자를 훌륭히 표현하고 있다.

> 일방적인 운동은 일방적인 옹호자를 만든다. 미덕은 사냥개처럼 무리를 지어 추적한다. 전방위적인 운동은 전방위적인 옹호자들만 추진할 수 있다. 과학의 시대에는 상관관계에 있는 모든 주제를 연구해야 한다. 과거에는 빛, 열, 전기가 완전히 별개로 존재하는 줄 알았지만, 이제는 서로 다른 운동 방식에 불과하다고 생각되며 실제로 그런 것으로 증명되었다. 우리가 행동으로 보여주는 이것보다 '모든 것을 해보라.'라는 정책에 좋은 모토는 없다.

많은 젊은 여성들이 그녀의 부름에 응답했다. 그들은 '반항하는 딸들'이라는 이름으로 자신을 규정했다. 처음으로 대출을 받고, 부모의 허락 없이 자전거를 사고, 치마 길이를 줄이고, 보호자 없이 어디든 자신이 원하는 방향으로 달릴 수 있었던 1890년대 20대 여성을 생각해보라.

이야기장수의 뜨개질

이 장과 이 책 전체에서 내가 설명했던 지휘자 이야기를 생각해보라. 같은 메시지가 거듭 등장한다. 다양한 사람을 하나로 모으고, 그들의 두려움과 위험을 관리하고, 그들의 창의성과 독창성을 활용하고, 공유할 목적을 정의하고 전달하는 지휘자의 능력이 모든 차이를 만들어낸다.

나의 아이디어와 통찰을 제시하자 켄트는 전반적인 주장에는 동의하면서도 그에게 지휘자로서의 특별한 재능이 있다는 대목에는 이의를 제기했다.

> 그게 전략이었으면 좋겠지만 실제로는 발생한 상황을 활용하고, 함께 일할 수 있는 사람들과 활동할 대안을 찾다 우연히 걸린 사회적 조합일 뿐입니다. 제가 한 일은 전혀 거창한 게 아니었어요. 사람들이 협력하고 결과를 산출하게 할 기회를 찾다 보니 계속 기회가 찾아왔고 기회인 듯싶으면 알아보고 잘 활용했을 뿐입니다. 물론 제가 제법 혁신적이긴 했지만, 그중에서 얼마나 많은 부분이 우연이었는지 확실히 말해줘야겠군요.

켄트의 겸손함은 감동적이기도 하지만 약간 편향된 느낌도 든다. 그의 활동에는 패턴이 있다. 르완다에서 활동을 마친 뒤, 코소보에서 NATO의 '인도주의 전쟁' 후 시스템을 통합하는 일을 맡았을 때도 그는 똑같은 평가를 받았다. 세계에서 전쟁으로 가장 피폐해진 나라였던 소말리아에서 UN 활동 전체를 지휘했을 때도 마찬가지였다.

세상에서 가장 힘든 곳에서 다른 사람들은 따라 하기 힘든 방식으로 지휘하는 습관을 들일 수 있다면 그것은 단순한 행운 이상의 무언가가 있다는 말이 아닐까? 나는 그렇다고 생각한다. 그리고 세계 최고의 오케스트라 지도자들과 축구 감독들은 이를 아주 잘 이해할 수 있으리라고 생각한다.

내가 그에게 엄청난 빚을 졌다는 것은 분명한 사실이다. 인도주의 구호 분야에서 경력을 쌓는 내내 그는 나의 멘토였고 응원단장이었다. 그는 이 책에 담긴 영감의 원천이기도 하다. 켄트는 내가 첫 번째로 업시프터로 인정한 사람이다. 그의 질문과 격려, 경청과 토론이 없었다면 나는 그의 경이로운 리더십과 어떻게 그가 완전히 다른 유형의 사람들을 모아 변화를 일으켰는지 살펴보는 작업을 시작하지 못했을 것이다.

그의 업적 가운데 아주 일부분만 조명했지만, 그가 인정하고 뒷받침해줄 만한 이야기를 전했기를 바란다. 하지만 그가 그토록 자기 이야기를 하지 않으려 했던 이유도 더 많이 알게 된 것 같다. 겸손한 켄트는 자신을 이야기의 주인공으로 보거나 묘사하는 것을 꺼렸다.

켄트의 업시프트는 다른 사람들의 이야기를 활용하고, 강화하고, 함께 엮어서 조화를 이루게 하고 총체적 효과를 확대한 이야기라고 생각한다. 그리고 그의 이야기만큼 지휘자를 더 잘 설명할 수는 없을 것이다.

누구나 업시프터가 될 수 있다

업시프트는 새로운 사고와 행동 방식을 촉진해 놀라운 결과를 만들어내는 현상이다. 우리는 업시프트로 전환하는 법을 능동적으로 배울 수 있다. 1장에서 내가 '마스터 스위치'를 켜는 법을 처음 배웠던 경험을 설명했다. 이는 프리다이버들이 단 한 번 들이쉰 숨으로 깊은 물 속에서 버티기 위해 의식적으로 몸과 마음을 제어하는 방법이다. 이 책에서 만났던 업시프터들은 모두 도전에 직면할 때마다 새로운 물로 뛰어들었고, 의식적으로 스트레스 반응과 싸우며 가라앉지 않고 헤엄치기로 선택했다.

우리 내면에는 업시프트 마스터 스위치가 존재한다. 우리는 그것을 매일매일 더 많이 활용할 수 있다. 업시프트 렌즈로 직면한 문제를 재구성하고, 마스터 스위치를 켜 업시프트의 이점을 누릴 수 있다.

궁극적으로 업시프트는 우리를 에워싼 복잡하고 불확실한 세상

속에서도 변화를 일으킬 수 있는 우리의 타고난 능력과 힘을 확인하는 것이다. 스트레스를 바라보는 방식을 바꾸면 불확실성은 우리가 살고 싶은 세상을 만들어내는 촉매제가 될 수 있다. 노벨상 수상자 일리야 프리고진이 감동적으로 표현했듯 세상은 불확실할 수 있지만, 그 불확실성은 인간 창의력의 핵심이다.

이는 영양실조와 질병의 극복, 생존 자체를 위한 기발한 접근법을 찾아내는 중대한 창의력의 발휘뿐만 아니라 지하철 파업 날 더 나은 출근 경로를 찾아내거나 네트워크를 활용하여 고용 불안에 대처할 방법을 찾아내는 소소한 창의력의 발휘에도 적용된다. "인류의 모든 위대한 발전은 문제에 대한 창조적 대응을 나타낸다."라는 역사학자 아놀드 토인비의 주장은 이를 확실하게 말해준다. 이 책을 읽고 나면 그의 관점을 인류 역사와 진보에 대한 '도전과 업시프트'라고도 부를 수 있을 것이다. 우리는 업시프터들의 어깨 위에 서 있다.

업시프트를 발견하고 기록하는 과정에서 내가 배운 점이 있다면 불확실성과 압박감, 스트레스만으로는 충분하지 않다는 것이다. 필요만이 발명의 어머니가 아니다. 우리는 더 많은 가능성의 문을 열도록 자신을 바꿀 수 있다. 그 문을 통과하는 데 도움이 되도록 사고방식을 재부팅할 수 있다.

그러나 압박감 속에서 성과를 낳는다는 **사고방식**만으로는 업시프트가 일어나지 않는다. 성과를 바꾸려면 **독창성**도 활용해야 한다. 이는 일을 제대로 하는 것에서 올바른 일을 하는 것으로 전환하는 것이다. 이를 위해서는 창의적이고 혁신적인 관행에 대한 개방성과 현재의 세상에서 가능한 세상으로 바늘을 어떻게 돌려놓을지 믿을 만한 비전이 필요하다.

이 책이 우리 모두가 도전자, 기술자, 결합자, 연결자, 입증자, 지휘자로서 이 바늘을 돌리는 데 기여할 수 있다는 사실을 보여주었기를 바란다. 우리는 혼자서 또는 다른 사람들과 협력하여 자신의 장점을 발휘하고 약점을 극복하는 법을 배운다.

그러나 독창성만으로도 업시프트를 하는 데는 충분하지 않다. 2020년 팬데믹 이후 영국에 세 번째로 봉쇄 조치가 시행되는 동안 나는 이 책을 완성했다. 코로나19에 대한 전 세계적인 인도주의 구호 활동을 위해 24시간 내내 일했던 첫 번째 봉쇄 기간과 달리 이번에는 아들 코비가 집에서 원격 수업을 받고 있다. 이 글을 쓰는 동안 코비는 내 옆에서 그림을 그리고 있다. 오후에 상상한 외계 식물의 잎사귀에 추상적인 무늬를 정성스럽게 그려 넣고 있다.

아이를 지켜보고 있자니 침착함과 걱정 사이, 불안과 될 대로 되라는 태평스러움 사이의 어디쯤일 묘한 기분이 든다. 많은 이들이 팬데믹으로 인해 쉬거나 움직이는 대신 영구적인 경계 태세를 유지하며 매일 이런 기분을 느끼고 있다. 이는 업시프트의 마스터 스위치를 영원히 누르고 있는 것과 같다. 고통스럽지만 선택의 여지가 없다. 아들과 나를 위해 해내야 한다. 이 책을 마무리하면서 내가 공유하고 싶은 가장 중요한 점, 행운과 준비, 타이밍이 맞아떨어져서 내가 배우고 경험할 수 있었던 모든 업시프트를 하나로 묶어주는 가장 중요한 점은 아마 그것일 것이다.

당신에게는 **목적의식**이 있어야 한다. 업시프트를 시작해야 하는 이유, 업시프트를 계속해야 하는 이유가 있어야 한다. 우리의 목적의식은 놀랍고, 예상치 못한 일에 집중될 때도 자명할 때도 있다. 바지선 위에서 내가 무장한 군인들과 이야기를 나눴던 날 어머니의 모습을 떠올려본다. 코비가 헝클어진 진갈색 머리카락이 흘러내린 얼굴로 잎사귀의 튀어나온 부분에 조심스럽게 무늬를 그려 넣으며 풍부한 상상 속으로 빠져드는 모습을 바라본다.

당신의 목적이 무엇이든 그것은 당신을 위해 업시프트의 구성요소가 되는 것들을 한데 모으는 중심이 된다. 이것들은 애초에 당신에게 마스터 스위치가 있음을 깨닫게 해주는 것들이다. 마스터 스위치로 손을 뻗게 하는 것들이다. 당신은 아주 부드럽게 그 윤곽을 느끼고는 점점 자신감을 가지고 누른다. 그러는 동안 자신이 다른 존재와 가능성의 상태로 전환되고 있음을 느낀다. 그것은 압박감과 스트레스 앞에서도 탈출구가 있다고 말해준다. 이제 됐다.

클릭.

업시프트

초판 1쇄 인쇄 2024년 1월 23일
초판 1쇄 발행 2024년 1월 29일

지은이 벤 라말링검
옮긴이 김미정
펴낸이 유정연

이사 김귀분
책임편집 서옥수 **기획편집** 신성식 조현주 유리슬아 황서연 정유진 **디자인** 안수진 기경란
마케팅 반지영 박중혁 하유정 **제작** 임정호 **경영지원** 박소영
교정 고정용

펴낸곳 흐름출판(주) **출판등록** 제313-2003-199호(2003년 5월 28일)
주소 서울시 마포구 월드컵북로5길 48-9(서교동)
전화 (02)325-4944 **팩스** (02)325-4945 **이메일** bookhbooks.co.kr
홈페이지 http://www.hbooks.co.kr **블로그** blog.naver.com/nextwave7
출력·인쇄·제본 (주)삼광프린팅 **용지** 월드페이퍼(주) **후가공** (주)이지앤비(특허 제10-1081185호)

ISBN 978-89-6596-613-5 03320